danubebooks

Stephan Ozsváth (Jahrgang 1965) lebt und arbeitet in Wien und Berlin. Sein Vater hat 1956 an den Demonstrationen in Budapest teilgenommen und flüchtete dann nach Deutschland, das er schon aus der Kriegsgefangenschaft kannte. Seit mehr als einem Jahrzehnt hat Stephan Ozsváth den Rechtsruck in Ungarn publizistisch begleitet. In seinem Buch zeichnet der ehemalige Südosteuropa-Korrespondent der *ARD* nach, warum Viktor Orbán so erfolgreich im eigenen Land ist und wie er Ungarn in einen illiberalen Staat umbaut – und das mitten in der EU.

Ein Schlüssel ist Orbáns Rhetorik, meint der Journalist. Der *Puszta-Populist* Orbán betreibe eine Sündenbock-Fabrik, erzeuge so ein Klima des permanenten Wahlkampfs und greife dabei tief ins kollektive Gedächtnis der Ungarn. Der ungarische Ministerpräsident polarisiert damit: Ungarn ist ein tief gespaltenes Land, sein harter Kurs gegenüber Flüchtlingen, seine Rhetorik, seine Machttechniken finden Nachahmer im europäischen Ausland. Orbán ist zur Blaupause für andere Autoritäre geworden. Sein erklärtes Ziel: Die Regierungspartei *Fidesz* soll auf lange Sicht das zentrale „Kraftfeld“ in Ungarn sein. Bislang ist ihm das gelungen, weil er das völkisch-nationale Lager auf seine Seite ziehen konnte und die links-liberale Opposition gespalten ist.

Aber Stephan Ozsváth erkennt auch ermutigende Zeichen: Je autoritärer Orbán regiert, desto mehr verweigern sich die Ungarn. Viele Tausende kehren ihrer Heimat den Rücken. Oder sie organisieren den Widerstand im eigenen Land: *Eine Million für die Pressefreiheit*, die Satirepartei *Zweischwänziger Hund*, Parteineugründungen wie die grüne *LMP* oder die *Momentum*-Bewegung, mutige Nichtregierungsorganisationen wie das *Helsinki Komitee*, aber auch Investigativjournalisten wie die von *Direkt36* oder *Átlátszó* – sie alle sind zarte Pflänzchen des Widerstands gegen den *Puszta-Populismus*. In Ungarn ist die Europafahne zum Symbol der Opposition gegen Orbán geworden: Am Parlament flattert die blaue Flagge mit dem Sternenkranz nicht – auf den Demonstrationen in Budapest schon.

Stephan Ozsváth

Puszta-Populismus

Viktor Orbán – ein europäischer Störfall?

Mit einem Vorwort von Prof. Paul Lendvai, Wien

danubebooks

Ich widme dieses Buch meinem Vater, der nach dem Ungarn-Aufstand 1956 als Flüchtling nach Deutschland kam, und meiner Mutter, die ihn damals aufnahm – ungeachtet der Folgen.

Stephan Ozsváth, Wien, im Herbst 2017

Bibliografische Information der Deutschen Nationalbibliothek
Die deutsche Nationalbibliothek verzeichnet diese Publikation in der Deutschen Nationalbibliografie; detaillierte bibliografische Daten sind im Internet über http://dnb.d-nb.de abrufbar.

Layout und Satz	profitextulm
Umschlaggestaltung	www.geller-design.de
Titelmotiv	Stephan Ozsváth
Verlag	danube books Verlag e. K., Ulm
Druck und Bindung	DENONA d. o. o., Zagreb

ISBN 978-3-946046-08-0

Inhalt

Vorwort

Ein nützliches und verlässliches Werk

Der Autor Stephan Ozsváth ist ein Glücksfall für jene Journalisten, Diplomaten, Geschäftsleute, die über die politische Entwicklung in Ungarn einen verlässlichen und spannend geschriebenen Wegweiser suchen. Er besitzt drei Eigenschaften, die ihn für ein zeitgeschichtliches Werk prädestinieren. Er hat väterlicherseits ungarische Wurzeln, spricht die Landessprache beinahe perfekt und seine Reisen als *ARD*-Rundfunkreporter führten ihn quer durchs Land.

Im Gegensatz zu vielen Auslandskorrespondenten hat Ozsváth seine Zeit nicht mit Diplomaten oder in Budapester Cafés verbracht, sondern immer wieder versucht mit den Menschen direkten Kontakt aufzunehmen: mit Rentnern und ungelernten Arbeitern, mit Bauern und Kleinunternehmern, in den Städten und auf dem Land. Besonders eindrucksvoll sind die Schilderungen der Gespräche mit seinem Vater, der den Oktoberaufstand 1956 hautnah erlebt hat und mit jenen engen Verwandten, die dem rechten und manchmal sogar dem extrem rechten politischen Lager angehören.

„Puszta-Populismus“ ist zweifellos ein hartes Buch, das die Propagandamärchen des Regimes unbarmherzig entlarvt und auch Orbáns bestimmende Rolle bei dem Aufbau des von ihm im Sommer 2014 angekündigten „illiberalen Staates“ beschreibt. Ozsváth stellt keine pauschale Behauptungen auf, sondern belegt die beschriebenen Ereignisse und Reden mit zahlreichen authentischen Zitaten. Die Arbeitsmethode dieses erfahrenen und fairen Journalisten muss deshalb hervorgehoben werden, weil die *Fidesz*-Regierung mit enormem finanziellen Aufwand die kritischen Berichterstatter und Analytiker diskreditieren möchte.

Die Leser dieser ehrlichen, glaubwürdigen und nützlichen Chronik des stillen und von außen kaum bemerkbaren Niederganges des Landes werden nicht mit optimistischen Phrasen über die Zukunft Ungarns abgespeist. Der Autor zeichnet auch über den Zustand der Gesellschaft, und besonders der Opposition ein realistisches Bild. Nicht gehässig, sondern traurig werden die unglaublichen Enthüllungen, stets mit Quellenangaben, den Lesern mitgeteilt.

Der Spruch Orbáns, dass in der Politik alles möglich sei, darf auch in dem Fall dieses zutiefst zynischen und bisher so erfolgreichen Politikers nicht vergessen werden. Weder von außen noch von innen wird aber das in sieben Jahren aufgebaute und raffiniert verschleierte autoritäre System derzeit wirklich gefährdet. Zu Recht betrachtet die Orbán-Regierung die Institutionen der EU als Papiertiger. Weder in Ungarn noch in Polen kann die liberale Demokratie durch Mahnrufe und Resolutionen aus Brüssel gerettet oder wieder hergestellt werden. Nur die politische und intellektuelle Avantgarde des ungarischen Volkes wäre imstande, eine Wende in Budapest zu erzwingen. Dafür gibt es aber gegenwärtig keine Anzeichen

Es ist Stephan Ozsváth hoch anzurechnen, dass er keine abstrakten oder romantischen Zukunftsszenarien skizziert, sondern eine spannende und zugleich beklemmende Beschreibung des heutigen Ungarns liefert. Seine Diagnose ist prägnant, überzeugend und unwiderlegbar.

Prof. Paul Lendvai,
Chefredakteur und Mitherausgeber der *Europäischen Rundschau* und Autor zahlreicher Sachbücher. Zuletzt erschien von ihm „Orbáns Ungarn".

„Die Demokratie ist eine ständige Übung und ein lebenslanger Lernprozess, der nur dann bewahrt werden kann, wenn er von Menschen unterstützt wird, die den demokratischen Werten verpflichtet sind“ (András Bozóki, Politologe)[1]

[1] Bozóki, András: Autoritäre Versuchung. Die Krise der ungarischen Demokratie. In: Osteuropa, 61. Jg., 12/2011, S. 65-87

1. Der Werkzeug-Kasten des Populisten

„Wahre" und „falsche" Demokratie

Viktor Orbán kann sein Glück kaum fassen. Er habe noch nie so gefeiert wie in jener Nacht, gesteht er lachend auf einem Arbeitstreffen der ungarischen und serbischen Regierungen. „Wir erleben große Tage und Zeiten", freut er sich auf einer Veranstaltung der Europäischen Bank für Wiederaufbau und Entwicklung in Budapest weiter, und er meint damit den Wahlsieg von Donald Trump. Der Ungar beschwört eine „Rückkehr zur wahren Demokratie" und die Befreiung aus der „Gefangenschaft" der politisch korrekten Redeweise.[2] Vor dem Hintergrund des schmutzigen Wahlkampfs von Donald Trump kann das nur eins bedeuten: Ab jetzt darf man wieder Mauern hochziehen und gegen Fremde hetzen. Die Zeit der Toleranz ist vorbei.

Umdeuten

„Die Demokratie lebt noch", deutet der Budapester Premier deshalb am 9. November 2016 auf seiner Facebook-Seite die neuen Zeiten um, und er meint damit die Abkehr vom Liberalen. Grobian-Sprache ist seit Trump wieder salonfähig geworden, wie die Twitter-Botschaften des neuen US-Präsidenten eindrucksvoll beweisen.[3] Orbán selbst gibt sich gerne betont höflich gegenüber Damen,

[2] http://volksgruppen.ORF.at/magyarok/meldungen/stories/2808114/

[3] http://www.salzburg.com/nachrichten/dossier/us-wahl-2016/sn/artikel/orban-lobte-erneut-trump-und-spricht-von-einer-grossen-zeit-221632/
https://www.facebook.com/orbanviktor/?hc_ref=PAGES_TIMELINE&fref=nf

weibliche Gäste pflegt er mit dem altmodischen Handkuss zu begrüßen. Aber er hat auch seine Männer für den etwas rustikaleren Sprachstil, Publizisten wie Zsolt Bayer etwa. Das Aushöhlen von Demokratie liberalen Zuschnitts wird zur „wahren“ Demokratie umgedeutet, der Volksherrschaft. Orbán gibt den Vorkämpfer gegen die – liberalen – Eliten DA OBEN, und er gibt den Vorkämpfer für DIE DA UNTEN, Populismus ist der neue Klassenkampf. Wo früher *Puszta, Paprika, Piroska* ein freundliches Bild Ungarns in der Tourismuswerbung zeichnen, bestimmt heute Viktor Orbáns *Puszta-Populismus* die Schlagzeilen.

Zur Amtseinführung von Donald Trump findet sich denn auch ein Häufchen Regierungstreue um die Sudel-Feder Zsolt Bayer in Budapest ein, um die „neue Weltordnung“ gebührend zu feiern. Jahrzehnte habe man auf ein Wunder gewartet, heißt es im Aufruf der Veranstalter, nun habe man die Hoffnung, dass das Wunder geschehe.[4] Das klingt nach neuem Messias. Die „Kernwerte“ setzten sich jetzt gegen „Fake-Werte“ durch, frohlocken die ungarischen Veranstalter. Was die Orbán-Getreuen in Budapest als „Kern-Werte“ ins Positive deuten, beschreibt der britische Historiker Timothy Garton Ash als eine „globale antiliberale Konterrevolution“.[5] Und bei der will der Ungar Viktor Orbán mitmachen.

Im Windschatten Trumps zum illiberalen Staat

Er möchte in die Fußstapfen des ungarischen Staatsgründers treten, des Heiligen Stephan. Orbán verkauft sich als eine Art christlicher Erneuerer, der auch Europa wieder auf den rechten Weg bringen muss.[6] Zuhause in Ungarn ist der einstige Vizepräsident der internationalen Liberalen auf dem besten Weg, ein autoritärer Herrscher mitten in der Euroäischen Union zu werden. Aus Ungarn will er mit Riesenschritten einen „illiberalen“ Staat machen, wie er selbst erklärt hat.[7] Und dabei ist er erfolgreich. Das Wort *Republik* ist von den Schildern

[4] http://www.pesterlloyd.net/html/1703trumpfeierbudapest.html

[5] http://www.berliner-zeitung.de/kultur/interview-mit-timothy-garton-ash--wir-befinden-uns-im-zeitalter-privater-supermaechte--26994342

[6] https://www.facebook.com/orbanviktor/videos/10153656447221093/

[7] https://www.youtube.com/watch?v=mHxg3Aoir6w

an den Staatsgrenzen in Ungarn verschwunden, die Macht ist in den Händen der Regierungspartei *Fidesz* und ihres Bonsai-Koalitionspartners *KDNP* konzentriert, die Verfassung maßgeschneidert. Spitzenposten in Politik, Justiz, Wirtschaft und Kultur sind mit den eigenen Leuten besetzt – und das auf lange Sicht. Das Haus der Demokratie ist entkernt, Gewaltenteilung und politischer Wettbewerb sind zur Fassade geworden. Nur noch „teilweise frei" sei die Presse, stufte die Denkfabrik *Freedom House* das Land im Demokratie-Rating herunter, Ungarn sei nur noch „eine halb-konsolidierte Demokratie", andere Institutionen teilen diese Sorge.[8]

Im Europa-Parlament findet Viktor Orbán beide Windrichtungen vor. Es gibt scharfen Gegenwind von vorn, aber auch Rückenwind: Seine konservative Parteienfamilie hält ihm nach wie vor die Stange, weil die ungarischen Abgeordneten brav die Initiativen der Konservativen abnicken. In Wien, Skopje und München hat Orbán in Kurz, Gruevski und Seehofer mittlerweile seine Nachahmer und Fans gefunden. Im österreichischen Wahlkampf kupfert der junge Sebastian Kurz sogar Wahlkampf-Parolen der ungarischen Regierungspartei ab: „Es ist Zeit". Auch der sozialdemokratische Kanzlerkandidat Martin Schulz hat den Slogan für sich entdeckt.

Für ewig an der Macht?

In Ungarn selbst gibt es keine ernst zu nehmende politische Alternative. Orbán hat sich in der Macht einbetoniert, er wird wiedergewählt – nicht nur, weil er eine treue Wählerschaft hat, die fast einer Sekte ähnelt, sondern auch, weil die Gruppe der Nicht-Wähler immer weiter wächst und die Opposition heillos zerstritten ist. Ist Orbán an der Macht also ein politisches Perpetuum mobile?

Der Preis, den die Ungarn dafür zahlen, ist hoch. Hunderttausende kehren ihrer Heimat den Rücken – aus wirtschaftlichen, aber auch aus politischen Gründen. Ungarn ist ein zutiefst gespaltenes Land. Zwar inszeniert sich Viktor Orbán als Volksversteher, aber die Wirklichkeit ist: Wer nicht für uns ist, ist un-

[8] https://freedomhouse.org/report/nations-transit/2017/hungary

ser Feind. Und der wird bekämpft. Budapester Regierungsbüros sind zur Sündenbock-Fabrik geworden – und Viktor Orbán ist ihr CEO.

Hate sells – die Politik der Angst

Viktor Orbán gibt sich als kraftvoller Rebell im ständigen Kampf – gegen innere wie äußere Feinde. Er inszeniert sich als christlicher Freiheitskämpfer gegen eine vermeintliche Verschwörung der Linksliberalen, er will mehr Nation und weniger Europa. Seine Feinde stellt David Orbán als übermächtigen Goliath dar. Und von denen ist Ungarn umzingelt, behauptet Viktor Orbán. Wer so von Feinden umzingelt scheint, muss sich fürchten. Die Angst ist deshalb die wichtigste politische Währung des *Puszta-Populisten*, denn aus der Angst heraus scharen sich Menschen naturgemäß um ihren Anführer, verkriechen sich mental im Bunker, um gegen die Fährnisse in der Welt da draußen geschützt zu sein. In der populistischen Alchemie lässt sich Angst in Aggression verwandeln, Orbáns Hysterie-Destillator sorgt für ständigen Nachschub. „Hate sells – jeder Populist will daraus Profit schlagen", beschreibt der in Budapest lebende Journalist Gregor Mayer die Methode, „doch keiner von ihnen reicht an Viktor Orbán heran, wenn es darum geht, diese Formel systematisch und strategisch in den Dienst der Erringung und Bewahrung von Macht zu stellen".[9]

Sündenbock-Fabrik Budapest

Budapest – so will es uns Viktor Orbán weiß machen – ist das kleine gallische Dorf gegen eine Welt, die sich gegen Ungarn verschworen hat: Großkonzerne, Banken, Linke, Liberale, Nichtregierungsorganisationen, die „Soros-Mafia", Journalisten. Die Flüchtlingskrise kann er besonders gut ausschlachten, sie kommt für den Populisten Orbán „wie Manna vom Himmel".[10] Er warnt vor einer Völkerwanderung, hält Blut-und-Boden-Reden, spricht von „ethnischer Homogenität" und fordert „Ungarn den Ungarn" zu erhalten. Der *Puszta-Populist*

9 Mayer, Gregor: Hate sells: Der Populismus des Viktor Orbán, in: Das Jüdische Echo, Vol. 65, 2016/2017, S. 42

10 Mayer, Gregor: Hate sells: Der Populismus des Viktor Orbán, in: Das Jüdische Echo, Vol. 65, 2016/2017, S. 45

Orbán verspricht den Ungarn Stolz und einen angemessenen Platz in der Geschichte – und erhofft sich selbst einen gebührenden Platz in den Geschichtsbüchern. Der rot-weiß-grüne Theaterdonner verschleiert letztlich nur, worum es Orbán eigentlich geht: Macht. Wer der im Weg steht, wird bekämpft. „Seit 2010 richtet das Orbán-System seinen Hass auf alles, was ihm im Weg steht oder stehen könnte: auf kritische Intellektuelle, demonstrierende Lehrer, Schüler und Studenten, Umweltaktivisten, ja sogar Radfahrer", meint Gregor Mayer.[11] Der Kollateralschaden für die ungarische Gesellschaft ist enorm. Das Säbelrasseln ist zum Soundtrack des ungarischen Alltags geworden, das Kämpfen zum Normalzustand, der Hass zum neuen Standard. „Krieg ist Frieden", heißt es in letzter Konsequenz bei George Orwell.[12]

Korruption und Brain-Drain

Im Ungarn von heute gibt es nur einen politischen Superstar: Viktor Orbán. Er ist die One-Man-Band, die das Publikum mitreißt, der Messias, auf den das Volk scheinbar gewartet hat. Als „lebendiger Gott" wird Orbán von manchen seiner Anhänger verehrt, sie verschmelzen mit ihm. Wird der Guru angegriffen, setzt es Ohrfeigen. Es scheint: Es gibt nur Gläubige und Ungläubige, „einig ist das Lager", heißt der *Fidesz*-Slogan dazu. Politischer Dialog, das sachliche Gespräch hat keinen Platz mehr, wo die Atmosphäre derart aufgeladen ist. Es gibt scheinbar nur eine Wahrheit, nämlich die des Sektenführers. Nur wer sein Lied pfeift, kommt weiter. Treue wird belohnt, Verrat bestraft.[13] Der Staat ist darüber zum Selbstbedienungsladen geworden. Orbán hat aus Ungarn einen „postkommunistischen Mafia-Staat" gemacht, meint der Soziologe und frühere liberale Bildungsminister Bálint Magyar, in dem es nur um wirtschaftliche Interessen gehe.[14] Belohnt werden die, die zum politischen Freundeskreis gehören, gleichsam aus dem gleichen Stall kommen, verschleiert wird das mit nationalem Pathos. „Die na-

[11] Mayer, Gregor: Hate sells: Der Populismus des Viktor Orbán, in: Das Jüdische Echo, Vol. 65, 2016/2017, S. 45

[12] zitiert nach Schumatsky, Boris: Der neue Untertan: Populismus, Postmoderne, Putin, Salzburg 2016

[13] https://www.nzz.ch/wirtschaft/wirtschaftspolitik/korruption-in-ungarn-das-eigenartige-glueck-der-orban-freunde-ld.87930

[14] http://24.hu/belfold/2016/02/18/orban-maffiaallama-sokkolta-brusszelt/

tionale Rhetorik trägt in sich die Botschaft: Wir stehlen für Dich, nicht gegen Dich", pointiert der Publizist Rudolf Ungváry.[15] Die Folgen sind täglich spürbar. Die Korruption ist weit verbreitet, es fängt beim „Dankgeld" für den Arzt im Krankenhaus an und hört bei der Zweckentfremdung von EU-Geldern auf. Wer nicht Orbán-Fan ist oder das Land nicht verlässt, den verdrießt die Politik. Zwar ist die Regierungskoalition um Regierungschef Orbán konstant auf Platz eins in der Wählergunst, aber seit Jahren behauptet eine andere Wählergruppe den zweiten Platz: die der Nichtwähler und Unentschlossenen.[16] Um die und die Rechtsextremen buhlt Viktor Orbán ständig, er befindet sich im permanenten Wahlkampf. Und er versucht, die politische Konkurrenz wegzubeißen, die ihm wirklich gefährlich werden kann: Die rechtsextreme Partei *Jobbik*. Das Jahr 2017 hat der „Teufelskerl" Viktor Orbán zum „Jahr der Revolte" ausgerufen: Gegen die Linken und Liberalen, gegen Brüssel, gegen Nichtregierungsorganisationen, gegen den Juden Soros – gegen eine vermeintliche weltweite Verschwörung gegen Ungarn und seine Regierung, die angeblich den puren Volkswillen repräsentiert.[17] Der *Puszta-Populist* Orbán bietet sich wieder einmal als Freiheitskämpfer, als Führer, als Kapitän in schwierigen Zeiten an. Es sind die Taschenspielertricks eines politischen Gurus.

Dieses Buch ist ein Blick in Orbáns Demagogie-Werkzeugkasten, in ein „Narrativ, das dem Wutbürger schmeichelt".[18] Orbáns Erzählung ist die von einem kleinen, aber starken Volk, das sich gegen starke Mächte da draußen zur Wehr setzt und diese letztlich verändert: David gegen Goliath. Das aggressive Gebaren der ungarischen Regierung sägt an den Grundfesten der Europäischen Union, nicht nur in der Flüchtlingspolitik. Der Spalter Orbán geht dabei eine gefährliche Allianz mit dem russischen Präsidenten Putin ein, Ungarn droht zum Trojanischen Pferd innerhalb der Europäischen Union zu werden. In Budapest ist der russische Machthaber ein häufiger Gast, während westeuropäische Spitzenpolitiker mittlerweile einen Bogen um Ungarn machen. Eine gefährliche Entwicklung, die vor einem Vierteljahrhundert so noch nicht absehbar war.

15 Ungváry, Rudolf: A láthatatlan valóság. A fasisztoid mutáció a mai Magyarországon.Bratislava 2014, S. 29

16 https://www.budapester.hu/2017/04/02/bewegung-unter-den-nichtwahlern

17 https://888.hu/article-orban-2017-a-lazadas-eve-lesz/2

18 Mayer, Gregor: Hate sells: Der Populismus des Viktor Orbán, in: Das Jüdische Echo, Vol. 65, 2016/2017, S. 45

2. Politisches Mimikry – vom jungen Liberalen zum Völkisch-Nationalen

Der 16. Juni 1989 ist ein Tag mit großer Symbolkraft. 250 000 Menschen sind in Budapest auf den Beinen, viele tragen das Symbol des Aufstandes von 1956: die rot-weiß-grüne Trikolore, aus der Ährenkranz, Hammer und roter Stern – die Insignien der Kommunisten – herausgeschnitten sind. Die sterblichen Überreste des politischen Märtyrers Imre Nagy und einiger seiner Mitstreiter werden umgebettet – und das mit viel Pomp und Anteilnahme. Für die Ungarn ist es ein großer Tag, denn er markiert das Anknüpfen an die Tradition der Freiheitskämpfer – jahrzehntelang war die Erinnerung an die „Konterrevolution", so die offizielle Lesart während der sozialistischen Jahre, tabu gewesen. János Kádár, der Statthalter Moskaus, hatte nach der Niederschlagung des Aufstandes und der ersten Phase der Repression einen Deal mit seinem Volk gemacht: Schweigen über 1956 gegen etwas Konsum und kleine Freiheiten, die Ungarn angeblich zur „lustigsten Baracke" des Ostblocks machten. „Für ein Gulasch haben wir unsere Seele verkauft", umschreibt das der Orbán-Freund und umstrittene Publizist Zsolt Bayer, „Kádár bot ein Abkommen an: Ihr bekommt zu essen, könnt reisen, könnt kaltes Bier am Plattensee trinken, alles wird großartig. Eins erwarte ich aber als Gegenleistung: Redet nie über die ‚Konterrevolution' von 1956, überlasst uns die Politik! Wenn ihr ruhig seid, wird es euch gut gehen (...). Die Menschen sagten: ‚Danke schön!'"[19] Zu Kádár-Zeiten gibt es in der Kulturpolitik das Stufensystem der drei T – támogatott, türt, tiltott (unterstützt, geduldet, verboten), das zeigt, wo die Grenzen der Toleranz sind.[20]

[19] zit. n. Janke, Igor: Viktor Orbán. Ein Stürmer in der Politik, S. 121

[20] zit. n. Lendvai, Paul: Die Ungarn, S. 509

Der Konsum, die möglichen Reisen, das T-System bringen János Kádár bis über seinen Tod hinaus hohe Sympathie-Werte ein – und das, obwohl er als treuer Diener Moskaus nach dem Aufstand Hunderte Todesurteile an Aufständischen vollstrecken lässt, auch das gegen den populären Ministerpräsidenten Imre Nagy, der in Ungarn als Nationalheld verehrt wird. Dann verschwindet das Thema aus der Öffentlichkeit, wird nur noch hinter vorgehaltener Hand, am heimischen Esstisch besprochen.

1989 ändert sich das schlagartig. An diesem 16. Juni 1989 darf der Helden von damals wieder gedacht werden, bricht das jahrzehntelang verdrängte Tabu ans Licht. Es ist eine Art nationale Katharsis. Ein bärtiger junger Mann mit langen Haaren betritt die große Bühne der Politik: Viktor Orbán, der 26-jährige Sprecher der Universitätsjugend, fordert auf dem Budapester Heldenplatz vor einer Viertelmillion Menschen den Abzug der sowjetischen Soldaten aus Ungarn. „Wenn wir die Idee von 56 nicht aus den Augen verlieren, werden wir eine Regierung wählen, die sofort Verhandlungen über den unverzüglichen Beginn des Abzugs der russischen Truppen aufnimmt", sagt der junge Orbán mit revolutionärem Impetus. Das sind unerhörte Worte, erzählt zwanzig Jahre später der spätere Ministerpräsident Miklós Németh im Gespräch mit ausländischen Journalisten am Ufer des Balaton, wo er die Sommer verbringt, schließlich seien die sowjetischen Atomraketen noch im Land gewesen. Németh sagt, der damalige *KPdSU*-Generalsekretär Gorbatschow habe ihm versichert, „solange ich auf diesem Stuhl sitze, wird sich 1956 nicht wiederholen". Das ist grünes Licht für die Ungarn, ihren eigenen Weg zu gehen. Auf dem Heldenplatz in Budapest stellt sich Viktor Orbán 1989 selbst in die Tradition der Freiheitskämpfer von 1956. „Wenn wir mutig genug sind, all das zu wollen, dann, aber nur dann, können wir den Willen unserer Revolution erfüllen".[21] Orbán, der Freiheitskämpfer – eine Rolle, in die der Politiker auch 25 Jahre später noch schlüpfen wird, um zu verschleiern, dass er die Freiheiten seiner eigenen Bürger einschränkt.

Doch davon ist in der Wendezeit noch wenig zu spüren. Der Wiener Ungarn-Experte Paul Lendvai weist darauf hin, dass Orbán damals politisch eher links von der Mitte zu verorten ist. Er wird Vizepräsident der internationalen Li-

[21] zitiert nach Lendvai, Paul: Orbáns Ungarn, S. 17

beralen. Seine Reden seien radikal liberal gewesen, heute ist das für ihn gleichsam ein Schimpfwort.[22] In einer Parteitagsrede vom 7. Februar 1992 greift Orbán völkisches Gedankengut und Populismus, die ihn heute kennzeichnen, noch scharf an: „Der völkisch-nationale Gedanke, die populistische Politik steht im scharfen Gegensatz zum Liberalismus", so Orbán vor einem Vierteljahrhundert. Die *Fidesz*-Politiker hätten einen scharfen Gegensatz in der politischen Auseinandersetzung immer abgelehnt, „dass auf der einen Seite die Reinen sind, auf der anderen Seite die Bösen, auf der einen Seite die Patrioten stehen, auf der anderen die Landesverräter".[23]

Ein völlig anderer Viktor Orbán präsentiert sich damals der Öffentlichkeit. Einer, der den politischen Dialog pflegt. Einer, der zuhört. Einer, der andere Meinungen gelten lässt. Damals nimmt er an einer Art rundem Tisch der ungarischen Opposition in den Redaktionsräumen der Zeitschrift *Beszélö* teil. Die Redakteure moderieren das Gespräch des liberalen *SZDSZ*-Chefs Péter Tölgyessy mit Gyula Horn, dem Vorsitzenden der Reformkommunisten und dem damaligen *Fidesz*-Fraktionschef Viktor Orbán. Der junge Orbán warnt bei diesem Gespräch noch vor dem Einfluss der national-konservativen Regierung Antall auf die Medien, glaubt, dass „jeglicher Bestrebung, die Demokratie zu liquidieren und sie bedeutungslos zu machen, Grenzen gesetzt" seien. Er denke auch, „dass das Horthy-Regime in dieser Form nicht mehr zurückkehren kann". Aber es gebe durchaus ernste Gefahren für die Demokratie, führt Orbán weiter aus. „Erstens wird versucht, die Kontrolle der Regierung durch das Parlament zur Bedeutungslosigkeit zu verurteilen", sagt er. „Das zweite Problem besteht in fehlenden Gesetzen und in der möglichen Ausnützung dieses Vakuums", warnt Orbán. „Die dritte Gefahr", so der damalige Oppositionspolitiker, „zeigt sich in der Verstümmelung und Verwirrung der politischen Kultur". So benutze die nationalkonservative Regierung Antall „das Christentum als ideologischen Knüppel und die Kirchen als ideologische Waffe". Die Regierung stelle sich als „ausschließlichen Repräsentanten der Nation" dar. Damit werde die Opposition ausgegrenzt.[24]

[22] vgl. Lendvai, Paul: Orbáns Ungarn, S. 32-35

[23] ebd.

[24] Elszabadult az úri primaszság, Beszélö, März 1992, zit. n. Der Schock der Freiheit. Ungarn auf dem Weg in die Demokratie (Hrsg. Bayer, József/Deppe, Rainer), Frankfurt/M.1993

Ein Vierteljahrhundert später, auf dem Höhepunkt seiner Macht, hat Viktor Orbán sich um 180 Grad gedreht und all die Elemente, die er damals als Gefahren für die Demokratie brandmarkt, zur eigenen Marke umgemünzt: Er präsentiert sich als christlicher Erneuerer, setzt sich gleich mit dem Land Ungarn, degradiert das Parlament zur reinen Vollzugsmaschine für den Willen der Regierung, er gibt den Takt vor. „Voluntarismus" nennt diesen Politikstil der Publizist Paul Lendvai,[25] als „Bonapartismus" bezeichnet ihn die renommierte Philosophin und Lukács-Schülerin Ágnes Heller.[26]

Völkisch-Nationale gegen *Urbane* – die Wurzeln der Spaltung

Ungarn ist politisch zutiefst gespalten – in zwei Lager: die *Völkisch-Nationalen* oder *Heimattreuen* (*Hazafias*) gegen die *Urbanen*, oft als Chiffre für *liberal* und *jüdisch* benutzt. Diese Spaltung hat historische Wurzeln, sie geht auf die Zwischenkriegszeit unter dem Reichsverweser Miklós Horthy zurück. Zu Ostblock-Zeiten ist sie latent zwar da, aber durch den sozialistischen Einheitsgedanken überlagert. Im Nachwende-Ungarn bricht dieser Konflikt entlang der Parteilinien erneut auf. So tritt die national-konservative Antall-Partei *Magyar Demokrata Fórum* (*MDF*) in die Fußstapfen der *Völkischen*. „Als Erste beschäftigten sie sich mit den Angelegenheiten der in den benachbarten kommunistischen Staaten lebenden ungarischen Minderheiten, was damals als heikles Thema galt", schreibt der Orbán-Biograf Igor Janke. „Sie beriefen sich auf eine ganz andere Werteordnung: auf die historisch-kulturellen Traditionen des sogenannten Groß-Ungarns, auf die heilige Krone des ersten ungarischen Königs, des Heiligen Stephan, auf eine Reihe von königlichen und hochadeligen Familien und auf die nostalgischen Gefühle für den ehemaligen ungarischen Staat, der am 4. Juni 1920 mit dem Vertrag von Trianon erloschen war".[27] Der Friedensvertrag nach dem Ersten Weltkrieg hatte zur Folge, dass Ungarn zwei Drittel seines ehemaligen Territoriums verlor, drei Millionen Ungarn waren über Nacht Bürger anderer Staaten – bis heute ein nationales Trauma. Viktor Orbán

25 http://derstandard.at/1285200409421/Ungarn-Orban-ueber-alles

26 http://www.tagesspiegel.de/wissen/agnes-heller-im-portraet-ich-liebe-die-schweren-sachen/8536816.html

27 Janke, Igor, S. 125

hat gleichsam das Erbe des *MDF* angetreten, auch das ideologische, obwohl ihm manche nicht abnehmen, dass er wirklich davon überzeugt ist. „Orbán ist Nihilist", glaubt etwa der ungarische Politologe László Seres. Sein Fazit ist, dass der ungarische Ministerpräsident die Sehnsucht nach vergangener Größe eher als Mittel zum Zweck benutzt. „Orbán instrumentalisiert alles", urteilt er.[28]

Doch wer sind seine Gegenspieler? Wenn Orbán das Erbe der *Völkisch-Nationalen* angetreten hat, wer hat dann auf der anderen Seite des politischen Spektrums die ideologische Lücke gefüllt und das Erbe der *Urbanen* angetreten? Nach der Wende ist das vor allem die liberale Partei *SZDSZ*. Ihr gehören auch viele Juden an, was ihr von ihren Gegnern Rechts bis Rechtsaußen den Vorwurf einträgt, eine „Judenpartei" zu sein. „Die Liberalen banden sich an die ‚*Urbanen*', die Konservativen an die ‚*Völkischen*' ", resümiert der Orbán-Biograf Janke.[29] Seiner Ansicht nach unterscheiden sich die beiden Lager erheblich – und zwar in einem Punkt: der Analyse, was ihrer Ansicht nach die größere Gefahr für Ungarn war, eine Rückkehr des Faschismus oder eine kommunistische Reprise. *Fidesz* habe einen Dritten Weg gesucht, urteilt Janke.[30] Aber „Viktor Orbán erkannte, dass man in der ungarischen Politik aus den beiden Lagern nicht heraustreten kann", meint der polnische Journalist Janke, „außerhalb der beiden Lager, eher Stammesgesellschaften, gibt es keinen Platz".[31] Janke zitiert in seiner Orbán-Biografie den Soziologen Tibor Béres, der aufgrund des Trianon-Traumas eine tiefe Frustration bei vielen Ungarn ausmacht. „Viele hegen die Überzeugung, dass das Land größer sein müsste. Sie halten das Ungarntum für eine wichtige, angesehene Gemeinschaft, wobei sie das nicht ist. Also suchen sie einen Sündenbock".[32] Es stecke ein tiefes „Ressentiment in breiten Kreisen der ungarischen Bevölkerung", meint der Publizist Rudolf Ungváry", ein Ressentiment gegen den Liberalismus sowie gegen die Legitimität des Andersdenkenden".[33] An diesem Punkt setzt Orbán an.

[28] Seres, László: Der Wille zur Macht, in: Osteuropa , 65. Jg., Heft 11/12 2015, S. 48/49

[29] Janke, Igor, S. 128

[30] Janke Igor, S. 130 f.

[31] Janke, Igor, S. 132

[32] zit. n. Janke, Igor, S. 133

[33] Ungváry, Rudolf: Tief ist der Brunnen der Vergangenheit, S. 129

Das Wichtigste sei gewesen, „dass wir den Menschen den Stolz wiedergeben. Ihnen zeigen und selbst spüren, dass wir Teil der westlichen Welt sind, dass wir ihnen die Geschichte Ungarns anders erzählen," beschreibt Orbáns Hofhistorikerin Mária Schmidt, was *Fidesz* vor Orbáns erster Amtszeit (1998-2002) gewollt habe.[34] Doch dann verschiebt Orbán die Koordinaten: Von West nach Ost, von Links nach Rechts. „Ich denke gar nicht daran, mich der Werteordnung der Linken zu unterwerfen",[35] sagt der Spitzenpolitiker. In den frühen 1990er Jahren rückt er seine Partei *Fidesz* nach rechts, denn er weiß, dass dort Mehrheiten zu holen sind, sagt mir im Gespräch der renommierte Ungarn-Kenner Paul Lendvai.

Doch warum ist Orbán damit so erfolgreich? Wie ist die Ausgangslage vor dem Wahlsieg 2010? Acht Jahre sozialliberale Misswirtschaft haben tiefe Spuren in Ungarn hinterlassen: Das Land wird von der Wirtschaftskrise gebeutelt, die Landeswährung Forint verliert an Wert, ausländische Währungen werden stärker. Viele Ungarn verlieren deshalb ihre Immobilien, die sie mit Fremdwährungskrediten finanziert haben. Der Traum, schon bald zu den Österreichern und ihrem Lebensstandard aufgeschlossen zu haben, rückt in weite Ferne. Zwar sind die Ungarn nun endlich in Nato und EU – bis heute sind die Zustimmungsraten zur Europäischen Union sehr hoch. Aber Milch und Honig fließen eben sehr zäh. Und für manche gar nicht. Korruptionsaffären kennzeichnen die Regierungszeit des Sozialisten Ferenc Gyurcsány. Und dann kommt das Wahljahr 2010. Orbán gewinnt die Wahl haushoch. Er verfügt nun über eine Zweidrittel-Mehrheit, nichts soll der Macht des *Fidesz* noch gefährlich werden. Orbán ist im Dauerkampfmodus. In seiner Welt gibt es nur Schwarz und Weiß. Er teilt die Welt in DIE WIR und DIE ANDEREN ein. Und er malt das Bild einer weltweiten linken Verschwörung gegen die *Fidesz*-Regierung in Ungarn. „Was geschieht derzeit? Die internationale Linke versucht (...) die ungarische Linke wieder aufzubauen. Von innen geht es nicht, denn da liegen nur Trümmer, also

[34] zit. n. Janke, Igor, S. 195

[35] http://www.bild.de/politik/ausland/viktor-orban/interview-sind-sie-ein-schlechter-mensch-22146330.bild.html

macht man es von außen, nicht nur von Europa aus, sondern auch von Amerika. Es werden Stiftungen und linksgerichtete Personen unterstützt, die eine linksgerichtete Alternative in Ungarn formulieren wollen. Deshalb werden wir von der internationalen Linken radikal attackiert. Aber die internationale Rechte, die sich allerdings manchmal recht unbequem fühlt, beschützt uns."[36] Da hat er Recht: Die *Europäische Volkspartei* im Europaparlament hält zu Viktor Orbán, auch wenn der unbequem ist, denn die *Fidesz*-Abgeordneten stimmen brav mit. Eine ziemlich sichere Bank. Die *EVP* revanchiert sich, Kritik findet fast nur hinter verschlossenen Türen statt. „Die *EVP* wirkt mäßigend auf ihn ein, aber das machen wir hinter verschlossenen Türen und nicht coram publico", sagt der *CSU*-Europa-Abgeordnete Markus Ferber im *ORF*-Interview. „Wir sind ja auch nicht dazu da, um das Gaudium für die Sozialisten abzuliefern". Im gleichen Gespräch räumt *CSU*-Mann Ferber aber ein, Orbáns Provokationen ärgerten auch ihn[37]. Orbán, der schwierige Bündnisgenosse.

David gegen Goliath

Orbán gewinnt die Wahl 2010, als die Ungarn durch eine tiefe Depression gehen. Er holt sie bei ihren enttäuschten Hoffnungen der Nachwende-Zeit ab. Er richtet sie auf. Er verspricht ihnen Nationalstolz, lindert die Trianon-Wunden ein wenig, indem er sich um die Auslands-Ungarn kümmert, er gibt ihnen die doppelte Staatsbürgerschaft und das Wahlrecht, schließlich will er die Wählerstimmen der Ungarn in den Anrainerstaaten. Er plustert das Selbst der Ungarn wieder auf, es ist ein Rausch in Rot-Weiß-Grün, ein Wir-sind-wieder-wer in der Geschichte. Wenn nötig, auch gegen Widerstände – innen wie außen, das ist seine Botschaft. „Wir stehen für unsere Werte und unsere Nation, auch wenn es Gegenwind gibt", trumpft er auf, „auch wenn der Gegenwind Orkanstärke erreicht." [38] Orbáns Trick: Er kreiert den Popanz einer Bedrohung

[36] http://www.faz.net/aktuell/politik/europaeische-union/viktor-orban-im-gespraech-es-gibt-ein-verborgenes-europa-11671291-p3.html

[37] vgl. Adrowitzer/Gelegs, S. 181 ff.

[38] http://www.bild.de/politik/ausland/viktor-orban/interview-sind-sie-ein-schlechter-mensch-22146330.bild.html

– von innen oder außen – gegen den seine Regierung kämpfen muss, um die Ungarn zu schützen. Während der Flüchtlingskrise vergeht kaum ein Tag, an dem er nicht das Versagen Brüssels, des Westens überhaupt anprangert, im Streit um die Flüchtlingspolitik provoziert er sogar mit der Aussage: „Brüssel stellt sich offen auf die Seite der Terroristen".[39] Nur zweieinhalb Jahrzehnte nach der Wende hat sich Viktor Orbán vom Westen abgewendet, bereits ein Jahr nach seinem fulminanten Wahlsieg 2010 spricht er davon, dass die „Fackeln derjenigen, denen wir folgen könnten, erloschen" sind.[40] Im Klartext: Der Westen hat als Vorbild ausgedient, Orbán stellt das Ungarn unter seiner Führung jetzt als Avantgarde dar, damit wertet er sich als „Leader", als Anführer auf. Die Flüchtlingskrise gibt ihm Rückenwind, die Zeitschrift *politico* wählt ihn 2015 zum einflussreichsten Europäer, hängt ihm Etiketten wie „konservativer Subversiver" und „Kleinstadt-Rebell" um. Man könne von ihm halten, was man wolle, schreibt die Zeitschrift, aber an ihm vorbei komme man nicht: „Gleichgültigkeit ist keine Option".[41] Das schmeichelt Orbáns Ego. Entsprechend großspurig tritt er vor seinen Anhängern auf. „Vor 27 Jahren haben wir Mitteleuropäer geglaubt, dass Europa die Zukunft ist", sagt Orbán 2017 anlässlich der alljährlichen Sommer-Universität im siebenbürgischen Băile Tușnad. „Heute spüren wir, dass wir die Zukunft sind", sagt Orbán und wertet die Ungarn rhetorisch auf.[42]

Zuhörer beschleicht manchmal Zweifel, ob diese Zukunft noch innerhalb der Europäischen Union ist. Orbán hat zwar damit kokettiert, es gebe auch eine Zukunft außerhalb der EU, letztlich aber immer klargemacht, in der EU bleiben zu wollen. Einen HUXIT würden ihm seine Ungarn wohl auch kaum verzeihen. Bei aller Skepsis, bei allem Ärger über Brüssel wollen sie doch Teil der Gemeinschaft sein, dazu gehören, von den Vorteilen profitieren, die eine Mitgliedschaft mit sich bringt. Zwei Drittel der Ungarn stehen nach wie vor hinter dem Beitritt zur Europäischen Union, sie wollen Teil der Gemeinschaft

[39] http://diepresse.com/home/ausland/eu/5233703/Orban_Bruessel-stellt-sich-offen-auf-die-Seite-von-Terroristen

[40] zit. n. http://antifa-hungary.blogspot.co.at/2011/08/ungarns-groer-sprung-nach-vorn.html

[41] http://www.politico.eu/list/politico-28/viktor-orban/

[42] zit. n. http://diepresse.com/home/ausland/eu/5261505/Orban_Wir-sind-die-Zukunft-Europas

bleiben, auch wenn die EU im Zuge von Banken- und Flüchtlingskrise eine Imagedelle hinnehmen musste.[43] Aber Viktor Orbán wirft immer wieder eine Frage auf: Was für ein Mitglied will Ungarn sein? Orbáns Antwort auf diese Frage lautet: Weniger Europa, mehr Nation. Und wer diesen Politiker hört, kann versucht sein zu glauben, dass die Ungarn eine historische Mission zu erfüllen haben. Orbáns Botschaft an sein Volk: Damals, zu Wendezeiten, waren wir noch klein und schauten zu den Modellen im Westen auf. Jetzt sind wir erwachsen geworden. Heute sind wir die Vorbilder. Dieses Motiv findet sich in vielen seiner Reden. Und wie der Jugendliche gegen die Eltern kämpft, kämpft auch Orbán gegen seine Ziehväter. Es ist der archaische Kampf David gegen Goliath. Das kleine Ungarn gegen das (europäische, liberale) Establishment, diesen mythischen Kampf trägt der *Puszta-Populist* Orbán wie eine Monstranz vor sich her.

Freunde und Feinde

Auch im Inneren Ungarns zeichnet er Bilder von Freunden und Feinden. Er inszeniert sich selbst dabei als mächtigen Anführer. Doch Führerkult und mythischer Zweikampf sind das Gegenteil von demokratischem Wettbewerb. Hier haben Parteien keinen Platz, andere Meinungen nur in der Rolle des Feindes, in Kämpfen um Leben und Tod geht es immer ums Ganze, hier klirren die Waffen und es liegt Pulverdampf in der Luft. „Pluralismus ist das direkte Gegenteil einer dualistischen Perspektive von Populismus und Elitismus“, schreibt der Populismusforscher Cas Mudde. Die Gesellschaft sei normalerweise von einer Vielfalt überlappender sozialer Gruppen gekennzeichnet, mit unterschiedlichen Ideen und Interessen.[44] In Viktor Orbáns Weltsicht dagegen gibt es nur Schwarz oder Weiß, nur Sieger und Besiegte, nur zwei Mannschaften – wie auf dem Fußballplatz. Und Viktor Orbán hat sich für eine Mannschaft, eine Seite entschieden. Aus dem Liberalen von einst ist ein völkischer Politiker geworden, der nun alles Liberale ausmerzen will. Und er rückt immer weiter nach rechts. Mittlerweile spricht er von „ethnischer Homogenität“ und davon, dass die Un-

[43] http://library.fes.de/pdf-files/bueros/budapest/12778-20170313.pdf

[44] Mudde, Cas/ Rovira Kaltwasser, Cristóbal, E-Book, Kapitel 1 What is populism?

garn nicht mit vielen Menschen anderer Kultur zusammenleben könnten[45], Orbán stellt die Nation über alles. „Die Rhetorik der *Fidesz*, auch von Premierminister Viktor Orbán, enthält alle Elemente, die üblicherweise von Rechtsextremen eingesetzt werden", urteilt der Budapester Politologe Bulcsú Hunyadi.[46]

45 http://index.hu/gazdasag/2017/02/28/orban_mkik/

46 https://www.boell.de/de/2016/06/13/getrieben-von-der-innenpolitischen-erwaegungen-die-anti-einwanderungspolitik-der

3. Der Weg zur Macht – ein Populist im kalten Bürgerkrieg

Doch wie kam es, dass Viktor Orbán so erfolgreich werden konnte? Er nimmt dafür einen sehr langen Anlauf. Und am Anfang ist eine Niederlage, der Wahlabend im Frühjahr 2002. Ein erschütterter Viktor Orbán muss mit ansehen, wie seine *Fidesz*-Partei nicht wiedergewählt wird. „Die Heimat kann doch nicht in der Opposition sein", sagt er fassungslos.[47] Er verliert die Macht wieder, die er vier Jahre lang auskosten konnte. „Das wollte er nie wieder erleben", urteilt der Ungarn-Kenner Gregor Mayer im *ARD*-Interview.[48] Orbáns Partei-Freunde, ganze Stäbe hatten sich monatelang darauf vorbereitet, einfach weiter zu regieren. Und dann das.

Der Orbán-Biograf Igor Janke beschreibt einen Wahlkämpfer, der sich erst einmal fangen muss.[49] Dass die Heimat nicht in der Opposition sein könne, wie es der bei der Wahl unterlegene Viktor Orbán formuliert, ist in seiner Maßlosigkeit atemberaubend. In einem Interview mit *HírTV* hat der Regierungschef das so erklärt, dass der *Fidesz* eben eine „nationale" Partei sei.[50] „Populisten sagen nicht: ‚Wir sind die 99 Prozent'", bringt es der Populismusforscher Jan-Werner Müller auf den Punkt. „Sie behaupten von sich nichts weniger, als die 100 Pro-

[47] https://mno.hu/belfold/orban-a-haza-nem-lehet-ellenzekben-1218728, Originalrede von 2002 hier http://members.xoom.it/hunok2/h0013.html

[48] Interview mit dem Autor anlässlich der Proteste gegen das Mediengesetz, Winter 2010

[49] vgl. Janke, Igor, S. 209 ff.

[50] https://mno.hu/belfold/orban-a-haza-nem-lehet-ellenzekben-1218728

zent zu repräsentieren".[51] Das bedeutet im Umkehrschluss automatisch: Nur, wer mit uns ist, gehört dazu. Alle Kritiker gehören nicht dazu. Die Keimzelle der Ausgrenzung.

„Viktor Orbán ist nicht für die Opposition gemacht", urteilt der Politologe Gábor Török Jahre später.[52] Und so bereitet sich der frisch gebackene Oppositionsführer Orbán im Jahr 2002 systematisch darauf vor, die Macht wieder zu erlangen. Er gründet Bürgerkreise, formiert eine schlagkräftige Partei gleichsam von unten, eine Art ungarische Tea-Party. Diese Parteibasis trägt ihn systematisch zur Macht. Darauf kann er sich fortan verlassen, sie ist treu, auf ihren Anführer zugeschnitten. Bei den Wahlen im Jahr 2006 muss er noch einmal auf die Macht verzichten,die sozialliberale Koalition bekommt noch eine Chance, wird wieder gewählt. Aber der Kämpfer Viktor Orbán hält an seinem Ziel fest: *Fidesz* betreibt eine Obstruktionspolitik, verweigert sich der Zusammenarbeit mit den verhassten Linken und Liberalen. Und er muss nur auf seine nächste Chance warten, die Regierenden machen genug eigene Fehler.

Die „Lügenrede" – Gyurcsánys Super-Gau

Mai 2006. Die Sozialisten sind gerade wiedergewählt worden. Die Genossen treffen sich zum parteiinternen Austausch in dem kleinen Seebad Balatonöszöd am Plattensee. Aber es ist kein Wellness-Programm, das der Parteichef und Premier Ferenc Gyurcsány anbietet, sondern das exakte Gegenteil. Er liest seinen Parteifreunden die Leviten. „Wir haben gelogen – morgens, mittags, abends", versucht Gyurcsány seine Genossen aufzurütteln und zu tatsächlichen Reformen zu überreden. Seine Ruckrede würzt der Sozialist mit unflätigen Schimpfworten. „Wir haben es verbockt", fasst er das Regierungshandeln der letzten Jahre zusammen. Die Rede gelangt an die Öffentlichkeit, klar ist eins: Für den damaligen Regierungschef Gyurcsány wird seine Standpauke an die eigenen Genossen zum politischen Harakiri. Öffentlich haftet ihm fortan ein Makel an. Das nutzt der damalige Oppositionsführer Viktor Orbán gnadenlos aus,

51 Müller, Jan-Werner: Was ist Populismus?, S. 44

52 http://torokgaborelemez.blog.hu/2010/06/08/189_most_a_CSUcson

um seinen Widersacher zu diskreditieren, er inszeniert ein öffentliches Duell ER oder ICH. „Gyurcsány ist eine persona non grata in der ungarischen Politik. Es ist moralisch unmöglich für ein Land, unter der Leitung so eines Menschen zu bleiben", urteilt er seinerzeit im Interview mit der liberalen Wiener Tageszeitung *Der Standard*.[53] Die Regierung des Sozialisten betreibe „organisierte Lügenpolitik", sagt er einer anderen, konservativen Wiener Tageszeitung. „Ein Dialog mit ihm ist ausgeschlossen", so das knappe Urteil Orbáns über den Sozialisten, nach dessen Amt er schielt.[54] Der Nationalkonservative stellt die Regierung Gyurcsány fortan als „illegitim" dar. „Einzelne, klar identifizierbare Einzelpersonen" seien für eine „Schwächung der Demokratie" persönlich verantwortlich, so Orbán.[55]

Er zweifelt sogar das Wahlergebnis an. Im Fernsehen versteigt er sich zu der Behauptung, die Menschen hätten 2006 „mit verbundenen Augen gewählt", deshalb habe die Regierung auch „keinen Regierungsauftrag".[56] Die „Lügenrede" des politischen Gegners ist Wahlkampfmunition für den Populisten Orbán. Er kann sich als Saubermann inszenieren gegen eine verkommene Regierung, die auf Lügen gründet. „Das zentrale Moment ist die Moral, als Unterscheidungsmerkmal zwischen dem reinen Volk und der korrupten Elite," meint der Populismusforscher Cas Mudde.[57] Das Volk also verführt, die Regierung Gyurcsány illegitim – Orbán setzt zum langen Sturm auf die Bastille an. Die Straße hilft ihm zusätzlich.

Rechtsextreme erobern die Straßen und die Köpfe

Im Jahr 2006 erleben die Ungarn einen „heißen" Herbst. Ich bin damals mit meinem Vater in Budapest unterwegs. Für eine Reportage fahre ich mit ihm zu den Stationen seines ganz privaten „Freiheitskampfes" 1956. Ich will von ihm

[53] http://derstandARD.at/2631894/Gyurcsany-ist-eine-Persona-non-grata

[54] http://diepresse.com/home/ausland/aussenpolitik/307974/Dialog-mit-Gyurcsany-ist-ausgeschlossen

[55] https://mno.hu/migr_1834/orban-illegitim-a-kormany-495051

[56] zit. n. https://gondola.hu/cikkek/50266

[57] vgl. Cas Mudde, E-Book, Kapitel 1, What is populism?

wissen, was er ein halbes Jahrhundert zuvor erlebt hat. Er erzählt, wie er im Demonstrationszug durch Budapest gelaufen ist, am Denkmal für den polnischen General József Bém, der 1848 auf der Seite des ungarischen Freiheitskämpfers Lajos Kossuth gekämpft hat, „haben wir Petöfis Nationalgedicht rezitiert: Ungarn, auf die Beine, die Heimat ruft!". Die Budapester hätten den Demonstranten aus den Fenstern zugejubelt, erzählt mir mein Vater. Fünfzig Jahre später fahren wir mit der Straßenbahn zum Parlament am Kossuth Platz. Es ist ein schöner Herbsttag, die Sonne scheint, „wie vor 50 Jahren", meint mein Vater. Vor dem Parlament am Donau-Ufer haben sich viele Menschen versammelt, die fordern, die Ungarn sollten sich erheben. Flugblätter werden verteilt, die nach einer neuen Verfassung verlangen. Mit der Metro fahren wir zum *Ungarischen Radio* in der Sándor Bródy-Straße, der Pförtner hört gerade eine Sendung zum Aufstand 1956. Mein Vater erinnert sich daran, wie die Geheimpolizei damals in einem Krankenwagen vor das Rundfunkgebäude kam. Die Türen seien aufgegangen, „dann schossen sie mit ihren ‚Gitarren', Kalaschnikows in die Menge", erzählt mein Vater. Einer der ersten Toten ist ein Kommilitone von ihm.

Wir fahren noch ein Stückchen weiter, ganz in der Nähe hat mein Vater damals eine kleine Wohnung gehabt und eine Freundin. „Ich stand an ihrem Fenster, da kamen die russischen Panzer um die Ecke", erzählt er mir. „Noch nie hatte ich solche Angst", beschreibt er seine Gefühle 50 Jahre zuvor. Durch einen imposanten Torbogen betreten wir das Gelände des St. Stephan-Krankenhauses, wir steigen die Treppen hinauf zur Chirurgie. Hier hat mein Vater als junger Medizinstudent famuliert, hier hat er die vielen Verwundeten und Toten des Aufstandes gesehen, manche wachten nicht mehr aus der Narkose auf. „Junge Burschen", sagt er, „Jugendliche, die mit Bauchschuss auf den Gängen verreckt" seien. Das seien die wahren „Helden" dieses Aufstandes gewesen. Die Stimmung damals beschreibt er als „aufgehende Sonne", aber was so „schön begonnen" habe, habe „tragisch geendet", sagt mein Vater.[58] Im November 1956 ist er schon auf der Flucht nach Österreich. Kurz vor Weihnachten kommt er in Bonn an, die Auslagen in den Geschäften sind vorweihnachtlich geschmückt. Da habe er gesehen, wie sehr der Klassenfeind darben musste, spottet mein Vater über die kommunistische Propaganda.

[58] http://www.der-rundfunker.de/audio/Ungarn_ozsvath.mp3

„Kalter" Bürgerkrieg

Fünfzig Jahre nach dem Aufstand laufen die Feierlichkeiten zur Erinnerung an die Herbsttage 1956 komplett aus dem Ruder. Rechtsextreme stehlen in Budapest sogar einen Panzer aus einer Freiluft-Ausstellung. „Die Polizisten dürften ihren Augen kaum getraut haben", beschreibt das Nachrichtenmagazin *Der Spiegel* die Szene, „durch den Nebel der Tränengasgranaten fuhr (...) ein Panzer sowjetischer Bauart aus dem Zweiten Weltkrieg auf sie zu. Die Demonstranten fuhren mit dem museumsreifen Kettenfahrzeug durch die Straßen der Hauptstadt", beruft sich das Nachrichten-Magazin auf Augenzeugen.[59]

Ich bin in dieser Zeit oft zur Berichterstattung in Ungarn, treibe mich in kleinen Läden herum, welche die ganze völkische Folklore feilbieten: Großungarn-Aufkleber, Lehrbücher für Székler Runenschrift, Rechtsrock-CDs und allerlei Trianon-muss-weg-Devotionalien. Ich interviewe Verkäufer, die über „Zigeunerkriminalität" schwadronieren, surfe auf der einschlägigen Website *kuruc.info*, die Menü-Unterpunkte zu „Anti-Magyarismus" und „Juden"-, „Politiker"- und „Zigeuner-Kriminalität" anbietet und die Mobilfunk-Nummern von linken oder liberalen Politikern veröffentlicht. Ich selbst lande mit einem Steckbrief im Netz: „Mit einer Propaganda, die die Ungarn verleumdet, fing er bei einem deutschen Zionistenblatt an", schreibt das rechtsextreme Internet-Portal *metapedia* nach meiner Reportage für die Zeitschrift *Cicero*[60] im Vorfeld der Wahlen von 2010. Fazit: Ich sei „anti-ungarisch".[61] Selbst in meiner eigenen Familie erlebe ich die politische Spaltung des Landes hautnah. Im Zimmer meiner Tante hängt die Székler-Hymne von 1921, in dem der Verlust Siebenbürgens nach dem Friedensvertrag von Trianon beklagt wird, Gott wird angefleht, nicht zuzulassen, dass Siebenbürgen verloren gehe. Meine Tante blüht auf in all dem rot-weiß-grünen Pathos. Als ich für die *ARD* auf dem Budapester Burgberg über die Vereidigung der ersten Mitglieder der rechtsextremen Ungarischen Garde berichte, treffe ich sie dort unerwartet und zufällig. Die Stimmung neben dem Präsidentenpalast ist feierlich. Geistliche segnen die Fahne mit dem Löwen-

[59] http://www.spiegel.de/politik/ausland/ungarn-demonstranten-kapern-panzer-von-1956-a-444272.html

[60] http://www.der-rundfunker.de/PDF/Ungarn_Cicero_0310.pdf

[61] http://polusonline.blogspot.co.at/2012/10/ki-is-ez-stephan-ozsvath-velemenykulfold.html

Logo, genau 56 Gardisten legen vor dem früheren Verteidigungsminister Lajos Für ihren Eid ab. Sie tragen weiße Hemden, Knobelbecher, schwarze Armeehosen und Westen – die Zahl 56 ist nicht zufällig gewählt. Es ist ein Symbol. Der Schauspieler Mátyás Usztics kommandiert die Gardisten, mit dabei ist auch die *Fidesz*-Abgeordnete Mária Wittner, die am Aufstand 1956 teilgenommen hat und Rechtsaußen-Positionen vertritt. Aus hunderten von Kehlen ertönt die Nationalhymne. „Gott schütze die Ungarn" singen die Anwesenden, ein Trommelwirbel ertönt, gerade fotografiere ich das White-Power-T-Shirt eines Skinheads, der durch die Menge läuft, ein anderer verkündet stolz „als Nazi geboren zu sein", ich beobachte Rechtsextreme vom Motorrad-Club „Goj".

„Hier oben sind die wahren Ungarn", freut sich meine Tante und strahlt mich an. Ich bin nicht überrascht, sie hier zu treffen. Sie hatte im Dorf einen wohlhabenden Mann geheiratet, sie galt als „Kulakin", als Großbäuerin. Mit zwei kleinen Kindern geht sie in die große Stadt, nach Budapest, als Busschaffnerin bringt sie die Familie durch. „Ich kam vom Dorf, musste die Stationen auswendig lernen", erzählt sie mir damals, „damit sie mich nicht rausschmeißen". Meine Tante hasst die Kommunisten, die sie enteignet haben. Am Fuße des Burgbergs demonstrieren die anderen Ungarn: ein kleines Häufchen nur, vielleicht 300 Menschen. Die Roma-Aktivistin Ágnes Daróczi empört sich, dass der frühere Verteidigungsminister Lajos Für den Gardisten oben auf dem Burgberg „den Weg ebnet" und sich dabei auf die Meinungsfreiheit beruft: „Was ist wichtiger", ruft sie in die Menge, „ihre Meinungsfreiheit oder unsere Würde?". Daróczi hält eine bewegende Rede, erinnert an ihre im Konzentrationslager ermordeten Familienmitglieder. „Soll ich denen sagen, ich bleibe heute lieber zu Hause und rühre in der Suppe?"

Oben auf der Burg haben die „wahren Ungarn" Sprechchöre angestimmt: „Gyurcsány, hau ab" rufen sie und „Ria, Ria, Hungaria".[62] Ich laufe mit meinen eigenen Schuhen über das Konterfei des Sozialisten, als ich kurz vor der Parlamentswahl 2010 in Budapest für die *Cicero*-Reportage recherchiere. „Die Fußabtreter gehen gut", erzählt mir Sándor Seregi, der damals einen kleinen Plattenladen an der Markthalle nahe der Freiheitsbrücke betreibt. Seregi ver-

[62] http://www.der-rundfunker.de/PDF/FahneneidUngGARDe.pdf

kauft Großungarn-Aufnäher, eine gleichnamige Zeitschrift liegt aus. „Es muss einen radikalen Wechsel geben", fordert der Langhaarige in Rockerkluft und zeigt auf kleine Kalender, mit denen die rechtsextreme Partei *Jobbik* damals um Stimmen bei der Parlamentswahl wirbt.[63] Ich erlebe, wie Rechtsextreme dem damaligen liberalen Oberbürgermeister Gábor Demszky zurufen: „Ab in die Donau", eine Anspielung auf die ungarischen Pfeilkreuzler, die im Winter 1944/1945 die ungarischen Juden in die Donau schossen. Ich bin dabei, als der britische Holocaust-Leugner David Irving auf dem Heldenplatz in Budapest auftritt, ich kaufe mir für mein Archiv CDs von Rockbands, die „Weg mit Trianon" singen. Ich stehe in Tränengaswolken, als Rechtsextreme an der Oper auf dem Andrássy-Boulevard Barrikaden aus Telefonzellen und Mülleimern bauen. Ein Mob stürmt auch das Gebäude des Ungarischen Fernsehens im Zentrum der ungarischen Hauptstadt, eine völlig überforderte Polizei reagiert übermäßig brutal. Als die Verfahren gegen die Verantwortlichen eröffnet werden, schreibt die Orbán-treue Presse vom „Polizeiterror".[64]

Die rechtsextreme Partei *Jobbik* bekommt ab 2006 großen Aufwind, ihre paramilitärische „Ungarische Garde" marschiert durch die Roma-Viertel, eine rechtsradikale Todesschwadron mordet, auch Hetze gegen Juden wird wieder salonfähig, der frühere sozialistische Abgeordnete und Fernseh-Moderator Sándor Csintalan wird zusammengeschlagen. Parolen und Symbole von Rechtsaußen rücken in die Mitte der Gesellschaft, etwa die rot-weiß-gestreifte Árpád-Fahne, die auch von den Pfeilkreuzlern, dem ungarischen Nazi-Ableger zum Ende des Zweiten Weltkrieges benutzt wurde. Den Ungarn wird ihr Land zu klein, Träume von Großungarn werden populär. Die Rechtsextremen von *Jobbik* verbrennen öffentlich EU-Fahnen, Parteichef Gábor Vona ruft verächtlich „EU verrecke" und fordert den Austritt des Landes aus der Europäischen Union.[65] „Schätzungen zufolge hat jedes zwanzigste Auto in Ungarn ein Landeskennzeichen in der Form von ‚Großungarn' – also des Ungarns in den Grenzen vor Trianon, zu dem auch Teile Kroatiens und der heutigen Slowakei gehörten", schreibt der Ungarn-Kenner Paul

[63] http://www.der-rundfunker.de/PDF/Ungarn_Cicero_0310.pdf

[64] http://pestisracok.hu/nyolc-eve-tortent-2006-os-rendorterror/

[65] https://pusztaranger.wordpress.com/2012/01/15/Jobbik-verbrennt-eu-fahne-vona-viehpeitsche-fur-barroso/

Lendvai.[66] Mein Cousin will mit mir über eine vermeintliche Verschwörung der Juden und des Mossad diskutieren, überall wittert er Machenschaften. Die Jahre 2006 bis 2010 waren ein „kalter Bürgerkrieg“, resümiert Paul Lendvai.[67]

Ferenc Gyurcsány – persona non grata

Es hätte des Drucks der Straße kaum noch bedurft: Es wird immer klarer, dass die Tage der sozialliberalen Regierung gezählt sind. Der Ruf des Sozialisten Gyurcsány ist dauerhaft ramponiert. Viktor Orbán geht in die Offensive. Vor Tausenden von Anhängern gibt er sich in einer Rede zum Nationalfeiertag am 15. März 2007 kämpferisch: „Das Volk hat das Recht, die Regierung zu vertreiben“, und zwar dann, wenn die Regierung „gegen das Volk“ regiere. Es gebe „eine neue Mehrheit“, sagt er vor seinen Anhängern. Die Regierung Gyurcsány bezeichnet der Oppositionsführer als „neue Aristokratie“, gegen die sich die Ungarn auflehnen müssten. „Populismus“, so die These des Politologen Jan-Werner Müller, „ist eine ganz bestimmte Politikvorstellung, laut der einem moralisch reinen, homogenen Volk stets unmoralische, korrupte und parasitäre Eliten gegenüber stehen – wobei diese Eliten eigentlich gar nicht wirklich zum Volk gehören“.[68] Orbán setzt auf das Instrument der bei allen Populisten beliebten Volksabstimmung, um die Regierung Gyurcsány zu ärgern, es geht um Studiengebühren, Praxisgebühr, Krankenhäuser, Medikamente, Ackerboden – er macht sich zum Anwalt der kleinen Leute. Der *Puszta-Populist* Orbán ist damit auf Erfolgskurs gegangen.[69] Über der Gesundheitsreform zerbricht 2009 die sozialliberale Koalition, der parteilose Gordon Bajnai übernimmt und verordnet den Ungarn einen harten Sparkurs. Im Grunde sei die Regierung Bajnai nur noch ein „erweiterter Krisenstab“ gewesen, meint der Schriftsteller György Dalos.[70]

[66] Paul Lendvai: Mein verspieltes Land. Ungarn im Umbruch, Salzburg 2010, zit. n. Müller, Jan-Werner: Wo Europa endet. Ungarn, Brüssel und das Schicksal der liberalen Demokratie. Berlin 2012, S. 25

[67] Paul Lendvai: Mein verspieltes Land. Ungarn im Umbruch, Salzburg 2010, S. 173

[68] Müller, Jan-Werner: Was ist Populismus?, Ein Essay. Edition Suhrkamp. Berlin 2016, S. 42

[69] http://www.origo.hu/itthon/20070315orban.html

[70] Dalos, György: Ungarn in der Nußschale, Geschichte meines Landes. Ein Jahrtausend und zwanzig Jahre. S. 217 ff.

4. Die „Revolution an der Wahlurne"

Das Verschwinden von Republik und Bürger

Schon der erste Wahlgang 2010 macht Viktor Orbán siegessicher. „Die Zeit ist gekommen", steht auf der Mikrofon-Blende am Rednerpodest neben dem *Fidesz*-Partei-Logo, im Hintergrund eine Wand aus rot-weiß-grünen Fahnen, den ungarischen Nationalfarben. Als Orbán am Abend des 11. April 2010 an das Rednerpult tritt, wählt der Nationalkonservative große Worte: „Ich sage es der Welt: Mit dem heutigen Tag ist Ungarn mit erhobenem Haupt auf die Hauptstraße der Geschichte zurück gekehrt", sagt Orbán vor seinen jubelnden Anhängern.[71] An diesem Abend gibt er sich noch demütig, spricht seine Anhänger noch als „Bürger" an – eine Vokabel, die im Laufe der Zeit immer mehr aus seinen Reden verschwinden wird. Wenn man heute von Österreich nach Ungarn fährt, sieht man beim Grenzübertritt auf den Grenzschildern nicht mehr wie früher den Hinweis auf die Ungarische Republik, sondern nur noch auf Ungarn, auch wenn in der Verfassung die Staatsform noch mit Republik angegeben wird. Es sind mehr als nur ein paar Buchstaben, die künftig in der Öffentlichkeit fehlen. So wie der „Bürger" verschwindet, werden auch die „Republik" und mit ihr entsprechende Grundannahmen aus dem öffentlichen Bewusstsein getilgt. „Neben das Ideal des Bürgers trat aber bald ein weiteres, nämlich das der (ethnisch definierten) Nation oder ungarisch „nemzet"[72], beschreibt der Politologe Jan-Werner Müller diesen Prozess. An die Stelle des Bürgers tritt das Volk, an

[71] Fidesz-Pressekonferenz nach dem Wahlsieg im ersten Durchgang, am Abend des 11.04.2010 https://www.youtube.com/watch?v=sxBPe7OzL_0

[72] Müller, Jan-Werner: Wo Europa endet. Ungarn, Brüssel und das Schicksal der liberalen Demokratie. Berlin 2012 , S. 24.

die Stelle der Republik tritt die Nation – in Budapest wird der ideologische Bezugsrahmen komplett neu definiert. „In der Politik geht es immer um ideologisches Framing", erklärt die Kognitionsforscherin Elisabeth Wehling.[73] Freiheitliche Konzepte wie Mitbestimmung (Bürger, Republik) werden ersetzt durch solche der reinen Zugehörigkeit (Nation, Volk).

Und Europa reibt sich verwundert die Augen: Nicht nur Parteien wechseln sich im Jahr 2010 in Budapest an der Macht ab, es ist nicht nur ein Austausch des Personals, und dann geht es in den gewohnten Bahnen weiter. Nein. Die Machtübernahme in Budapest ist tatsächlich mehr als das. Sie wird zum Störfall, der die politische Elite in Brüssel und anderen europäischen Hauptstädten irritieren wird. Der politische Fallout ist beträchtlich, die Halbwertszeit des völkischen Gifts unklar. „Was geschah 2010 in Ungarn?", fragt sich Viktor Orbán rhetorisch selbst im Interview mit der konservativen *Frankfurter Allgemeinen Zeitung*. „Die Linke ist zusammengestürzt. Die Liberalen sind nicht mehr im Parlament."[74] Kleine Splitterparteien sitzen heute im Parlament einem großen rechten Block gegenüber. „Csak a *Fidesz* – nur *Fidesz*" ist das Partei-Motto, das Rednertribünen ziert und das alles über die Machtverhältnisse im Land sagt. *Fidesz* ist die dominante Partei, auch wenn die Zweidrittelmehrheit in den vergangenen sieben Jahren wieder verloren gegangen ist. Aber wer weiß, für wie lange: Aktuelle Umfragen halten eine erneute Zweidrittelmehrheit auch 2018 wieder für möglich. Die Partei ist einem klaren Drehbuch gefolgt. Orbáns Drehbuch.

Das zentrale Kraftfeld – oder: zurück zur Einparteien-Herrschaft

Bereits ein Jahr vor der „Revolution an der Wahlurne" hatte Viktor Orbán diesen politischen Masterplan vorgelegt: Es sei an der Zeit, den „Dualismus" zu überwinden, sich nicht mehr in Grabenkämpfen mit den Linken und Liberalen zu verzetteln, sagt er 2009 vor Parteifreunden in Kötcse. Immer im Herbst trifft

[73] Wehling, Elisabeth: Politisches Framing. Wie eine Nation sich ihr Denken einredet und daraus Politik macht. Köln 2016, S. 62

[74] http://www.faz.net/aktuell/politik/europaeische-union/viktor-orban-im-gespraech-es-gibt-ein-verborgenes-europa-11671291-p3.html

man sich informell zum Picknick und Gedankenaustausch, die Presse bleibt dabei außen vor. In Kötcse werden Leitlinien vorgegeben. Es gehe darum, ein „nationales Kraftfeld" zu schaffen, dass die ungarische Politik in den nächsten „15 bis 20 Jahren" dominieren solle, gibt Viktor Orbán die politische Linie für die Partei vor.[75] Im Zentrum dieses Kraftfeldes solle Orbáns Partei *Fidesz* sein, im Dauerbündnis mit einem christlich-nationalen Wurmfortsatz namens *KDNP*. Wenn man so will: eine Art verkappter Einparteien-Staat, aber „keine Diktatur im herkömmlichen Sinn", urteilt der Orbán-Kenner Paul Lendvai, „es wird weiterhin Wahlen geben, Orbáns Gegner werden weiterhin demonstrieren dürfen, und es gibt auch keine politischen Gefangenen".[76] Aber die Opposition hat in dieser Konzeption nur eine Statisten-Rolle.

Äußerungen aus Orbáns erster Amtszeit (1998 bis 2002) lassen nichts Gutes ahnen, wie er mit der neuerlich erworbenen Macht umgehen würde. „Am 1. Dezember 1998 erklärte er, dass das Parlament auch ohne Opposition funktioniere", zitiert ihn die Tageszeitung *Népszabadság* in ihrer Ausgabe vom 2. Dezember dieses Jahres.[77] Nach dieser Logik werden Störenfriede, die ihn beim Regieren behindern, weggebissen oder diffamiert. So hatte Orbán bereits in seiner ersten Amtszeit am 30. November 2000 im Budapester Parlament „eine „schwarze Liste" mit den Namen von Journalisten, Oppositionspolitikern und Intellektuellen" vorgelegt, die angeblich das Ansehen Ungarns schädigen würden.[78] Offenbar waren das nicht nur Jugendsünden eines jungen Regierungschefs, wie die Entwicklung nach 2010 zeigen sollte. „Hier wird der Wille des Führers Wirklichkeit", urteilt der Publizist Rudolf Ungváry, denn die Entscheidungen würden zunehmend von einem kleinen Zirkel um Orbán getroffen, eine verschworene Männer-Runde um die charismatische Hauptperson. Populismus brauche „charismatische (männliche) Anführer", glaubt der Populismusfor-

[75] http://hvg.hu/itthon/20100216_orban_viktor_egy_nagy_kormanyzo_part

[76] http://www.nachrichten.at/nachrichten/politik/aussenpolitik/Paul-Lendvai-bdquo-Viktor-Orban-will-die-totale-Macht-ldquo;art391,1105341

[77] vgl. Népszabadság vom 2. 12. 1998, zit. n. Schmidt-Schweizer, Andreas: Politische Geschichte Ungarns von 1985 bis 2002, S. 352

[78] vgl. Népszabadság vom 1. Dezember 2000 und 168óra vom 7. 12. 2000, zit. n. Schmidt-Schweizer, Andreas: Politische Geschichte Ungarns von 1985 bis 2002, S. 366

scher Cas Mudde.[79] Orbán ist in die Rolle hineingewachsen. „Ich war nicht von Anfang an ein Anführer", sagt Viktor Orbán im Rückblick über sich selbst, „ich gehörte immer zu dem Kreis, in dem die Entscheidungen fielen. Ich wollte Mitglied dieses Kreises sein, aber es war mir nicht wichtig, der Anführer zu sein. Der Beste: ja! Der beste Schüler, der beste Fußballer, der beste Sportler: ja! Aber Führer: nein. Damals urteilte ich so, dass man Entscheidungen gemeinsam treffen muss."[80] Der Freundeskreis ist im Wesentlichen der heutige Machtzirkel geblieben, aber die Entscheidungen trifft Viktor Orbán, der auf persönliche Beziehungen setzt. Das entspricht dem ungarischen Naturell, persönliche Beziehungen sind wichtiger als Institutionen. Und das weiß Orbán auszunutzen. Mit Erfolg. Die europäischen Institutionen, sie sind weit weg. Das ist das „Brüssel der Bürokraten"[81], das Orbán gerne zeichnet. Das ist unpersönlich, kalt, ein Moloch geradezu, der Ungarn in die Knie zwingen will. „Brüssel ist nicht Moskau", sagt Orbán, als er mit dem EU-Kommissionspräsidenten Barroso über den Streit des Ungarn mit dem Internationalen Währungsfonds über Kreuz ist. Orbán hatte den IWF hinausgeworfen. „Es kann nicht sein, dass in einem Streit der eine über den Kopf des anderen entscheidet".[82] Da unterwerfen sich die Ungarn lieber ihren Landsleuten, lieber Orbán. „Ich bin lieber von einzelnen Menschen abhängig als von Institutionen", umschreibt der Schriftsteller und frühere Kulturstaatssekretär Géza Szöcs seine Nibelungentreue gegenüber Orbán und seinen Getreuen.[83]

Neuer Name, neuer Inhalt – das „System der Nationalen Zusammenarbeit"

Die Ungarn staunen nicht schlecht. Bislang dachten sie, sie leben in einem Land, das Republik Ungarn heißt. Formal heißt es auch jetzt noch so, so steht

[79] vgl. Mudde, Cas. E-Book, Kapitel 3, Populism and mobilization

[80] zit. nach Janke, Igor, S. 99

[81] https://444.hu/2016/09/29/orban-elmondta-mit-csinalnak-a-szemfenyveszto-brusszeli-burokratak-korabban-onmagarol-mondta-ugyanezt

[82] http://www.origo.hu/gazdasag/20120413-zsarolasnak-tartana-orban-viktor-ha-az-europai-unio-politikai-felteteleket.html

[83] zit. n. Ungváry, Rudolf: A láthatatlan valóság. A fasisztoid mutáció a mai Magyarországon, S. 23

es in der Verfassung, die Staatsform ist offiziell eine Demokratie. Aber aus dem Bewusstsein hat der ungarische Ministerpräsident das Republikanische getilgt, er hat es gleichsam unsichtbar gemacht. An seine Stelle setzt er etwas anderes. Viktor Orbán greift dabei in die Trickkiste der Werbe-Fachleute: Wenn Du für etwas werben willst, gib ihm einen Namen, das prägt sich leichter ein. Noch am Wahlabend führt der im April 2010 zum zweiten Mal gewählte Regierungschef Orbán deshalb ein neues Etikett für seine Regentschaft ein: „Die Ungarn haben ein System beseitigt und ein neues geschaffen – das der Nationalen Zusammenarbeit", abgekürzt NER.[84] Gemeint ist damit eine „arbeitsbasierte Gesellschaft", ein „Staat, der nicht auf liberalen Grundlagen basiert".[85] Das heißt: Nur wer arbeitet, bekommt etwas. Dieses Prinzip wendet die Regierung künftig in der Sozialpolitik an, für die Stütze müssen die Armen etwas tun.

Immer wenn ich in Ungarn auf Reportage-Reise bin, sehe ich die gemeinnützig Beschäftigten, die Papiere am Wegesrand aufsammeln. Heerscharen von Armen in knall-gelben Warnwesten halten die Straßenränder und Gehsteige sauber, klauben Müll auf, scheren das Gras und bekommen dafür wenig Geld. Über die Vergabe dieser Jobs entscheiden die Bürgermeister, oft genug willkürlich. Die gemeinnützig Beschäftigten werden auch für die Zwecke der Regierungspartei eingespannt. Immer wieder habe ich von solchen gehört, die Wahlplakate der Konkurrenz abreißen mussten. Regierungskritische ungarische Medien berichteten auch davon, dass in Ämtern Beschäftigte in ihrer Arbeitszeit telefonisch für die Volksabstimmung gegen die Flüchtlingsquoten werben sollten, dazu gab es schriftliche Anweisungen, was die Telefonisten im Regierungsauftrag sagen sollten. Im Online-Portal *444.hu* wird ein Merkblatt mit empfohlenen Textbausteinen veröffentlicht[86]. Dort heißt es, die Volksabstimmung sei „eine nationale Angelegenheit", die gemeinnützig Beschäftigten sollten nachfragen, „wieviele aus der Familie abstimmen gehen".[87] Parteijobs, bezahlt vom Steuerzahler. Rechts unten auf dem Papier sind die Logos der beiden Regie-

[84] https://www.youtube.com/watch?v=qKyg4AD4aGM

[85] vgl.Orbáns Rede in Baile Tusnad, 2014, zit.n. https://mno.hu/belfold/orban-viktor-teljes-beszede-1239645

[86] https://444.hu/2016/09/27/miniszteriumi-kozhivatalnokoknak-munkaidoben-kellene-*Fidesz*es-utmutatoval-vegigtelefonalni-a-kubatov-listat

[87] ebd.

rungsparteien abgedruckt. Das sei kein Problem, wenn das Teil ihrer Arbeit sei, sagt dazu *Fidesz*-Parteisprecher Máté Kocsis im privaten Fernsehkanal *ATV*.[88]

Für die Regierung ist das System der gemeinnützig Beschäftigten ein gelungener Coup: Die Regierungsparteien können sich vom ungarischen Steuerzahler, also von allen Ungarn, Menschen bezahlen lassen, die für eine Partei arbeiten. Und diese können dabei das Gefühl haben, noch irgendwie gebraucht zu werden. Es sind schlecht bezahlte Jobs, die gemeinnützig Beschäftigten sind erpressbar. Der *Pester Lloyd* nennt das neue System einen „Untertanenstaat".[89] Verbrämt wird die Zwei-Klassen-Gesellschaft mit National-Pathos. Die „ungarische Nation" habe ihre „Lebenskraft wieder gesammelt", heißt es in einer politischen Deklaration, die vom Budapester Parlament im Juni 2010 verabschiedet wird und die Ungarn mit einem Körper vergleicht. Darüber kippt die Regierung Harmonie-Soße. „Es sei Frieden, Freiheit und Eintracht", ist das Konsensgebot der Regierung überschrieben.[90] Mit der Wahl Orbáns sei ein „neuer Gesellschaftsvertrag zustande gekommen", behauptet die Regierung. Allerdings müssen einen Vertrag immer alle Partner unterschreiben. Das sieht das System der Nationalen Zusammenarbeit nicht vor. Es ist ein Dekret. Die entsprechende „Orbán-Bulle", wie Spötter sie nennen, hängt seit dem Sommer 2010 in den ungarischen Amtsstuben aus.[91]

Hehre Ziele dürfen auch nicht fehlen. Das Interesse der Ungarn sei das oberste Ziel in diesem neuen System, nicht das der Oligarchen, sagt der Regierungschef. Politik aus Eigennutz werde der Vergangenheit angehören. „Mit dieser historischen Tat", nämlich den Wahlen von 2010, heißt es in der Orbán-Bulle, habe die „ungarische Nation" dem Parlament und der Regierung den Auftrag erteilt, das System der *Nationalen Zusammenarbeit (NER)* „entschlossen, ohne Kompromisse und unerschütterlich" aufzubauen. Die Heimat solle wieder

[88] http://hvg.hu/itthon/20160928_munkaidoben_lista_alapjan_kell_gyozkodni_az_embereket_hogy_menjenek_el_szavazni

[89] http://www.pesterlloyd.net/2011_34/34untertanenstaat/34untertanenstaat.html

[90] Einschub III, Osteuropa, 61. Jg., 12/2011

[91] https://www.tagesanzeiger.ch/ausland/europa/Die-gefaehrlichen-Machtallueren-des-Viktor-Orban-/story/26398071

stark gemacht werden. „Arbeit, Heim, Familie, Gesundheit und Ordnung werden die Tragsäulen unserer gemeinsamen Zukunft bilden", Schlüsselbegriffe sind auch „Selbstbestimmung" und „Revolution". Der Fokus auf Familie, Arbeit und Ordnung zeigt: Das „System der Nationalen Zusammenarbeit" ist eines aus der eher konservativen Ideenfamilie. „Dessen Hauptcharakteristikum ist es, dass jedermann Teil der ‚nationalen Zusammenarbeit' sein kann, der mit der Regierung einverstanden ist", urteilt der Politologe András Bozóki. „Wer es jedoch nicht ist, kann auch nicht Teil des Systems sein, weil dieses nicht auf dem Wettbewerb politischer Alternativen und auf öffentlichen Diskussionen beruht, sondern auf der Befolgung der Instruktionen der herrschenden Partei.[92] Ähnliches gilt auch für die neue Verfassung. Auch die wurde mit der Parlamentsmehrheit des *Fidesz* und seines Mini-Koalitionspartners *KDNP* verabschiedet. Orbán nennt sie deshalb auch „Zweidrittelverfassung."[93] Der deutsche Historiker Joachim von Puttkamer ist der Ansicht, dass die Verfassung von 2012 die Ungarn „auf ein konservatives Geschichtsbild" verpflichte, „das die ethnisch verstandene Nation zum alleinigen Träger freiheitlicher Bestrebungen erhebt und die inneren Blockaden gesellschaftlicher Emanzipation weitgehend ausblendet".[94]

Angriff auf den Rechtsstaat

Als Ungarn Anfang des Jahres 2011 die EU-Ratspräsidentschaft übernimmt, hat die Regierung Orbán gleich eine Provokation im Angebot: Im Brüsseler Ratsgebäude lässt sie einen 200 Quadratmeter großen Kunststoff-Teppich auslegen. Besucher laufen über eine Landkarte, die das Land in den Grenzen von 1848 zeigt, damals war Ungarn deutlich größer als heute. Eines von vielen Symbolen auf dem Teppich, aber ein durchaus kontroverses. Ein Aufschrei geht durch den Blätterwald. Die Karte illustriere die Absicht Viktor Orbáns, „den Vertrag von Trianon zu überwinden", kritisiert etwa die österreichische Grünen-Politikerin

[92] Bozóki, András: Autoritäre Versuchung. Die Krise der ungarischen Demokratie, in Osteuropa, 61. Jg. 12/2011, S. 78

[93] http://mandiner.hu/cikk/20120102_orban_granitszilardsagu_az_alaptorveny

[94] von Puttkamer, Joachim: Blicke auf ein gespaltenes Land. Die ungarische Nation und ihre Geschichte, in: Osteuropa, 61. Jg. 12/2011, S. 27

Ulrike Lunacek.[95] Die Regierung kann die Aufregung nicht nachvollziehen. Der Teppich sei einfach eine „Zeitreihe von kulturellen, historischen und wissenschaftlichen Symbolen und Bildern Ungarns", sagt ein ungarischer EU-Sprecher. Könige, Artefakte, Auszüge aus der Enzyklopädie, der Heilige Stephan, der Erfinder des Zauberwürfels Ernö Rubik und eben die Karte aus dem Jahr 1848 sind zu sehen.[96] Hat die Regierung einfach die Sensibilität westlicher Beobachter unterschätzt oder verfolgt der Teppich eine Absicht, bedeutet er gleichsam eine Verschiebung der Koordinaten, die innerhalb der EU gelten?

Seit 2010 liegt die ungarische Regierung im Dauerclinch mit der EU. Immer wieder wettert Orbán gegen die „Brüsseler Bürokraten"[97], aber es bleibt nicht nur bei der Rhetorik. Es geht ans Eingemachte. Ungarn hat in sieben Jahren seit Orbáns neuerlichem Machtantritt mehr als 1300 Vertragsverletzungsverfahren mit Brüssel provoziert[98] – die Verfahren an sich sind nicht ungewöhnlich, Probleme gibt es auch mit anderen europäischen Regierungen immer wieder, Vertragsverletzungsverfahren sind in gewisser Weise normal. Sie sind die Schrauben, die das Feinjustieren an der nationalen Gesetzesmaschine ermöglichen, um sie auf die europäische Grundlinie zu kalibrieren. Aber im Streit mit Ungarn ist es anders, sowohl quantitativ als auch qualitativ. Mehr als 1300 Vertragsverletzungsverfahren in sieben Jahren sind eine Menge, und es geht oft nicht um Kleinkram wie die Krümmung von Gurken, sondern um Grundsätzliches. Grundwerte wie die Unabhängigkeit von Presse und Notenbank oder Justiz stehen in Frage. Der österreichische Sozialdemokrat Hannes Swoboda beklagt, es existiere „kein einziges Land in Europa, gegen das es so viele Vertragsverletzungsverfahren auf dem Gebiet der Rechtsstaatlichkeit gibt wie gegen Ungarn".[99] Warum? Der Ungar Orbán testet aus, wie weit er die Grenzen des Machbaren verschie-

[95] http://www.spiegel.de/politik/ausland/kunst-im-eu-gebaeude-grossungarn-teppich-provoziert-bruessel-a-739569.html

[96] ebd.

[97] http://www.scotsman.com/news/world/hungary-s-viktor-oban-advises-neighbours-on-brussels-1-2825378

[98] http://ec.europa.eu/atwork/applying-eu-law/infringements-proceedings/infringement_decisions/index.cfm?lang_code=EN&r_dossier=&noncom=0&decision_date_from=&decision_date_to=&active_only=0&EM=HU&title=&submit=Search

[99] Adrowitzer/Gelegs. S. 184

ben kann, dabei blieben auch Sympathien und Verbündete auf der Strecke, urteilt der Politologe Kai-Olaf Lang von der Berliner *Stiftung Wissenschaft und Politik*.[100] Die einen wenden sich ab, die anderen werden zu wichtigen Verbündeten wie die *PiS*-Regierung in Polen. Mittlerweile geht auch die polnische Regierung auf Krawallkurs gegenüber Brüssel, Viktor Orbán hat die Blaupause geliefert.

Gesetzgebungsmaschine Parlament

Orbáns Credo lautet: Nation sticht Europa. Damit stellt der ungarische Regierungschef ein zentrales Leitmotiv der Europäischen Union auf den Kopf. Denn wenn es um die Harmonisierung von europäischer und nationaler Gesetzgebung gilt, ist eher das Gegenteil der Fall: Europa sticht Nation. Kein Wunder also, dass Viktor Orbán dagegen Sturm läuft. Für das Jahr 2017 hat er gar einen „Kampf um die Souveränität" angekündigt, der sich gegen die „Jünger der Vereinten Nationen von Europa" richte. Ungarn werde „reicher" sein und „stärker" und das hänge nur von den Ungarn ab, sagt Orbán,[101] der damit das Bild einer autarken Insel zeichnet, die sich selbst genügt und nur sich selbst verpflichtet ist. Als seine Regierung im Parlament noch über eine Zweidrittelmehrheit verfügt, ist das Parlament eine regelrechte Gesetzgebungsmaschine. Fast jeden Tag werden neue Gesetze gemacht. Im Eilverfahren und oft ohne ausreichende parlamentarische Debatte peitscht die Regierung sie durch, auch vor der Verfassung macht sie nicht Halt: „Morgens um neun kommen vier Vorschläge zur Änderung der Verfassung auf den Tisch des Parlaments, und um zwei Uhr nachmittags sind sie verabschiedet", beklagt der Grüne Daniel Cohn-Bendit im *ORF*-Interview die atemlose Serienproduktion von Paragrafen am Budapester Donauufer.[102]

Die Gesetzgebungsmaschine läuft am Schnürchen, viele führende *Fidesz*-Abgeordnete sind Juristen, Orbán auch. Das Paragrafen-Fließband hält zunächst auch der ehemalige Olympiafunktionär Pál Schmitt im höchsten

[100] https://www.swp-berlin.org/fileadmin/contents/products/aktuell/2015A06_lng.pdf

[101] http://mandiner.hu/cikk/20161215_orban_viktor_2017_a_lazadas_eve_lesz

[102] zit. n. Adrowitzer/Gelegs, S. 191

Staatsamt am Laufen. Er erklärt, er wolle den gesetzgeberischen Schwung der Regierung nicht ausbremsen.[103] Alleine in den ersten 20 Monaten nach Orbáns Machtergreifung im Jahr 2010 unterzeichnet der ungarische Staatspräsident mehr als 360 Gesetze. „Das Volk hat die souveräne Macht mit einer Zweidrittelmehrheit auf eine Parteienunion übertragen. Das ist Chance und Verantwortung zugleich", sagt er im Interview mit der konservativen Wiener *Presse*. „Mit ihrer Mehrheit ausgestattet, konnte die Regierung eine Reihe von Gesetzen beschließen, mit der Absicht, die Ordnung wiederherzustellen."[104]

Hier ist wieder das Narrativ von der sozialliberalen Unordnung, die es zu überwinden gilt. Viktor Orbán soll Ordnung schaffen, ist die Botschaft. Die gibt es allerdings nicht in Schmitts Lebenslauf. Der frühere Olympiafunktionär kann nicht lange der selbsternannte „Motor" der Regierungspolitik bleiben. Es kommt heraus, dass der frühere Fecht-Olympionike seine Doktorarbeit fast komplett abgekupfert hat. Er klebt noch etwas am Stuhl, auch Orbán hält an ihm noch etwas fest, dann muss Schmitt gehen. Der „gesetzgeberische Schwung" allerdings bleibt – auch ohne den Unterschrift-Automaten Schmitt. „Der Erfolg ist wie der Alkohol", sagt der Regierungschef dem Online-Sprachrohr *888.hu* auf die Frage, ob *Fidesz* die Macht nicht zu Kopf gestiegen sei. „Jeder Politiker muss damit umgehen können", sagt er, sonst folgten „Kopfschmerzen" und ein „Kater".[105]

Um im Bild zu bleiben: Was das Berauschen an der Macht angeht, ist Viktor Orbán offenbar sehr trinkfest. Im Bestreben, *Fidesz* zum „zentralen Kraftfeld" in Ungarn zu machen, setzt seine Regierung auf eine perverse Form der Nachhaltigkeit: Tagespolitik bekommt in Form von Kardinalsgesetzen Verfassungsrang, etwa Schuldenbremse und Flat-Tax.[106] Die können nur mit erneuter

[103] http://diepresse.com/home/ausland/aussenpolitik/577420/Ungarn_Das-tragische-Ende-des-Laszlo-Solyom

[104] http://diepresse.com/home/ausland/aussenpolitik/702415/Pal-Schmitt_Ungarn-ist-eine-100prozentige-Demokratie

[105] https://888.hu/article-orban-2017-a-lazadas-eve-lesz?utm_source=mandiner&utm_medium=link&utm_campaign=mandiner_201709

[106] http://www.pesterlloyd.net/2011_49/49ausdemparlament/49ausdemparlament.html

Zweidrittelmehrheit im Parlament wieder geändert werden. Die Venedig-Kommission des Europarates hat das auch kritisiert, wie der Grüne Cohn-Bendit im *ORF*-Interview anmerkt. „Wenn sie immer mehr Bereiche zu Verfassungsfragen erklären mit 66 Prozent, dann können sie die nie wieder ändern, weil eine neue Regierung nie wieder eine derartige Mehrheit bekommen wird".[107] Das weiß auch der ungarische Ministerpräsident. Und er versteckt seine Ziele nicht. Viktor Orbán macht keinen Hehl aus seiner Absicht, nachhaltig die Geschicke des Landes zu bestimmen, selbst im Fall einer Abwahl. „Ich binde die Hände der nächsten zehn Regierungen", sagt er der Wiener *Kronen-Zeitung*.[108]

Aber nicht nur er will sich in der Macht einbetonieren, auch seine Leute will er dort für lange halten. Der Elitenwechsel ist diesmal umfassend. Sämtliche Schlüsselpositionen werden neu besetzt, von der Theaterleitung bis zur Medienbehörde. In einem Staat, der auf Treue beruht, ist das ein natürlicher Schritt, es ist wirklich „revolutionär", denn es ist ein umfassender Austausch an den Fleischtöpfen, mit dem er sich auch Loyalität erkauft. „Mit Leuten, die das Land kaputt gemacht haben, bin ich nicht bereit zusammenzuarbeiten", sagt der ungarische Ministerpräsident kategorisch.[109] Es geht um das Einbetonieren in der Macht, meint der Populismusforscher Jan-Werner Müller, denn zum Beispiel wird die Chefin der Medienbehörde auf die Dauer von neun Jahren eingesetzt, über eine Legislaturperiode hinaus. „Bei all diesen Personen handelt es sich um potenzielle ‚Veto-Spieler', die einen grundsätzlichen Richtungswechsel verhindern oder im Zweifelsfall Neuwahlen auslösen könnten, sollte *Fidesz* mal nicht mehr die Regierung stellen", urteilt Müller.[110] Ungarn ist krank, suggeriert der Regierungschef, er muss es wieder gesund machen, als „Spitalsdirektor", er müsse ein Team von besten Ärzten zusammenstellen. „Und dann werden wir sehen, ob der Patient dieses Unterfangen überlebt".[111]

107 zit. n. Adrowitzer/Gelegs. S. 191

108 zit. n. http://www.krone.at/welt/orban-nur-toter-fisch-schwimmt-mit-dem-strom-krone-interview-story-267398

109 http://www.krone.at/welt/orban-nur-toter-fisch-schwimmt-mit-dem-strom-krone-interview-story-267398

110 Müller, Jan-Werner: Was ist Populismus?, S. 81 f.

111 ebd.

Machtinstrument Verfassung

In der Budapester Oper am noblen Andrássy-Boulevard wird gefeiert, Viktor Orbán nennt die neue Verfassung „ästhetisch schön“[112]. Der Parlamentspräsident László Kövér würdigt das neue Grundgesetz von *Fidesz´* Gnaden als „legitim, national und integrierend, auf Traditionen aufbauend“, die Opposition treibt das Paragrafenwerk dagegen auf die Straße. Das staatliche Fernsehen berichtet von dem Festakt in der Oper, spart allerdings die Demonstranten aus, die zu Tausenden auf dem Andrássy-Boulevard protestieren. „Das kann man schon als Nachrichtenfälschung bezeichnen“, erzählt mir die Journalistin Klára Kovács, die selbst eine Zeit lang für das Fernsehen gearbeitet hat. Die Sozialisten bezeichnen die Verfassung, an deren Ausarbeitung sie sich nicht beteiligt hatten, als „illegitim“, der frühere Premier Gyurcsány warnt auf einer Kundgebung, Viktor Orbán strebe die „Alleinherrschaft“ an, Demonstranten tragen Transparente durch die Straßen, „Viktator“ ist ein Wortspiel mit dem Vornamen des Ministerpräsidenten. „Die Verfassung wird vom Rahmen zum Inhalt“, meint der Populismusforscher Jan-Werner Müller, „ja zum Spielball des politischen Kampfes“.[113] Darauf deutet schon hin, wie oft sie den politischen Erfordernissen angepasst wird. In sieben Jahren gibt es sieben Verfassungsänderungen, die *Fidesz*-geführte Regierung legt Unrast an den Tag. Aber die hat Methode. Denn die Verfassung wird zum zentralen Machtinstrument der Regierung. Besonders heikel ist die vierte Verfassungsänderung im Jahr 2013. Denn Gesetze, die das Verfassungsgericht zuvor als verfassungswidrig bezeichnet hatte, werden nun per Kardinalsgesetz in den Verfassungsrang erhoben, etwa die Kriminalisierung von Obdachlosen, die aus dem Straßenbild verbannt werden sollen.[114]

„Es entstand eine außerordentliche Lage“, kommentiert der ehemalige Staatspräsident und langjährige Präsident des ungarischen Verfassungsgerichts László Sólyom, wie die Regierung Orbán den Rechtsstaat sturmreif schießt: „Damit ging das Parlament auf Konfrontationskurs mit dem System der höchsten

[112] zit. n. http://diepresse.com/home/ausland/aussenpolitik/651287/Ungarn_Umstrittene-neue-Verfassung-angenommen

[113] Müller, Jan-Werner, S. 83

[114] http://www.bpb.de/politik/hintergrund-aktuell/156390/ungarn-verfassungsaenderung-11-03-2013

Staatsorgane im Grundgesetz. Das Verfassungsgericht wurde letzten Endes mit dem Problem verfassungswidriger Verfassungsänderungen konfrontiert."[115] Salopp formuliert: Die Regierung macht Verfassungsbruch rechtens, alleine, weil sie eine Zweidrittelmehrheit im Parlament hat(te). Juristisch feiner ziseliert formuliert es der Jurist Sólyom. „Damit erhalten die Inhaber einer Zweidrittelmehrheit im Parlament die Möglichkeit, jede beliebige Bestimmung in der Form einer Grundgesetzänderung zu erlassen, auch wenn diese anderen Bestimmungen des Grundgesetzes diametral widerspricht", urteilt der frühere Präsident des Ungarischen Verfassungsgerichts. Seitdem dürfen die Verfassungsrichter sich nicht mehr auf Urteile in der Vergangenheit beziehen und sie dürfen Gesetze nur formal prüfen, nicht inhaltlich. Eine klare Entmachtung der obersten Verfassungsrichter, meint Sólyom: „So ist das Verfassungsgericht nicht mehr „das höchste Organ zum Schutz des Grundgesetzes", urteilt der frühere Staatspräsident.[116] Im Klartext heißt das: Wer eine Zweidrittelmehrheit im Parlament hat, übernimmt das Kommando im Staat, Parlament sticht Verfassung sticht Verfassungsgericht. „Die *Fidesz*-Regierung hat die Struktur des Staates verändert", urteilt der Jura-Professor Gábor Attila Tóth. Die Verfassung wird zum Machtinstrument. Das Ziel des Grundgesetzes bestehe nun darin, „die Macht der aktuell herrschenden Regierung zu stabilisieren". Das übliche System der *Checks and Balances* werde damit ausgehebelt, die Kontrollinstanzen ausgehebelt, die Unabhängigkeit der Justiz eingeschränkt, kurzum: Nur die Politik mache die Regeln. „Die Politik wird nicht von der Herrschaft des Rechts eingeschränkt, sondern die Politik herrscht über das Recht."[117]

Angesichts der kritischen Berichterstattung über die vierte Verfassungsänderung beauftragt die ungarische Regierung den ehemaligen deutschen Verteidigungsminister Rupert Scholz (*CDU*) mit einem Gutachten. Der frühere Geheimdienstler József Czukor erteilt als damaliger Berliner Botschafter Ungarns

115 László Sólyom: Ende der Gewaltenteilung. Zur Änderung des Grundgesetzes in Ungarn, in: Osteuropa, 63. Jg, 4/2013, Berlin, S. 8

116 László Sólyom: Ende der Gewaltenteilung. Zur Änderung des Grundgesetzes in Ungarn, in: Osteuropa, 63. Jg, Heft 4, Berlin 2013, S. 10

117 Tóth, Gábor Attila: Macht statt Recht. Deformation des Verfassungssystems in Ungarn, in Osteuropa, Heft 4, Berlin 2013, S. 27

den Auftrag. Das Ergebnis fällt ganz im Sinne des Auftraggebers aus: „Alle Neuregelungen zur ungarischen Verfassungsgerichtsbarkeit", seien „verfassungskonform und sachgerecht".[118] Auch der deutsche Bundespräsident prüfe letztlich nur formal, so Scholz weiter. Ein Persilschein für die Regierung in Budapest. Begleitet wird die Absolution von einer Pressekampagne, das juristische Plazet des früheren deutschen Ministers erscheint in mehreren deutschen Tageszeitungen. Die konservative *Konrad-Adenauer-Stiftung* erteilt der Regierung in Budapest ebenfalls ihren Segen: „Ungarn bleibt ein Rechtsstaat", beruhigt der Leiter des Budapester Büros der *Konrad-Adenauer-Stiftung*, Frank Spengler, im Interview mit *Deutschlandradio Kultur*.[119] Aber die Koordinaten in der Rechtsauffassung haben sich verschoben, hin zu einer Art umfassenden Ermächtigung durch die Mehrheit. Zum wahren Hüter der Verfassung macht der damalige ungarische Justizminister Tibor Navracsics die „mandatgebenden Wähler", das Verfassungsgericht sei nur „Hüter, nicht Herr des Grundgesetzes." Es könne dem Verfassungsgeber nicht verbieten, die Regelungen den Erwartungen der Gemeinschaft oder diesen entsprechenden eigenen Vorstellungen gemäß zu gestalten".[120] Übersetzt: Was das „Volk" oder die Regierung will, schreibt sie in die Verfassung. Und zwar so oft sie will. Die Regierung Orbán tut es in sieben Jahren sieben Mal. Das Europaparlament kritisiert den Missbrauch der Verfassung als Machtinstrument der Regierung. Der Report des portugiesischen Grünen-Abgeordneten Rui Tavares fällt eindeutig aus: Er sieht in den häufigen Verfassungsänderungen eine „ernsthafte Bedrohung für die Demokratie". Die Regierung wolle mit ihrer Zweidrittelmehrheit ihre politische Linie „zementieren".[121] Der Tavares-Report bleibt folgenlos, denn die konservative Mehrheit in der parlamentarischen Versammlung des Europarats betont zwar eine „Erosion des demokratischen Gleichgewichts in Ungarn": Ein Rechtsstaatsverfahren gegen Ungarn nach Artikel 7 wird aber abgelehnt. Orbán reagiert trotzig: „Ich brauche keine Lektionen in Sachen Demokratie".[122] Als Antwort auf die Kritik an der neuen Verfassung

[118] http://www.mfa.gov.hu/NR/rdonlyres/13EE294A-2676-4BA2-A394-325A8B96A074/0/GT_025.PDF

[119] http://www.kas.de/ungarn/de/publications/33752/

[120] Tibor Navracsics: Richtungweisend. Die Änderungen des Grundgesetzes in Ungarn. Osteuropa, 63.Jg. 4/2013, Berlin, S. 15

[121] zit. n. Adrowitzer/Gelegs, S. 159 f.

[122] zit.n.ebd.S.169

benutzt Orbán seine Ungarn als menschlichen Schutzschild. Nicht seine Regierung werde angegriffen, heißt die neue rhetorische Arabeske des *Puszta-Populist*en, „sondern „das ungarische Volk" und damit „Ungarn selbst".[123]

Kulturkampf um die Hauptstadt

Im November 1919 reitet der siegreiche Reichsverweser auf einem Schimmel in die „sündige Hauptstadt" Budapest ein, die Räterepublik ist gescheitert. „Hier am Donauufer, rufe ich die ungarische Hauptstadt zum Gericht", sagt Miklós Horthy, als gelte es dem Jüngsten Gericht vorzusitzen, „diese Stadt verleugnete ihre tausendjährige Geschichte, diese Stadt zog die Heilige Krone und die Farben der Nation in den Dreck und kleidete sich in rote Lumpen". Dann schiebt der Admiral gönnerhaft hinterher: „Trotzdem sind wir geneigt, dieser in Sünde gefallenen Stadt zu verzeihen, wenn sie zum Dienst an der Heimat zurückkehrt."[124]

Fast ein Jahrhundert später ist es wieder soweit. Von der „Lügenrede" haben sich die Sozialisten nicht mehr erholt. Ganze Regionen gehen an *Fidesz* und an die rechtsextreme *Jobbik*, nur die südungarische Großstadt Szeged ist noch von einem Sozialisten regiert. Früher rote Bezirke im Nordosten des Landes wählen nun die Rechtsextremen, andere Bezirke fallen an Orbáns *Fidesz*, nach 65 Jahren roter oder liberaler Regierung geht bei den Kommunalwahlen im Oktober 2010 auch die Hauptstadt Budapest verloren.[125] Die neuen *Fidesz*-Machthaber knüpfen an alte Traditionen an, sie wollen eine ideologische Wende in der ungarischen Hauptstadt. Der neue *Fidesz*-Bürgermeister István Tarlós verspricht nach seinem Wahlsieg einen „anderen Geist".[126] Als Theater-Intendanten des *Neuen Theaters* setzt das neue Stadtparlament den Rechtsextremen György Dörner trotz internationaler Proteste ein und verlängert den Vertrag des umstrittenen Theatermachers später um weitere vier Jahre. Dörner ist ein

[123] zit. n. Müller, Jan-Werner: Was ist Populismus?, S. 79

[124] zit. n. Dalos,György: Ungarn in der Nußschale, S. 128

[125] http://www.valasztas.hu/hu/onkval2010/471/471_0_index.html

[126] http://videa.hu/videok/onkormanyzati-valasztas-2010/hirek-politika/interju-tarlos-istvannal-lyOxq50QQDJiu8WW

Gefolgsmann des antisemitischen Schriftstellers István Csurka, Vorsitzender der rechtsextremen *MIÉP*, der Ungarischen Lebens- und Wahrheitspartei, der während der jugoslawischen Zerfallskriege Morgenluft gewittert hatte und die Revision der Grenzen forderte. Csurka ist mittlerweile verstorben. In seiner Bewerbung um den Chefsessel im „Neuen Theater" bläst Dörner zum Angriff gegen eine „entartete, krankhafte liberale Hegemonie im Theaterbetrieb".[127]

Das passt auch zum politischen Kampf Orbáns gegen alles Liberale, ein taktischer Schulterschluss zwischen *Fidesz* und Kräften ganz rechts außen. Ein neuer Geist soll eben auch in der ungarischen Hauptstadtkultur wehen, ein heimattreuer. Neben Dörner werden auch andere betont nationale Persönlichkeiten auf die Chefsessel der wichtigsten Budapester Kulturinstitutionen gesetzt, der Vertrag von Róbert Alföldi, bekennender Homosexueller und *enfant terrible* der ungarischen Theaterszene wird nicht verlängert. Neuer Intendant des Budapester Nationaltheaters wird der aus der Karpato-Ukraine stammende und frisch eingebürgerte Attila Vidnyánszky, der prompt ankündigt, das Theater künftig „national" ausrichten zu wollen.[128] Die *Ungarische Kultur Akademie* wird von der Regierung mit viel Geld ausgestattet, begünstigt wird Kultur unter nationalen Vorzeichen, auch um die Fördergelder beginnt der Kulturkampf. Für Orbán und seine *Fidesz*-Partei ist es von besonderer symbolischer Bedeutung, dass sie die Hauptstadt gleichsam einnehmen und halten können. „Budapest ist jetzt die Hauptstadt der Nation", jubelt 2014 ein strahlender Regierungschef Orbán, als der *Fidesz*-Oberbürgermeister István Tarlós in Budapest im Amt bestätigt wird.[129]

Die Abrechnung mit der sozialliberalen Vergangenheit

Der Sieg ist eingefahren, die Machtergreifung gelungen, auch die „sündige Hauptstadt" ist gefallen, die Linke soll nun pulverisiert werden, es ist eine Art

[127] http://derstandard.at/2000043641902/Neues-Theater-Rechtsextremist-Gyoergy-Doerner-als-Intendant-verlaengert

[128] https://www.swr.de/swr2/kultur-info/kulturkampf-in-ungarn/-/id=9597116/did=10748216/nid=9597116/192p739/index.html

[129] http://nol.hu/belfold/a-fidesz-unnepel-a-legszebb-remenyeket-is-felulmulta-1492121

Rache für zwei verlorene Wahlen, für acht Jahre Oppositionstätigkeit. Der politische Konkurrent Gyurcsány wird von der politischen Rechten zum Vaterlandsverräter gestempelt.[130] Er wird nicht nur zur persona non grata, eine Hexenjagd gegen die früheren Machthaber beginnt. Gyula Budai, Staatssekretär im Ministerium für Regionalentwicklung, wird zum Jäger im Regierungsauftrag. Zwei Jahre nach Amtsantritt zieht er auf einer Pressekonferenz Bilanz: Eine Milliarde Forint – umgerechnet etwa 3,3 Millionen Euro – habe man für die Staatskasse dabei wieder eintreiben können, in 1442 Fällen seien Ermittlungen gestartet worden.[131] Aber er beklagt auch: „Gegen Gyurcsány hätte ein Verfahren eröffnet werden müssen".[132] Die Justiz habe das leider verhindert. Regierungskritische Medien werfen dem Hexenjäger der Regierung vor, letztlich in seinem Bemühen gescheitert zu sein, schließlich habe man die wichtigsten Skandale nicht aufarbeiten können, etwa die Privatisierung des Budapester Flughafens, den gescheiterten Bau des Regierungsviertels, zusammen gut ein Dutzend Skandale, „schmutzige Dinge", wie das Internetportal *444.hu* schreibt, die man durchaus näher hätte beleuchten können.[133] Orbán verabreicht seinem Volk eine Beruhigungspille: „Unter allen Umständen dienen wir den Interessen Ungarns", meint der Premier und Parteichef auf dem 26. *Fidesz*-Kongress 2015. „Einziger Maßstab für uns ist: Dienen unsere Entscheidungen den ungarischen Menschen oder nicht". Die Politik des *Fidesz* müsse von einem „Alltags-Patriotismus" geprägt sein, erläutert der Regierungschef, „unsere Politik ist ausschließlich eine ungarnfreundliche Politik".[134] Nation sticht Europa. Das führt zunehmend zu Konflikten mit Brüssel.

130 http://index.hu/belfold/kamp1525/

131 http://www.delmagyar.hu/belfold_hirek/budai_gyula_szerint_sikeres_volt_az_elszamoltatas/2308918/?utm_source=rssfeed

132 http://pestisracok.hu/gyurcsany-ellen-vadat-kellett-volna-emelni-mondja-budai-gyula-volt-elszamoltatasi-kormanybiztos-ps-interju/

133 https://444.hu/2014/02/26/13-bol-semmi-nem-jott-ossze-a-nagy-elszamoltatas-a-fidesznek

134 http://2010-2015.miniszterelnok.hu/beszed/orban_viktor_beszede_a_*Fidesz*_magyar_polgari_szovetseg_xxvi._kongresszusan

5. Kleiner Mann ganz groß – der Geist von Felcsút

Ein Raufbold wird Ministerpräsident

Es ist ein Heimspiel für Viktor Orbán. Entsprechend locker ist Ungarns Ministerpräsident gekleidet. Rot-weiß-blau kariertes Hemd, über der Jeans des stämmigen, aber kleinen Mannes wölbt sich ein kleiner Bauch. Am 30. April 2016 weiht er mit einer Handvoll Gästen die Kleinbahn ein, die künftig das Arboretum von Alcsútdoboz und das örtliche Sporthotel mit dem Stadion der 1800-Einwohner-Stadt Felcsút verbinden wird. „Diese Bahnlinie verläuft neben dem Haus, in dem ich meine Kindheit verbracht habe“, sagt der Ministerpräsident in das Mikrofon des *RTL-Klub*-Reporters.[135] Viktors kleine Eisenbahn ist mit rund zwei Millionen Euro von der EU mitfinanziert worden.[136] Um die EU-Mittel zu bekommen, werden Traum-Auslastungen fantasiert: 2500 Passagiere pro Tag sollten hier fahren, so die rosarote Prognose für die Galerie. An manchen Tagen fährt der Lokführer allein in seiner knallroten Lok.[137] Mit „Liebesfahrten“ zum Valentinstag und ähnlichen PR-Gags versuchen die Betreiber das finanzielle Desaster zu minimieren. Im Ort gibt es ein kleines Café. Schnell wird deutlich, dass Journalisten hier nicht erwünscht sind. Reden will keiner. Die Aufkleber sehen aus wie Verbotsschilder im Straßenverkehr. Mikrofon und Fernsehkamera sind rot durchgestrichen. Das kleine Haus, an dem die reaktivierte Bimmel-Bahn vorbeifährt und von dem Viktor Orbán bei der Einweihung seiner kleinen Bahn

[135] https://www.youtube.com/watch?v=4hwJvcRsk_E

[136] https://www.tagesanzeiger.ch/ausland/europa/in-orbans-wunderwelt/story/30550166

[137] https://mno.hu/belfold/utasok-nelkul-is-hasit-a-felcsucsuti-kisvasut-1376673

gesprochen hat, ist ein flaches Bauernhaus, weiß getüncht, Holzzaun, ein kleiner Garten. Hier ist der ungarische Premierminister aufgewachsen, hier lebt er seit seinem zehnten Lebensjahr, in ärmlichen, aber geregelten Umständen. Neben der Schule und in den Ferien muss der Junge arbeiten, beschreibt der Osteuropa-Experte Paul Lendvai die Kindheit des ungarischen Ministerpräsidenten. Die Freizeit besteht aus „Rüben ziehen, Kartoffeln auflesen, Maiskolben sammeln und die Schweine und Hühner füttern".[138] Fließendes Wasser, geschweige denn warmes, gibt es zunächst nicht in der Familie. Mit dem Umzug in die Kreisstadt Székesfehérvár kommt etwas Wohlstand, das erste Bad. In der Schule rauft sich Viktor gern. Er sei ein „schlimmes Kind" gewesen, urteilt er selbst. „Ungezogen, frech, gewalttätig. (...) Zuhause hatte ich ständig Disziplin-Probleme; mein Vater hat mich jährlich ein-, zweimal verprügelt", gibt der junge Viktor Orbán später zu Protokoll.[139] Diesen Stil übertragen er und seine Freunde heute auch auf die Politik, findet der Publizist Rudolf Ungváry. „Sie haben eine ganz eigenartige Gassenhauer-Art", sagt er mir im Interview, „sofort drauflosgehen. Als ob die Politik eine Rauferei wäre".[140] Als sich EU-Parlamentarier ankündigen, um den Fluss der Gelder für Orbáns Bimmelbahn zu überprüfen, schimpft dessen Büroleiter János Lázár, er halte es für „besonders empörend", dass von den Tausenden Projekten, die mit EU-Geldern finanziert würden „ausgerechnet das Projekt im Geburtsort des ungarischen Ministerpräsidenten überprüft werden soll".[141]

Band of brothers – die *Fidesz*-Clique

Viktor Orbán und der engste Führungszirkel der Regierungspartei *Fidesz* kommen von „unten", haben sich mit Fleiß, Ellenbogen-Kraft und Stipendien des ungarisch-stämmigen Multimilliardärs George Soros nach oben gekämpft. Ein Freundeskreis, der heute wichtige Schlüsselposten in der ungarischen Politik in-

138 Lendvai, Paul: Orbáns Ungarn, Wien 2016, S. 22

139 zitiert nach Lendvai, Paul: Orbáns Ungarn, Wien 2016, S. 23

140 Ozsváth, Stephan: Budapest, 15. März, Nationalfeiertag – Ungarn auf der Suche nach sich selbst, Feature, RBB/WDR, 2012

141 http://index.hu/gazdasag/2017/09/06/nem_szeretne_lazar_janos_hogy_eu-s_kepviselok_megnezzek_a_felcsuti_kisvasutat/#

nehat, formt sich bereits in der Schulbank, beim Militärdienst und während des Jura-Studiums in Budapest. Dreh- und Angelpunkt der Studenten ist das Bibó-Kollegium in der Ménesi-Straße 12 im Stadtteil Buda. Dort wohnen damals Viktor Orbán, der heutige Parlamentspräsident László Kövér und andere heute einflussreiche *Fidesz*-Politiker. Im großen Saal des Kollegiums zeigen sich schon früh die Führungsqualitäten Viktor Orbáns: Er wird zum Vorsitzenden des Leitungsausschusses der 60 Studenten gewählt. „Er hatte schon in den Achtzigerjahren jene herrschsüchtige, intolerante Denk- und Verhaltensweise, die man heute bei ihm sieht. Auch die prinzipienlose Berechnung steckte in ihm", urteilt Orbáns damaliger Zimmergenosse und späterer Rivale Gábor Fodor über den 21-jährigen Jungpolitiker. „Aber nicht nur das. Er war daneben auch offen, aufrichtig und sympathisch".[142] Das Studentenkollegium in Buda ist die Keimzelle der heutigen Regierungspartei *Fidesz*: Am 30. März 1988 gründet Viktor Orbán zusammen mit 30 anderen Studenten im Bibó-Kollegium den Bund der jungen Demokraten (*Fidesz*), vier Wochen danach hat die Gruppierung bereits tausend Mitglieder. Wenige Monate später ist aus der Studentengruppe eine politische Partei geworden.

Die Anführer von damals repräsentieren heute das Who is Who der ungarischen Spitzenpolitik: Viktor Orbán wird Ministerpräsident, János Áder Staatspräsident, László Kövér Parlamentspräsident. József Szájer vertritt die Interessen des *Fidesz* im Europaparlament, er gilt als einer der Väter der umstrittenen Verfassung von 2012. In einem Interview mit der Journalistin Zsófia Mihancsik Anfang der 1990er Jahre gibt Viktor Orbán freimütig zu: „Es gibt in mir vielleicht eine von unten mitgebrachte Rauheit", erzählt er, nachdem er ohne Rücksicht auf Verluste seinen ehemaligen Zimmergenossen Gábor Fodor an der Spitze des *Fidesz* ausgebootet hat.[143]

Mit dieser Brutalität wird Orbán 2015 auch einen anderen Studiengenossen wegbeißen, den er noch aus der Mittelschule in Székesfehérvár kennt: Lajos Simicska, das Finanz-Hirn der Partei, in der ersten Regierung Orbán zuständig für die Steuerbehörde, Oligarch. Sie sind durch dick und dünn gegan-

[142] zitiert nach Lendvai, Paul: Orbáns Ungarn, Wien 2016, S. 29

[143] Mozgó Világ, Oktober 1993, zit. n. Lendvai, Paul: Orbáns Ungarn, Wien 2016, S. 40

gen, Orbán bewundert das strategisch denkende Finanzgenie. Und zunächst entwickelt sich auch alles in Simicskas Sinne. Als Viktor Orbán 2010 die Wahl gewinnt, ist für den Oligarchen erst einmal die Zeit gekommen, die Ernte einzufahren. Seine Medien (*Magyar Nemzet*, *Lánchíd Rádió* u. a.), seine zahlreichen Firmen (Bau, Anzeigen, Mischkonzerne) werden mit öffentlichen Aufträgen und Anzeigen gemästet. Doch er kann nur einige Jahre lang Geld anhäufen. Ganz plötzlich wird Simicska von den Fleischtöpfen verdrängt, andere, jüngere Parteimitglieder werden die neuen Günstlinge. 2015 überwirft sich Simicska endgültig mit Orbán, beschimpft den Ministerpräsidenten im Stil einer Straßenrauferei öffentlich als „Wichser" und Medien wie die Tageszeitung *Magyar Nemzet* schwenken um – von Pro-Orbán hin zu Regierungskritik. Die Affäre findet als G-Day[144] ihren publizistischen Niederschlag in Ungarn, nur: Anders als der D-Day der Alliierten, der mit der Landung in der Normandie die Befreiung vom Joch der Nazis einleitet, bleibt die Befreiung vom System Orbán aus. Die Investigativ-Journalisten von *Direkt 36* stellen die These auf, Simicska habe nach 2010 nur deshalb an die Fleischtöpfe gedurft, weil Orbán nicht gewollt habe, dass sich seine Familie im Licht der Öffentlichkeit bereichere, diese Hemmungen seien jetzt weggefallen. Deshalb habe Simicska weichen müssen. Ihren Recherchen zufolge profitieren heute die Bauunternehmen von Orbáns Vater und Bruder von staatlichen Aufträgen. Der Krieg mit Simicska sei eine Art Befreiungsschlag für die Unternehmen von Orbáns Familie gewesen, schreiben die Budapester Rechercheure.[145]

Felcsút – heimliche Hauptstadt eines Mafia-Staates?

Ein Mann schafft sich seine Welt. Nur wenige Schritte hinter dem alten Haus der Orbán-Familie in Felcsút, knapp 50 Kilometer westlich von Budapest, erhebt sich wie die Titanic vor einem kleinen Rettungsboot die *Pancho Aréna* mit einem Fassungsvermögen von 3500 Zuschauern. Der ungarische Ministerpräsident ist ein leidenschaftlicher Fußball-Fan und -Spieler. „Auf dem Platz und

[144] In Anspielung auf das ungarische Wort Geci – Wichser.

[145] https://www.direkt36.hu/2017/08/30/felszabaditotta-az-orban-csalad-cegeit-a-simicskaval-vivott-haboru/

auch in der Politik ist er ein Stürmer oder ein Angreifer im Mittelfeld", urteilt Igor Janke in seiner Orbán-Biografie über den Stammspieler des Felcsút SC.[146] Und so baut er sich nicht nur ein Stadion vor das alte Bauernhaus, in dem er aufgewachsen ist, sondern auch eine Fußball-Akademie. Sein Sohn Gáspár ist in Vaters Fußstapfen getreten und Profi-Fußballer geworden, neuerdings interessiert er sich mehr für fernöstliche Religionen.

Präsident der *Puskás-Fußball-Akademie* ist der Bürgermeister von Felcsút, Lörinc Mészáros. Er gilt als Strohmann der Familie Orbán und ist auch zum Medienmogul mutiert: Er ist über sein Firmennetzwerk nicht nur an dem Verlag *Mediaworks* mit einem großen Regionalzeitungsnetz beteiligt, sondern er kauft auch das rechtsgerichtete *Echo TV*, das im Wahlkampf das Lied des *Fidesz* singen soll, wie Mészáros in einem Interview freimütig einräumt. Es soll „gutes Fernsehen sein", sagt er, „ein rechtes Fernsehen".[147] Einer Firma der Orbán-Familie bezahlt Mészáros großzügig die Schulden. Uneigennützig ist das nicht. Mit Orbán befreundet zu sein, begünstigt seine Firmen überproportional.[148] Fast eine Milliarde Euro öffentliche Gelder fließen zu den Unternehmungen des Oligarchen Mészáros, der als Gas- und Heizungsinstallateur angefangen hat. Auch andere aus dem Umkreis Viktor Orbáns werden reich, nur der Regierungschef selbst gibt öffentlich ein bescheidenes Einkommen an, inszeniert sich als bescheidener Arbeiter für die Interessen Ungarns.

Bálint Magyar spricht von einem „Mafia-Staat"[149], weil unermessliche Reichtümer in den Händen weniger konzentriert würden. Wer loyal ist, kann mit Belohnungen rechnen. So funktioniert das System Orbán. Wer nicht loyal ist, oder nicht mehr, der ist aus dem Spiel, wie das Beispiel Lajos Simicska zeigt, der kalt abserviert wird. Felcsút ist die Welt der Familie Orbán: klein, verschwiegen, feindselig gegenüber neugierigen Blicken. In Felcsút verschmilzt Kleingeist mit Größenwahn. „Hier entsteht bald ein Weltraumbahnhof", übertreibt das die Satirepartei *Zweischwänziger Hund* auf einem Plakat, das die Par-

146 Janke, Igor: Viktor Orbán. Ein Stürmer in der Politik. Passau 2014, S. 13

147 https://444.hu/2016/12/14/meszaros-lorinc-mar-hogy-lenne-a-miniszterelnoknek-beleszolasa

148 http://index.hu/belfold/2016/12/13/meszaros_lorinc_kozbeszerzes/

149 Magyar Bálint:Magyar polip – a posztkommunizmus maffiaállam. Budapest 2013

tei in Anlehnung an die Tafeln aufstellt, die auf den Baustellen des Landes anzeigen, wo die EU investiert. Gestaltet sind die Tafeln aber im Regierungsblau der Propaganda-Plakate, die Flüchtlinge davor warnen, den Ungarn ihre Jobs wegzunehmen, oder „Botschaften an Brüssel“ senden.

Ein Schäfer lehnt sich auf

Als ich für eine Wahlkampfreportage 2014 in einem Nachbarort Material sammle, hält das linke Oppositionsbündnis *Gemeinsam* gerade eine Kundgebung ab. Ein großgewachsener Rom hält eine improvisierte Rede, über seine Kleider hat er noch ein weißes T-Shirt gezogen. „Der Schäfer, der die Wahrheit ausspricht“, verkündet die Schrift auf dem Hemd, darunter ist ein kleines schwarzes Schaf abgebildet. András Váradi steht an einem notdürftig zusammengezimmerten Rednerpult, neben sich hat er ein paar Blumen für die Frauen im Publikum liegen. Wenn man ihm zuhört, bekommt man eine Vorstellung davon, wieviel Macht die Familie Orbán in der Gegend hat. Sie ist auf Einkaufstour, über ein Strohmann-System. Die Enthüllungsjournalistin Krisztina Ferenczi hat darüber zehn Jahre lang recherchiert, sie beschreibt das in ihrem Buch mit dem Titel „Orangenhaut“.[150] „Ich habe viel von ihr gelernt“, sagt Váradi über die Journalistin, mit der ich mich kurz vor der Veröffentlichung ihres Buches noch treffen kann, bald darauf erliegt sie einer Krebserkrankung.

Über Jahre liegt der Schäfer Váradi über Kreuz mit der Familie Orbán und dem Felcsúter Bürgermeister. Zwar sollen aktive Bauern durch die Landreform der Regierung Orbán begünstigt werden, trotzdem kommt letztlich der „fachfremde“ Felcsúter Bürgermeister Mészáros zum Zug. Das ist attraktiv: Mit Land und Nutztieren lässt sich EU-Agrarförderung kassieren.[151] Nur kurze Zeit nach dem Auftritt ist der kämpferische Schäfer tot. Er klebt abends Wahlplakate, da fährt ihn ein Mercedes über den Haufen. Am Steuer sitzt ein Rentner aus Österreich mit doppelter Staatsbürgerschaft. Die Ermittlungen werden eingestellt,

150 vgl. Ferenczi, Krisztina: Narancsbör, Budapest 2014

151 http://www.wienerzeitung.at/nachrichten/europa/europastaaten/620319_Ein-Schafhirte-gegen-den-maechtigsten-Mann-Ungarns.html

die Oppositionspartei *Gemeinsam* gründet eine Stiftung, um das Andenken des Schäfers zu ehren. András Váradi habe mit Herzblut gegen das „Orbán-Reich" und „die Interessen des Oligarchen Lörinc Mészáros" gekämpft, sagt *Gemeinsam*-Parteichef Péter Juhász [152].

Der frühere Gasinstallateur Mészáros hat es mitterweile zu beträchtlichem Reichtum gebracht, soviel, dass er auch schon mal eine Milliarde Forint – umgerechnet etwa 3,3 Millionen Euro – vergisst.[153] „Ich habe mein Privatvermögen noch nie gezählt", sagt er dem Fernsehsender *Hír TV*, „weiß nicht, wieviel es ist. Dafür müsste ich mich einmal hinsetzen und es zusammenzählen. Schauen, was wieviel wert ist. Das ist nicht so leicht", beschreibt er die Mühen eines Superreichen in Felcsút. Auf die Frage, warum sein Vermögen schneller wachse als das von Facebook-Chef Mark Zuckerberg, antwortet der Bürgermeister von Felcsút: Er sei eben klüger als der Amerikaner. Mészáros ist jetzt auch der Pächter der Schafweide der Familie Váradi, hat der *ARD*-Journalist Darko Jakovljevic recherchiert.[154] Doch Mészáros´ Reichtum mehrt nicht nur seinen privaten Wohlstand, er investiert im Interesse der Regierung. Ihm gehören ein Fernseh-Sender und fast alle ungarischen Regionalzeitungen. Das unterscheide die Orbán-Ära von der sozialliberalen Vorgängerregierung, meint Mária Vásárhelyi. „Die ungarische politische Elite ist außerordentlich korrupt", sagt die Soziologin im *ARD*-Interview. Vor dem Wahlsieg Orbáns 2010 seien öffentliche Gelder zu 70 Prozent ins Wirtschaftsumfeld oder zur Regierungspartei selbst umgeleitet worden. *Fidesz*-Politiker seien geschickter, sagt sie. „Ein Teil der Gelder wanderte in private Taschen – aber sie achteten sehr darauf, dass ein Großteil des Geldes zur Verfügung stand,um die Partei aufzubauen und das dazugehörige Medienimperium".[155]

Doch trotz der Investitionen in das kleine Felcsút, die Fußballschule, das Fußballstadion – alles über Stiftungen mit öffentlichem Geld finanziert – gegen

152 http://www.origo.hu/itthon/20151011-egy-eve-halt-meg-az-alcsuti-juhasz.html

153 http://www.pesterlloyd.net/html/1451meszaros1milliarde.html

154 zit. n. https://www.ard-wien.de/2017/08/22/vetternwirtschaft-in-ungarn/

155 http://www.deutschlandfunk.de/parlamentswahlen-in-ungarn-frei-aber-nicht-fair.724.de.html?dram:article_id=281836

die Gewalten der Natur haben die Mächtigen auch kein Rezept. Nicht einmal in Felcsút. Ende August 2017 stehen sich auf dem Rasen der *Pancho Aréna* die Mannschaften der traditionsreichen Vereine *Ferencváros* und *Videoton* gegenüber. Beide Fußballclubs sind mit viel Geld ausgestattet, Besitzer von *Videoton* ist der Unternehmer István Garancsi, ein Freund des Regierungschefs, er gilt als eine der einflussreichsten Persönlichkeiten in Ungarn.[156] Es ist nicht nur irgendein Spieltag im ungarischen Fußball, es ist ein besonderer Tag in Felcsút. Denn gleich zwei Ereignisse kommen zusammen, die das Herz Viktor Orbáns höher schlagen lassen: Fußball und Familie. An diesem Tag hat er auch seine Tochter Sára erfolgreich unter die Haube gebracht, ihren Ehemann hat sie in Parteikreisen gefunden, gefeiert wird im privaten Rahmen in dem Dorf, in dem der Ministerpräsident einen Teil seiner Kindheit verbracht hat. Es sei für einen Vater immer schwer, wenn die Tochter heirate, schreibt Orbán auf seiner Facebook-Seite, „aber so ist eben die Ordnung des Lebens, langsam gewöhne ich mich daran“. Dem jungen Paar wünscht er viel Glück.[157]

Während die einen feiern, dräut Ungemach von oben. Ein Unwetter zieht während der Fußballpartie auf, in der 61. Spielminute fällt ein Teil der Stadionbeleuchtung aus, das Spiel muss unterbrochen werden, der Schiedsrichter schickt die Spieler in die Kabinen zurück. Der Stadionsprecher kündigt an, zehn bis zwölf Minuten werde die Pause dauern, die Fans werden unruhig. Nach kurzer Pause kehren die Spieler zurück auf den Rasen, doch schon kurz danach wird es vollkommen dunkel im Stadion. 2800 Fans starren in den schwarzen Himmel über Felcsút, die Pfeifkonzerte werden immer lauter.[158] Dann gröhlen die Ränge zur Melodie des Gassenhauers Guantanamera: „Wo ist der Strom, Mészáros, wo ist der Strom?“ – und geben die Antwort gleich selbst: „Auch den hast Du gestohlen“.[159]

156 https://444.hu/2017/08/27/felbeszakadt-a-kozpenzmilliardok-osszecsapasa-felcsuton-mert-a-vihar-miatt-lekapcsolt-a-reflektorok-jelentos-resze

157 https://www.facebook.com/orbanviktor/

158 http://index.hu/sport/futball/2017/08/27/videoton_fradi_nb1/

159 https://444.hu/2017/09/04/hol-van-a-villany-meszaros-hol-van-a-villany-enekelte-az-elsotetult-felcsuti-stadionban-a-fradi-tabor

6. Make Hungary great again

Umzingelt von Feinden – Ungarns künstliche Opferrolle

Die *Fidesz*-Partei pflegt ihre Rituale: Schon seit mehr als einem Vierteljahrhundert trifft sich die Partei-Elite mit ihren Anhängern zur Sommeruniversität im siebenbürgischen Băile Tușnad. Ungarn von beiden Seiten der Grenze kommen zusammen, es gibt Diskussionsforen, Buden sorgen für Essen, Trinken und Seelenheil, Konzerte von Folkbands und Rockgruppen sprechen die Jugendlichen an und Reden stecken den politischen Kurs ab. Für Viktor Orbán ist der von Wald und Bergen umrahmte Ort in der siebenbürgischen Provinz Harghita eine Art Mekka: Hier sagt der Prophet Grundsätzliches. Hier hat er den „illiberalen Staat" ausgerufen, hier attackiert er die Nichtregierungsorganisationen, hier greift er den liberalen Westen an. Es ist der Ort für die großen gedanklichen Linien, die sich über den Köpfen wölben. Es ist auch der Ort, an dem Viktor Orbán im Sommer 2017 den Wahlkampf für die Parlamentswahlen 2018 einleitet. „Die Brüsseler Bürokraten und George Soros sind daran interessiert, Mittelosteuropa zu schwächen", raunt Viktor Orbán, mit Brüssel, den Journalisten und dem „Soros-Mafia-Netzwerk" müsse *Fidesz* deshalb kämpfen.[160] Die aktuellen Sündenböcke sind damit benannt: Brüssel, Journalisten und der ungarisch-stämmige Multimilliardär George Soros. Ungarn sei das Ziel einer weltweiten Verschwörung. Das Land müsse sich dagegen zur Wehr setzen. Das Narrativ ist bekannt: Ein Land schaut aus dem Bunker auf die Welt. Viktor Orbán wiederholt die Erzählung immer wieder. Spindoktoren schwören auf die Kraft der Wiederholung. So wie ein Klavierspieler seine Etüden wiederholt, um flüs-

160 http://www.kormany.hu/hu/a-miniszterelnok/beszedek-publikaciok-interjuk/orban-viktor-beszede-a-xxviii-balvanyosi-nyari-szabadegyetem-es-diaktaborban

siger spielen zu können, repetiert Viktor Orbán seine Verschwörungstheorien. Besonders laut wiederholt er sie im Frühjahr 2017. Da gehen Zehntausende gegen ihn auf die Straße, erstmals führt sein sozialistischer Widersacher László Botka, Bürgermeister der südungarischen Stadt Szeged, bei den Sympathiewerten.[161] In diese Zeit fallen die „Stoppt Brüssel-Kampagne", die Hetze gegen Soros und gegen die Nichtregierungsorganisationen. Viktor Orbán kann ein paar Prozentpunkte aufholen.[162]

Die Erregungskurve muss dafür hochgehalten werden, Orbán inszeniert einen permanenten Kampf. Dafür müssen Sündenböcke erfunden, Gegner identifiziert werden, gegen die die Regierung und vor allem ihr Anführer in der Rolle des SUPER-WIR kämpfen kann.[163] Der Kampf ist Orbáns beste Rolle. Denn im Kampfmodus läuft der Stürmer Orbán zu Hochform auf – das wissen auch seine Strategen. „Wenn er die Wahl hat, die Tür mit der Klinke zu öffnen oder einzurennen, rennt Viktor sie lieber ein", beschreibt sein Biograf Igor Janke das ungestüme Naturell des ungarischen Regierungschefs unter Bezug auf einen Freund Orbáns.[164] Wenn er sich an etwas oder jemand reiben kann, beflügelt den Politiker das. Das mag in seiner Vergangenheit begründet sein. Orbán ist in seiner Jugend rebellisch, disziplinlos, akzeptiert nur schwer Autoritäten. Während seines Wehrdienstes verbringt er einige Zeit im Karzer, weil er statt in der Kaserne zu bleiben, lieber ausbüxt, um sich Fußballspiele anzuschauen. Von der Schule fliegt er, weil er sich prügelt.[165] In der politischen Arena ist das so geblieben. Seit Jahren liegt Orbán im Dauerclinch mit Brüssel. Seine Welt ist paranoid, voller „Feinde, überall Feinde", wie die Publizistin Krisztina Koenen meint.[166] „Seine Rhetorik kennt keinen Ausgleich und keinen Kompromiss, kein friedliches Miteinander", schreibt sie in der Zeitschrift *Osteuropa*. „Ziel ist es, die Gegner zu vernichten", erläutert die ungarische Publizistin die Weltanschauung Orbáns. Es dominierten „der Kampf und das Gesetz des Stärkeren.

[161] http://24.hu/belfold/2017/04/30/esett-orban-nepszerusege-botka-mar-elozi/

[162] http://index.hu/belfold/2017/06/25/publicus_kozvelemeny_kutatas_part_nepszeruseg/

[163] vgl. Ötsch, Walter: Populismus für Anfänger und Ötsch, Walter: Haider light.

[164] Janke, Igor: Viktor Orbán. Ein Stürmer in der Politik, S. 8

[165] vgl. Kende, Péter: A Viktor. S. 18 ff.

[166] Osteuropa, 61. Jg., 12/2011, S. 105-118

Innere und äußere Feinde lauern, um die ungarische Nation klein zu halten, sie ins Unglück zu stürzen.“ Orbán inszeniert also einen „Kampf auf Leben und Tod“.[167] Kampf ist das Gegenteil von Frieden. Und zu einem Kampf gehören immer Zwei, die miteinander ringen. In so einer vereinfachten Sicht auf die Welt gibt es naturgemäß nur Gute und Böse, Schwache und Starke, Freunde und Feinde, kurz: die WIR und DIE ANDEREN. Das sind die zwei Zylinder, mit denen Orbáns Propagandamotor vom Fleck kommt. Die Trennung zwischen Schwarz und Weiß, zwischen *Fidesz* und Nicht-*Fidesz*, zwischen den eigenen Anhängern und denen der politischen Mitbewerber, zwischen Claqueuren und Kritikern, zwischen „ungarischen Menschen“ und „Vaterlandsverrätern“, zwischen Budapest und Brüssel hält die Maschine des *Puszta-Populismus* am Laufen. Zwischentöne gibt es nicht.„Er kann gar nicht anders als so weiterzumachen“, sagt der konservative Europa-Abgeordnete Frank Engel, „weil das nicht nur sein Regierungsstil ist, sondern eine Regierungsnotwendigkeit“.[168] Beim heimischen Publikum kommt das an, meint die Publizistin Krisztina Koenen, die Umfrage-Werte scheinen das zu untermauern. „Das kleine Land ist geknechtet, nimmt es zur Not aber mit der ganzen Welt auf. Dieses Bild ist populär“, sagt sie, „weil es Opferhaltung mit Größenwahn verbindet“.[169]

Brüssel ist das neue Moskau – Feindbild EU

Mein Vater gibt mir noch eine Kokarde mit, ich soll mir die rot-weiß-grüne Stoff-Blume ans Revers heften, als ich die Wohnung in Budapest verlasse und mich am Nationalfeiertag unter die Menschen mische, die den Freiheitskampf gegen die Habsburger 1848 feiern wollen. Ich will Material sammeln für ein längeres Feature, in dem ich Geschichten aus meiner Familie mit den aktuellen politischen Ereignissen verweben möchte. Ich will verstehen, was in Ungarn passiert, auch in meiner eigenen Familie. So mache ich mich auf den Weg

[167] Koenen,Krisztina: Feinde, überall Feinde. Die Welt, wie sie Viktor Orbán sieht.Osteuropa, 61. Jg., 12/2011, S. 105

[168] http://www.zeit.de/politik/2017-04/verfahren-ungarn-eu-frank-engel-interview

[169] Koenen,Krisztina: Feinde, überall Feinde. Die Welt, wie sie Viktor Orbán sieht.Osteuropa, 61. Jg., 12/2011, S. 105

zum Burgberg, steige die Treppen zur Fischerbastei hoch. Oben treffe ich einige Rentnerinnen, die davon schwärmen, wie „Viktor Orbán uns in Brüssel verteidigt", oben vor der Matthias-Kirche herrscht Volksfeststimmung. Viele haben ihre Stände aufgebaut, ein Tischler aus Debrecen schnitzt Frühstücksbretter in Großungarn-Form, Folklore-Bands aus Siebenbürgen spielen Tanzhaus-Musik, eine Gruppe von Polen versammelt sich auf einem kleinen Platz, sie saufen Schnaps, singen und lassen die polnisch-ungarische Freundschaft hochleben.

Kálmán Varga ist eigens aus Siebenbürgen angereist, der Schnurrbartträger mit Bauchansatz schwenkt eine große ungarische Fahne. „Das ist die Fahne der Ungarn", sagt er. „Rot steht vielleicht für das vergossene Blut der Helden", mutmaßt er, „die Farbe Grün vielleicht für Hoffnung", und „Weiß"... er kratzt sich am Kopf, „tja, vielleicht für Verlässlichkeit". Ich frage ihn, ob er auch eine europäische Fahne schwenken würde. „Niemals", sagt er entrüstet, „nicht nach dem, was im Europaparlament passiert ist". Dort hatte der Grünen-Abgeordnete Daniel Cohn-Bendit dem ungarischen Ministerpräsidenten kurz zuvor vorgeworfen, zu „einem europäischen Hugo Chávez zu werden, der das Wesen der Demokratie nicht versteht".[170] Kálmán Varga ereifert sich. Orbán habe doch nur das getan, was von ihm erwartet werde. „Er hat sein Volk vertreten". Eine junge Abiturientin hält ein Transparent in die Höhe, darauf sind Hammer und Sichel im europäischen Sternenkranz zu sehen, daneben russische Panzer. „Brüssel ist das neue Moskau", etwas in der Art sagt sie.[171] Dann setzen sich die Orbán-Anhänger in Bewegung, gemeinsam mit den 2000 Polen, die mit Bussen gekommen sind, skandieren sie, während sie durch das Burgviertel marschieren „Viktor Orbán, Jarosław Kaczynski" und lassen ihre Idole hochleben. Vor dem Parlament haben sich bereits Tausende versammelt. Viktor Orbán spricht zu ihnen. „Wir werden keine Kolonie sein", donnert er in Richtung Brüssel und gerichtet an seine eigenen Anhänger: „Wir Ungarn sind das Volk der Freiheitskämpfer".[172] Auf einer eigenen Veranstaltung spricht der rechtsextreme *Jobbik*-Chef Gábor Vona zu den „Enkeln Attilas" und einige Kilometer von Orbán

[170] https://www.tagesanzeiger.ch/ausland/europa/Ein-europaeischer-Hugo-Chavez/story/25696425

[171] Ozsváth, Stephan: RBB/WDR, Dok 5, Das Feature. Budapest, 15. März 2012, Nationalfeiertag. Ungarn auf der Suche nach sich selbst. 19./20. 8. 2012

[172] http://www.zeit.de/politik/ausland/2012-03/ungarn-protest-regierung-orban

entfernt, auf der Straße der Pressefreiheit an der Donau, veranstaltet auch die linke Opposition ihre Gegendemonstration. Rechtsextreme Passanten verhöhnen die Polizei mit einem „Shalom", gegen Abend ertönen wieder die „Ria, Ria, Hungaria-Rufe" in der Innenstadt.

Zu der Linken-Kundgebung hatte die Internet-Initiative *Eine Million für die Pressefreiheit* aufgerufen, die Redner schimpfen auf das Mediengesetz und andere umstrittene Paragrafen, die die Regierung auf den Weg gebracht hat – gegen den Widerstand Brüssels. Der Rapper Dopeman wird symbolisch zum „alternativen" Staatspräsidenten gekürt, die Netzgemeinde hatte ihn gewählt, das tatsächliche Staatsoberhaupt Pál Schmitt war eines Plagiats überführt worden. Er hatte seine Doktorarbeit abgeschrieben. „Das Recht ist unser Schutz gegen die Tyrannei", sagt auf der Bühne der frühere Datenschutzbeauftragte László Majtényi. Doch das ficht die Regierung nicht an. Sie erlässt Hunderte Gesetze, die Zweidrittelmehrheit im Rücken. Und sie schreibt die Verfassung um. Einer der Autoren ist der Europa-Abgeordnete József Szájer, ihn treffe ich am Rande einer Veranstaltung der *Konrad-Adenauer-Stiftung* in Berlin. Auf seinen Zugfahrten nach Brüssel und Straßburg soll er die Verfassung auf einem iPad geschrieben haben, heißt es. Es habe eben einen Nachholbedarf gegeben, sagt Szájer. „Viele haben eben ein Problem damit, dass eine politische Kraft, demokratisch gewählt, nun eine Zweidrittelmehrheit hat", da wolle das Ausland reinreden. Aus seiner Sicht sei die Kritik lediglich eine Verschwörung der Linken weltweit. „Die Linke in Ungarn ist schwach", so seine für diesen Teil zutreffende Diagnose, „und die Machthaber glauben, dass sie die Rolle der ungarischen Opposition übernehmen müssen". Das sei ein „Missverständnis". Das ist gemünzt auf die Kritik aus Brüssel und manchen europäischen Hauptstädten am Tempo und der Vehemenz der Umbau-Arbeiten am Staatswesen in Ungarn, die zahlreichen Vertragsverletzungsverfahren, die kritischen Berichte von Rui Tavares oder der *Venedig-Kommission*, *Freedom House*, *Bertelsmann*.

Der bulgarische Politologe Ivan Krastev versucht die Perspektive der neuen mittelost-europäischen Eliten zu verstehen. In seinem Essay *Europadämmerung* vergleicht er die europäischen Institutionen in Brüssel mit einer „Art Söldnerelite, deren Mitglieder sich ganz ähnlich wie Fußballstars verhalten, die ja bekanntlich europaweit zwischen den Fußballclubs gehandelt werden", meint er.[173] Dem Projekt EU fehle es an „Intimität". Was den Aufstieg der populistischen Parteien so gefährliche mache, glaubt der Sofioter Experte, sei gar nicht so sehr ihre europaskeptische Haltung, „sondern ihre Revolte gegen die Prinzipien und Institutionen des Verfassungsliberalismus, der die Grundlage der Europäischen Union bildet".[174] Einen eindrucksvollen Beleg liefert der Dauerclinch der ungarischen Regierung mit der EU-Kommission und dem Straßburger Parlament, der „Pfauentanz" Viktor Orbáns, die zahlreichen Vertragsverletzungsverfahren, das Neutralisieren der Kontrollinstanzen – und zu denen zählt eben auch das politische Brüssel, das zur Hüterin des Rechtsstaates in Ungarn geworden ist. Die EU-Institutionen zeigen der ungarischen Regierung im Rahmen ihrer Möglichkeiten Stoppschilder. Und genau deshalb ist Brüssel zum Feindbild der Regierung Orbán geworden.

Als der Europäische Gerichtshof die Klage der Ungarn und Slowaken gegen die EU-Flüchtlingsquote abweist, wird in Ungarn rhetorisch mobil gemacht. „Der Kampf beginnt", titeln die regierungsfreundlichen Zeitungen. Das Regierungsblatt *Magyar Idök* veröffentlicht unter der Überschrift „Jetzt beginnt der wahre Kampf in der Quotenfrage" passende Umfrageergebnisse: „77 Prozent der Ungarn sind der Meinung, dass in der Quotenfrage weiter gekämpft werden muss", schreibt das Blatt. Aus der Pressekonferenz des Bürgermeisters von Debrecen, Lajos Kósa, zitiert das Blatt den Satz: „Brüssel arbeitet an der Vollendung des Soros-Plans". Der Vorsitzende der *Fidesz*-Fraktion betont wie schon der Außenminister, Ungarn werde „keinen einzigen Migranten aufnehmen", der ominöse Soros-Plan sehe vor, jährlich eine Million Zuwanderer nach Europa zu holen. Das werde Ungarn nicht zulassen, man werde die Grenzen geschlossen halten. Auf dem Höhepunkt der Flüchtlingskrise hatte der ungarisch-stämmige Multimilliardär Soros gefordert, Europa müsse zur Lösung der humanitären Krise in Syrien jährlich eine Million Flüchtlinge aufnehmen, um die größte Not zu lindern – auch aus Solidarität mit den am meisten von der Krise betroffenen Anrainerstaaten Türkei, Libanon und Jordanien. Der „Soros-Plan", den er selbst im Oktober 2015 formuliert hat, ist allerdings ein Plädoyer für weltweite Solidarität und eine gemeinsame europäische Asylpolitik,

173 Krastev, Ivan: Europadämmerung, Pos. 1269

174 ebd.

so will er auch die UNO einbinden. Die Vorschläge von Soros sind aber vor allem Kritik an der Regierung von Viktor Orbán, der die „Menschenrechte der Asylsuchenden und Migranten auf Kosten der Sicherung der Grenzen missachtet", so Soros, damit drohe er die Europäische Union „zu teilen und zu zerstören, indem er ihre grundlegenden Werte leugnet und die Gesetze verletzt, mit denen diese geschützt werden sollen".[175] Neben der *Fidesz*-Kritik an diesem Plan prangen auf der Seite von *Magyar Idök* das *Fidesz*-Logo und eine aktuelle Umfrage des ebenfalls regierungsfreundlichen Umfrage-Institutes *Nézöpont*, Ergebnis: *„Fidesz-KDNP* steht bei gut 50 Prozent".[176] Gyula Budai, der Regierungsbeauftragte für die Hexenjagd auf die sozialliberale Vorgängerregierung wird ebenfalls erwähnt. In der Headline eines anderen Artikels wird er zitiert: „Die sozialistische Korruptionsmaschinerie hat einen Schaden von Hunderten Milliarden angerichtet"[177] und das Blatt behauptet: „Brüssel will schon jetzt die Zahl der zuwandernden Migranten verdoppeln".[178]

Das EuGh-Urteil zur Flüchtlingsquote tritt in Ungarn eine Propaganda-Lawine los. Gleichzeitig geht es gegen mehrere Sündenböcke – eine konzertierte Aktion. Mehrere Feindbilder sind in einer Ausgabe der *Magyar Idök* benannt: Soros, Brüssel, Migranten, Sozialisten – die Botschaft ist aber auch: Der Kampf geht weiter, das Volk steht hinter der Partei, *Fidesz* ist beliebt. Ins gleiche Horn stößt auch das regierungsnahe Onlineportal *888.hu* und macht die „lieben liberalen Leser" darauf aufmerksam, dass jetzt ein Content beginne, der ihre „Ruhe" stören könne. Es folgt ein Text über ein Interview mit dem Direktor des regierungsnahen Meinungsforschungsinstituts *Nézöpont*, Dániel Nagy, im staatlichen Fernsehen. Die Überschrift zum Text ist eine Botschaft der Stärke: *„Fidesz-KDNP* könnte erneut die Zweidrittelmehrheit gewinnen".[179] Die Parteijugend postet im Netz Solidaritätsadressen, als ob Orbán Opfer eines Terro-

[175] https://www.welt.de/debatte/kommentare/article147061754/George-Soros-Plan-fuer-Europas-Fluechtlingskrise.html

[176] http://magyaridok.hu/belfold/az-igazi-csata-csak-most-kezdodik-kvotaugyben-2182699/

[177] http://magyaridok.hu/belfold/budai-gyula-szazmilliardos-kart-okozott-szocialista-korrupcios-gepezet-2184502/

[178] http://magyaridok.hu/kulfold/politico-az-europai-bizottsag-kvotak-noveleset-merlegeli-2179615/

[179] https://888.hu/article-ujra-ketharmada-lehet-a-fidesz-kdnp-nek

ranschlages geworden wäre: „Je suis Orbánista“, teilen die *Fidesz*-Jungen via Facebook.[180] Das Muster: Angriff gegen alle mächtigen Gegner auf einmal, die eigenen Reihen fest geschlossen.

Die Strategie des „Pfauentanzes“

Über meinem Schreibtisch in Wien hängt eine Karikatur: Viktor Orbán ist als Zigeunerprimás dargestellt, eine Trennlinie markiert LINKS und RECHTS, ein Mädchen in ungarischer Tracht steht auf der linken Seite, Fußspuren führen aber schon über die Trennlinie auf die rechte Seite des Tanzbodens. Orbán gibt außer Melodie und Takt auch die Tanzrichtung vor, politisch geht es nach rechts. Im Umgang mit der EU-Kommission tanzt Viktor Orbán der Öffentlichkeit selbst ein Tänzchen vor: hier eine Provokation, dort ein kleiner Rückzug, eine kleine Anpassung, und darauf folgend eine neue Provokation. Ungefähr zweimal im Jahr lasse Viktor Orbán einen Testballon fliegen, „um herauszufinden, wie weit er ‚zu weit gehen darf‘ “, sagt der konservative deutsche Europa-Abgeordnete Frank Engel über den Ungarn. „Mein Problem mit Orbán ist“, sagt er im *Zeit*-Interview, „dass man zwar mit ihm streiten kann, aber danach kommt nichts anderes heraus, als dass er sich zu Hause wieder an sein Stammpublikum wendet und sagt: So, denen haben wir es jetzt gezeigt, wir machen weiter!“[181] Dieses Sprechen mit zwei Zungen hat dem Politologen András Bozóki zufolge historische Wurzeln. Im Laufe seiner Geschichte sei „Ungarn über Jahrhunderte ein besetztes Land“ gewesen. So sei ein „Mangel an institutionalisierter Verantwortung“ Teil der politischen Kultur geworden. „Die Geschichte hatte die Ungarn gelehrt, die ihnen von den fremden Eroberern aufgezwungenen formellen Regeln nur scheinbar einzuhalten und unter der Oberfläche die Regeln und Kultur der informellen Gesellschaft aufzubauen.“[182] So erklärt sich Viktor Orbáns Pfauentanz, sein Austesten von Grenzen.

[180] https://www.facebook.com/fidelitas.hu/photos/a.82366233430.81142.71547793430/10155648195498431/?type=3&theater

[181] http://www.zeit.de/politik/2017-04/verfahren-ungarn-eu-frank-engel-interview

[182] Bozóki, András: Autoritäre Versuchung. Die Krise der ungarischen Demokratie, in Osteuropa, 61. Jg. 12/2011, S. 67

Der *Puszta-Populist* treibt somit ein Perpetuum mobile an, das hält die Erregungskurve hoch, Orbán in den Schlagzeilen und die europäischen Institutionen auf Trab. „Das bringt irgendwann nichts mehr mit Orbán zu streiten", meint der *EVP*-Mann Engel entnervt.[183] Auch dem österreichischen Sozialdemokraten Hannes Swoboda ist der Ungar lästig: „Es kommt in Ungarn permanent zu Verstößen gegen das europäische Recht, was die Kommission dann verpflichtet, die Rücknahme dieser Maßnahmen zu fordern".[184] Folgt man den Äußerungen aus dem konservativen Lager, muss Viktor Orbán in Brüssel als echte Nervensäge gelten, der halt viel Wind macht, in den eigenen *EVP*-Reihen beschwichtigt man aber.

„Orbán testet gerne Grenzen aus", sagt der *CSU*-Politiker Manfred Weber über den Ungarn, „hat sich bisher aber am Ende immer als vertragstreu erwiesen".[185] Mit seiner Strategie des „Pfauentanzes"[186] hat Orbán bisher Erfolg. Zwar muss er kosmetische Änderungen an einzelnen Gesetzen (Mediengesetz, Richterpensionierungen) vornehmen,[187] das Nationalbank-Gesetz auch zurücknehmen. Im Kern aber geht die Sache für ihn gut aus, der Geist seiner Machtübernahme über die Institutionen, der Versuch, die Justiz zum Instrument der Politik zu machen – all das bleibt in seinem Sinne erhalten. „Er hat in vielen Bereichen ausgetestet, wie weit er gehen kann", urteilt der Ungarn-Experte Kai-Olaf Lang von der Berliner *Stiftung Wissenschaft und Politik*, „und dabei trotz Gegenwinds und vereinzelter Anpassungszwänge sein Reformvorhaben in der Substanz durchgesetzt."[188] Die Legitimaton bezieht Orbán aus den Wahlsiegen, den Mehrheiten, die helfen, das demokratische System in Ungarn gleichsam zu entkernen. „Populismus ist der Schatten der repräsentativen Demokratie", urteilt der Politologe Jan-Werner Müller. [189] Das gilt auch im Ungarn des *Puszta-Populist*en Viktor Orbán.

[183] http://www.zeit.de/politik/2017-04/verfahren-ungarn-eu-frank-engel-interview

[184] ebd.

[185] https://www.tagesschau.de/ausland/orban-evp-101.html

[186] https://www.youtube.com/watch?v=0s5gzvb87ZY

[187] http://www.zeit.de/2011/09/P-Ungarn-Mediengesetz/seite-2

[188] https://www.swp-berlin.org/fileadmin/contents/products/aktuell/2015A06_lng.pdf

[189] Müller, Jan-Werner: Was ist Populismus?, Ein Essay. Edition Suhrkamp. Berlin 2016, S. 81

Das Paradoxon: Es kostet ihn an der Wahlurne keine Mehrheiten, denn der ungarische Durchschnittswähler zieht noch einen psychologischen Sekundär-Gewinn aus der Einhegung seines persönlichen Spielraums. Orbán bricht stellvertretend für seine Landsleute Tabus. „Populistische und radikale Parteien sind nicht einfach Parteien", meint der Sofioter Politologe Ivan Krastev, „sie sind Verfassungsbewegungen. Sie versprechen ihren Wählern etwas, das in der liberalen Demokratie ausgeschlossen ist: das Gefühl eines Siegs, der es den Mehrheiten – und nicht nur politischen, sondern auch ethnischen und religiösen Mehrheiten – erlaubt, nun zu tun, was ihnen gefällt".[190] Der *Puszta-Populist* Orbán weiß, wie es geht. Er plustert den Stolz seiner Untertanen auf, gibt ihnen das Gefühl, einer großartigen Nation anzugehören, die in der Geschichte noch Großes vollbringen wird, während das Haus der Demokratie entkernt wird. Solange die rot-weiß-grüne Fahne schön im Wind flattert, scheint alles in Ordnung zu sein.

[190] vgl. Krastev, Ivan: E-Book, Pos. 1075

7. Abkehr vom Westen

Der Verrat an 1989

In der Nähe von Sopron verläuft heute die grüne Grenze zwischen Österreich und Ungarn, nur die blauen Schilder mit dem Sternenkranz deuten darauf hin, dass man in Ungarn ist. Seit der Flüchtlingskrise stehen dort auch wieder Polizisten, aber im Prinzip ist das eine durchlässige Grenze. Im August 1989 ist das der Schauplatz des Paneuropäischen Picknicks, das die Pan-Europa-Union des Otto von Habsburg mit ungarischen Bürgerrechtlern organisiert hat. Man will sich bei einem Picknick an der Grenze treffen und ein Zeichen setzen, die Ungarn bauen die Grenzanlagen ab. Auch etwa 700 Ostdeutsche kommen dorthin und stürmen über die grüne Grenze, unter ihnen ist Walter Sobel mit seiner Familie. Ich treffe den ungarischen Filmemacher, der die Flucht der ostdeutschen Familie Sobel für die Nachwelt auf Video festgehalten hat, aber auch die damaligen Grenzstürmer. „Jetzt sind wir bald bei Oma und Opa", sagt Walter Sobel auf der Videoaufnahme schluchzend zu seiner Tochter, die er auf dem Arm nach Österreich trägt, ein bewegendes Dokument der Zeitgeschichte. Die ungarischen Grenzsoldaten lassen sie durch, es ist der Anfang vom Ende der Berliner Mauer. Ein Vierteljahrhundert später sind Zeitzeugen zu den Feierlichkeiten bei Sopron gekommen, auch die Sobels. „Das Gefühl des Grenzübertritts vor 25 Jahren ist unbeschreiblich", sagt Sobel in seinem Wohnmobil. Es ist ein großes Familienfest, örtliche Erzeuger verkaufen Wein, Würste und Honig, Bands machen Musik, Kinder spielen auf der Wiese, Fototafeln erinnern an die Massenflucht, Trabants und Wartburgs an die Autos, die die DDR-Bürger zurückgelassen haben. Auch der ungarische Ministerpräsident kommt, um sich an sein Volk zu wenden, als Format hat er ein Gespräch mit einem Fernseh-Journalisten gewählt. Als er ankommt, geht ein Raunen durch die Menge, er ist umringt von seinen Fans, er drückt alten Damen die Hände, redet mit diesem und mit jenem, stellt sich zum Selfie auf, lässt sich mit seinen Anhängern ablichten. Er genießt das Bad in der ihm ergebenen Menge, er scheut den Körperkontakt nicht. „Damals schien das alles sehr einfach zu sein", sagt er dann, auf der anderen Seite der Grenze sei der wohlhabende Westen gewesen, das sei das Modell zum Kopieren gewesen. „Heute scheint die Frage zu sein: Was ist für uns Ungarn gut?"[191]

Im Laufe der vergangenen Jahre habe ich den ungarischen Ministerpräsidenten oft erlebt, bei Kundgebungen, Pressekonferenzen, beim Bad in der Menge, und mir ist aufgefallen: Er kommuniziert ständig. Er sitzt auch mit heiserer Stimme im Radiostudio und spricht zu Tausenden Leuten, auch wenn er kaum einen Ton herausbekommt. Wenn er in Form ist, klingt seine Stimme voll, sind seine Aussagen markig. Das Thema, das er bei Sopron anspricht, variiert er immer wieder: Der Westen hat als Modell ausgedient – das ist seine Botschaft. Und die kommt zumindest bei einem Teil der Ungarn an. Auf dem Familienfest frage ich Ungarn, wie sie ihre Lage und die ihres Landes 25 Jahre nach dem Paneuropäischen Picknick einschätzen. „Ganz haben sich die Träume nicht erfüllt", sagt der junge Geschichtslehrer Gábor Farkas, „aber besser so wie jetzt zu leben als so wie damals". Der junge Daniel Vinkovics ist zur Zeit des Paneuropäischen Picknicks ein kleiner Junge, sieben Jahre alt, seine Eltern haben ihn mit an die Grenze genommen. „Ich spürte, hier passiert eine große Veränderung", erinnert sich der junge Mann, „wir dachten, wir treten der EU bei und dann wird der Lebensstandard steigen". Ein Vierteljahrhundert später ist er arbeitslos und beklagt, dass die Atmosphäre westlicher Demokratien im heutigen Ungarn fehle, nämlich „dass man bei Entscheidungen gefragt wird". Momentaufnahmen aus dem Sommer 2014.

Die Atmosphäre heute ist eine andere. Das Bild, das Viktor Orbán von seinem Land zeichnet, ist das eines kleinen Ungarn, das sich gegen mächtige Widersacher zur Wehr setzen muss. Ein Vierteljahrhundert, nachdem die Ungarn die Grenzanlagen von Sopron abgebaut haben, hat Viktor Orbán neue Zäune gezogen. An der serbisch-ungarischen Grenze patrouillieren Grenzsoldaten mit

191 https://www.ard-wien.de/2014/08/19/paneuropaeisches-picknick-ein-blick-auf-die-ereignisse-vor-25-jahren/

Hunden, Drohnen registrieren jede Bewegung am Zaun, Flüchtlinge sind dort in sogenannten „Transitzonen“ festgesetzt. Auch die Vokabeln, die der ungarische Ministerpräsident benutzt, sind in den jüngsten Jahren immer martialischer geworden.

Politik mit Symbolen: Das Fahnen-Alphabet

„Rot, weiß, grün – das ist die ungarische Erde“, mit diesem kleinen Reim wächst jedes ungarische Kind auf. Im ungarischen Original reimen sich die beiden Zeilen. Rot, weiß, grün, das sind die Farben der Nationalflagge. Viktor Orbán und seine Berater lassen gerne Symbole sprechen, zentrale Jahreszahlen der ungarischen Geschichte – 1848, der Freiheitskampf gegen die Habsburger, oder 1956 – der Aufstand gegen die Sowjets. Wichtigstes Element der Symbolsprache ist jedoch die ungarische Fahne. Die Trikolore ist allgegenwärtig. Sie flattert im Burgviertel von Buda am Nationalfeiertag, sie spickt die Menge, die Orbán auf Kundgebungen zuhört. Sie schimmert seiden hinter dem Ministerpräsidenten, wenn er gegen den IWF wettert, die sozialliberale Vorgängerregierung verurteilt, die Liberalen als unfähig darstellt, mit den Herausforderungen der Gegenwart fertig zu werden und der EU ankreidet, sich in die inneren Angelegenheiten Ungarns einzumischen. Und es ist nicht eine Fahne, es sind viele, gut ein Dutzend bei öffentlichen Auftritten. „Eine Fahne, ein Lager“, ist ein Slogan der Regierungspartei, der zur Einigkeit aufrufen soll – ein Leitspruch, der innere Bilder von Heereslagern oder Stammesgemeinschaften aktiviert.

Die dreifarbigen Stoffbahnen schmücken das Parlament, alle öffentlichen Gebäude, am Nationalfeiertag auch die Brücken über die Donau in der ungarischen Hauptstadt. Während Viktor Orbán seine Landsleute mit Symbolen und nationalem Pathos ablenkt, ist die Abrissbirne schon im Haus. Zum Beispiel im altehrwürdigen Parlament. Dort können 2014 rechtsextreme Abgeordnete die Symbole der Europäischen Union öffentlichkeitswirksam aus dem Plenarsaal entfernen, aus dem Fenster werfen und in der Toilette entsorgen. „Als Symbol des Kolonialismus“ hätten die EU-Flaggen im Parlament nichts zu suchen, befinden sie. Man könnte das als Jungenstreiche radikaler Abgeordneter abtun – so wie Islamisten die US-amerikanische Fahne verbrennen, um in die Medien zu kommen, ist das die Hoffnung auf ein bisschen Medienaufmerksamkeit. Nur: Parlamentspräsident László Kövér (*Fidesz*) stimmt in gewisser Weise zu, er sieht nämlich auch keinen Grund mehr, die Fahne der EU im Wortsinne hoch zu halten.[192] Er entfernt sie vom Parlament wie einst der tschechische Europaskeptiker und Ex-Präsident Václav Klaus. Es gebe keine Verpflichtung dazu, die EU-Flagge aufzuhängen, sagt der Herr des Hohen Hauses in Budapest. Stattdessen flattert die blau-gold-gestreifte Székler-Fahne mit Sonne und Halbmond am Budapester Parlament „zum Zeichen der Solidarität" so lange dort, bis Rumänien ihren Gebrauch an öffentlichen Gebäuden nicht mehr verbiete, so der Parlamentspräsident Kövér, der damit auch Autonomieforderungen der Ungarn in Siebenbürgen untermauern will.[193] Die Flagge ist mehr als ein Stück Stoff, sie symbolisiert die Haltung der Regierung Orbán: Nation sticht Europa.

Opfermythos und rhetorische Ablenkungsmanöver

Der ungarische Ministerpräsident hat sich feingemacht, „braungebrannt und selbstbewusst" sitzt er im Plenarsaal des Straßburger Parlaments, er spricht von „Respekt für die Abgeordneten" und dann teilt er aus. Es geht um den Bericht des portugiesischen Grünen Rui Tavares, der auf etwa 40 Seiten hart mit den ungarischen Angriffen auf den Rechtsstaat ins Gericht geht. „Der Bericht ist zutiefst ungerecht und beleidigend für die ungarischen Bürger", urteilt Orbán und betont, weiter gegen die zu kämpfen, die aus Ungarn eine Kolonie machen wollten.[194] Der Tavares-Bericht messe „mit zweierlei Maß" und erkenne nicht die Arbeit an, mit der die Ungarn ihr Land umgestalten", ruft er den EU-Abgeordneten schmollend entgegen, das ist geradezu ein Schrei nach Lob und Anerkennung. Er selbst glaubt, dass er – Viktor Orbán – das Beste sei, das den Ungarn passiert ist. Er garantiert – in seinen eigenen Worten – Ordnung und Stabilität, Wohlstand und den Fortbestand der Nation gegen Bedrohungen von außen. Kritik an der Regierungspolitik setzt er mit Kritik am ungarischen Volk gleich. Nicht er, Orbán, oder die Regierungsmitglieder werden danach be-

192 https://www.ard-wien.de/2016/03/03/ungarn-eu-fahne-streit/

193 https://pusztaranger.wordpress.com/2014/05/16/eu-flagge-vom-ungarischen-parlament-entfernt/

194 https://kurier.at/politik/ausland/viktor-orban-werden-bestraft-und-beleidigt/17.684.415

leidigt, sondern „die ungarischen Bürger", und nicht die Arbeit der Regierung werde in dem Bericht kritisiert, sondern die der Ungarn insgesamt.

Im Februar 2017 malt Regierungssprecher Zoltán Kovács erneut eine linksliberale Verschwörung an die Wand: Im Europaparlament hätten linke und liberale Politiker „Ungarn angegriffen", wird er auf der *Fidesz*-Homepage zitiert.[195] Der Regierungssprecher benutzt auch den Begriff „zweierlei Maß": Einerseits erschwere die Europäische Union mit allerlei Hindernissen den Grenzübertritt von EU-Bürgern, andererseits erleichtere man aber den illegalen Grenzübertritt von Migranten. „Zweierlei Maß", „doppelte Standards", das sind Kampfvokabeln, die von *Fidesz*-Politikern immer wieder bemüht werden, um Kritik als ungerecht erscheinen zu lassen, so auch von dem Europa-Abgeordneten György Schöpflin, der sich im *ORF*-Interview über „doppelte Standards" beklagt. In diesem Gebräu dürfen natürlich auch Journalisten internationaler Medien nicht fehlen, die zum Großteil links seien,[196] – ein beliebtes Narrativ, das davon ausgeht, dass die politische Einstellung der Reporter die Berichterstattung ideologisch einfärbt. Der *Fidesz*-Spin lautet so: Die Linke in Ungarn ist schwach, deshalb braucht sie mächtige Helfer in Europa und in den Medien. „Es gibt im Bereich der Medienwelt ein großes Interesse, diese Oppositionsrolle im Ersatz vorzunehmen", wiederholt der *CSU*-Mann Markus Ferber im *ORF*-Interview das *Fidesz*-Mantra. Auf die Frage, warum die konservative *EVP*-Fraktion im Europaparlament, der auch die ungarische Regierungspartei angehört, die schützende Hand über Orbán hält, antwortet er, „das ist nichts im Vergleich dazu, wie die Sozialisten den Druck auf das rumänische Verfassungsgericht ignorieren".[197]

Das ist nicht nur lupenreine Parteipolitik. Es ist auch ein rhetorisches Ablenkungsmanöver, das man aus sowjetischen Zeiten kennt, „Whataboutism" oder die Methode „Haltet den Dieb".[198] Bei Kritik zeigt man auf den anderen zurück: Und was macht ihr? Gerne nutzen Medien in Ungarn auch umstrittene Personen im Ausland, um Kritik oder Zustimmung zur eigenen Position zu

[195] http://www.fidesz.hu/hirek/2017-02-28/liberalisok-es-baloldaliak-tamadtak-magyarorszagot-az-ep-ben/

[196] vgl. Adrowitzer/Gelegs, S. 187

[197] vgl. ebd. S. 181

[198] http://www.economist.com/node/10598774

formulieren. So war der in Deutschland umstrittene ehemalige *FAZ*-Redakteur Udo Ulfkotte ein Star, eben weil er Dinge sagte, die auch von Viktor Orbán stammen könnten. Ein Verlag übersetzt seine Bücher ins Ungarische, dem regierungsnahen Online-Portal *pesti srácok* sagt Ulfkotte, „dass die Menschen in Europa" in der Flüchtlingspolitik „mit Orbán einverstanden sind und sehen, dass das ungarische Modell funktioniert". Ulfkotte sagt, die „westeuropäischen Politiker" verträten nicht „den Willen und das Interesse ihrer Wähler", das gilt heute als Erklärungsmodell für den Aufstieg der Populisten weltweit.[199] Und es ist Musik in den Ohren des *Puszta-Populist*en Viktor Orbán.

Diplomatie als Kampfauftrag

Die Frisur erinnert vage an einen Hahnenkamm, Péter Szíjjártó tritt mit neuer Frisur auf, rundherum kahl rasiert, auf dem Kopf thront die gegelte Haarpracht wie eine Art Nest. Pünktlich zur Flüchtlingskrise überrascht der Budapester Chefdiplomat seine europäischen Kollegen mit einer neuen Haarpracht, was ungarischen Medien sogar eine Meldung wert ist.[200] Die Frisur erinnert ein wenig an die des Irokesen-Häuptlings Magua aus Michael Manns Neuverfilmung des „letzten Mohikaners", der den Part des Bösen spielt. Der junge ungarische Diplomat fällt also auf. Nicht nur wegen seines Haarschnitts, sondern auch, weil er den bösen Buben auf diplomatischem Parkett gibt. Er stellt die diplomatischen Gepflogenheiten auf den Kopf, die laut Online-Lexikon *Wikipedia* aus „Kompromissbereitschaft" und dem „Suchen nach Win-Win-Situationen" bestehen, mit dem Ziel „den langfristigen Nutzen zu maximieren".[201] Der ungarische Chef-Diplomat hat offenbar eine andere Agenda. Ich suche nach Belegen seiner Amtsführung, gebe in ungarischer Sprache die Begriffe „Szijjártó greift an" in die Suchmaschinen ein, sofort spuckt mir das Netz zahlreiche Nachweise seiner Krawall-Diplomatie aus. „Hören Sie auf, Ungarn und das ungarische Volk zu kritisieren", wirft er dem damaligen kroatischen

[199] http://pestisracok.hu/udo-ulfkotte-figyelni-kellene-orban-viktorra-semmint-allandoan-ostorozni-ps-interju/

[200] https://444.hu/2015/10/12/holgyeim-es-uraim-most-pedig-kovetkezzek-szijjarto-peter-haja

[201] https://de.wikipedia.org/wiki/Diplomatie

Premierminister Zoran Milanović hin.[202] Das Verhalten des kroatischen Sozialdemokraten, Flüchtlinge mit Bussen an die ungarische Grenze zu bringen, nennt Szíjjártó „erbärmlich".[203] Im September 2015 nimmt der ungarische Außenminister den Rumänen Victor Ponta ins Visier, der die ungarischen Zäune und scharfen Flüchtlingsgesetze kritisiert und stattdessen mehr europäische Solidarität anmahnt. Er erinnerte an die 1930er Jahre. Orbáns Verhalten zeige, so Ponta, dass Ungarn Politiker habe, „die nicht besser sind als jene in Syrien, Libyen oder in anderen Ländern, aus denen die Flüchtlinge fliehen".[204] „Victor Ponta hat mit seinen hirnlosen Äußerungen ganz Ungarn beleidigt", poltert der ungarische Chefdiplomat und die Nachrichtenagentur *MTI* verbreitet es in die Welt.[205] „Wir sind ein mehr als tausend Jahre alter Staat", belehrt der ungarische Außenminister die Führung in Bukarest, „der in seiner Geschichte oft nicht nur sich selbst, sondern ganz Europa verteidigen musste".[206]

Die Rolle Ungarns als vermeintliches Bollwerk gegen Flüchtlinge sieht man in manchen westeuropäischen Hauptstädten ausgesprochen kritisch. Der luxemburgische Außenminister Jean Asselborn prangert den harschen Umgang der Ungarn mit den ankommenden Flüchtlingen an. Menschen, die vor dem Krieg flüchteten, würden wie Tiere behandelt, das Land sei nicht mehr weit entfernt vom Schießbefehl. Ungarn „hätte heute keine Chance mehr, EU-Mitglied zu werden", so das Fazit von Asselborn. Der Luxemburger fordert gar den Ausschluss des Landes aus der EU. „Typen wie Orbán haben uns eingebrockt, dass die EU in der Welt dasteht wie eine Union, die sich anmaßt, nach außen Werte zu verteidigen, aber nach innen nicht mehr fähig ist, diese Werte auch aufrecht zu erhalten".[207] Szíjjártó keilt zurück, den luxemburgischen Außenminister Asselborn nennt er einen „Nihilisten", der „frustriert", „arrogant" und „belehrend" sei, schon lange wisse man, dass der Luxemburger Sozialdemo-

[202] http://derstandard.at/2000022861857/Balkanische-Zustaende-an-der-Grenze

[203] http://www.zeit.de/politik/ausland/2015-09/fluechtlinge-kroatien-grenze-zoran-milanovic

[204] http://derstandard.at/2000022381877/Ungarns-Zaunplaene-an-den-Grenzen-gehen-munter-weiter

[205] zit. n. http://www.nyugat.hu/tartalom/cikk/101186_szijjarto_nekiment_a_roman_kormanyfonek

[206] http://www.sueddeutsche.de/politik/streit-ueber-grenzzaun-ungarn-keilt-gegen-rumaenien-1.2655620

[207] https://www.welt.de/politik/ausland/article158094135/Asselborn-fordert-Ausschluss-Ungarns-aus-der-EU.html

krat Asselborn eine „wenig ernsthafte Figur“ sei.[208] EU-Kommissionspräsident Juncker, einem Konservativen, wirft Szíjjártó vor, sich vor der Demokratie und den Menschen zu fürchten, weil dieser das Anti-Flüchtlingsquoten-Referendum in Ungarn kritisch kommentiert hat.[209] Angesichts von ungarischen „Stoppt-Brüssel“-Kampagnen und polnischen Angriffen auf die Unabhängigkeit der Justiz im eigenen Land, ruft das auch den Sozialdemokraten Christian Kern auf den Plan. „Wir haben die Brandstifter im Haus“, kommentiert Österreichs Bundeskanzler die Angriffe auf den Rechtsstaat in Polen und die Entwicklung in Ungarn. Er regt deshalb eine Disziplinierung über das Budget an, er will den autoritär regierten Ländern den Geldhahn abdrehen.[210] „Manche tun so, als wäre Europa ein Geldautomat und keine Wertegemeinschaft“, sagt er in einem Interview mit dem *Handelsblatt*.[211] In der Boulevard-Zeitung *Österreich* legt der Wiener Kanzler noch nach: „Wir können es nicht akzeptieren“, sagt Kern, „dass diese Länder Schritt für Schritt die Demokratie auflösen, die Pressefreiheit einschränken und die Gewaltenteilung aufheben.“ Daraus müsse man Konsequenzen ziehen. „Auch weil das Länder sind, die maßgebliche Profiteure der EU sind, denn sie kassieren Netto-Milliardenbeträge von den europäischen Steuerzahlern“. Da dürfe man eine „Gegenleistung verlangen“, so Kern, „zumindest, dass sich diese Länder an die Regeln halten“.[212]

Wenn es ums Geld geht, reagieren die Budapester Regierenden extrem dünnhäutig, Außenminister Szíjjártó gibt sich überlegen: Er könne ja die „Frustration“ Kerns verstehen, weil der innenpolitisch unter Druck stehe. Es wäre aber „nett“, wenn Kern Ungarn nicht in den Wahlkampf hineinziehen würde.[213] Dieser versuche nur, durch das Beschimpfen Ungarns seine Beliebtheitswerte

[208] http://index.hu/kulfold/2016/09/13/ki_akarja_rugni_az_eu-bol_magyarorszagot_a_luxemburgi_kulugyminiszter/

[209] http://www.atv.hu/belfold/20160730-szijjarto-jean-claude-juncker-az-emberektol-felti-a-demokraciat

[210] http://diepresse.com/home/ausland/eu/5258963/Kern-droht-Polen-und-Ungarn-mit-Kuerzung-von-EU-Mitteln

[211] http://www.handelsblatt.com/my/politik/international/oesterreichs-bundeskanzler-christian-kern-europa-ist-kein-geldautomat/20020650.html?ticket=ST-1853921-C9hTLoTKieTbk3uPfbwf-ap2

[212] http://www.oe24.at/oesterreich/politik/Kern-Doskozil-soll-Polizei-uebernehmen/293074369

[213] zit. n. http://orf.at/stories/2398296/

im eigenen Land zu erhöhen. Ungarn lehne „diese liberale Arroganz" ab, gibt der Ungar der Nachrichtenagentur *MTI* zu Protokoll. Die Regierung in Budapest würde sich nie in die inneren Angelegenheiten eines Landes einmischen, beteuert der *Fidesz*-Politiker.[214] Das sind Formulierungen, die man aus der Zeit des Kalten Krieges kennt, wenn sich Ostblock-Herrscher gegen Vorhaltungen aus dem Westen wehrten.

Vorläufiger Höhepunkt des diplomatischen Schlagabtauschs mit dem Westen mehr als ein Vierteljahrhundert nach dem Ende des Kalten Krieges: Als sich der langjährige niederländische Botschafter Gajus Scheltema 2017 mit einem kritischen Interview in die Pension verabschiedet, droht Szijjártó mit dem Abbruch der diplomatischen Beziehungen – eine Maßnahme, die in der Zeichensprache der Diplomaten als äußerst scharfes Geschütz gilt. Was aber hat der holländische Diplomat gesagt oder getan, das den Ungarn so auf die Palme bringt? In einem Interview mit der regierungskritischen Online-Zeitung *168 óra* redet Scheltema einfach Tacheles: Er prangert die Korruption in Ungarn an, die auch Transparency International beklagt[215] und sagt, das Geld der europäischen Steuerzahler, das auch nach Ungarn fließe, sei „keine interne Angelegenheit" Ungarns.[216] Weil die Regierung in Budapest das Geld verteile, und sie damit mache, was sie wolle, müsse daran etwas geändert werden. Er vergleicht Holland, wo man den Kompromiss suche, mit dem von Orbán regierten Ungarn, wo es nur Freund und Feind gebe, entweder sei jemand „für uns oder gegen uns". Das sei, urteilt der Niederländer mit einem süffisanten Seitenhieb, „eine klassisch marxistische Weltsicht". Die ungarische Regierung schaffe nach demselben Prinzip Feindbilder wie Globalisierungsverlierer und religiöse Fanatiker.[217] Der Ungar Szíjjártó geht zum Gegenangriff über: „Ungarn sei kein Boxsack" und es sei höchste Zeit, dass der Diplomat Scheltema das

[214] http://diepresse.com/home/ausland/aussenpolitik/5260927/Szijjarto-hakt-gegen-Kern-nach_Ungarn-lehnt-diese-liberale

[215] vgl. https://bbj.hu/economy/hungarys-corruption-index-ranking-worsens_127800

[216] https://168ora.hu/im-kiskunsag-guy-nem-tarthatunk-eletben-egy-korrupt-rendszert-mondja-tavozo-holland-nagykovet/

[217] vgl. https://168ora.hu/im-kiskunsag-guy-nem-tarthatunk-eletben-egy-korrupt-rendszert-mondja-tavozo-holland-nagykovet/

Land verlasse, da ihn ohnehin niemand mehr empfangen werde.[218] Ende August 2017 informiert eine Breaking News in den ungarischen Medien die Ungarn davon, dass die Regierung die diplomatischen Beziehungen zu den Niederländern abgebrochen hat, der Budapester Botschafter wird zurückgerufen. Und dem Kritiker wird noch nachgetreten. Bei Scheltema handele es sich lediglich um den „scheidenden Botschafter eines Operetten-Staates", schickt der *Fidesz*-Europa-Abgeordnete Tamás Deutsch auf seiner Facebook-Seite dem Niederländer hinterher, begleitet von einigen sehr vulgären Ausdrücken[219], als sich der Außenminister der Niederlande bereits öffentlich um Schadensbegrenzung bemüht und von einem „zutiefst peinlichen Zwischenfall" spricht.[220]

Dem ungarischen Publikum präsentiert sich Politik wie eine Wirtshaus-Rauferei. Zurück bleibt ein diplomatischer Scherbenhaufen. Aber in dem zeichnet sich ein Muster ab: Die Attacken, die Ungarns Außenminister Szíjjártó reitet, richten sich meist gegen Sozialdemokraten und Liberale – und natürlich immer gegen Kritiker, die Ungarns Abweichung von demokratischen Standards und Gepflogenheiten kritisieren. Der inner-ungarische politische Grabenkampf wird so in die europäische Politik-Szene verlängert. Die Folgen sind egal, die diplomatische Pflege nachhaltiger Beziehungen unterbleibt. Es wird gerauft und gerangelt – eine hemdsärmelige Botschaft an die eigenen Wähler. In vier Jahren Amtszeit war der Holländer Scheltema dem Regierungschef Orbán übrigens nie begegnet, gibt er in dem *168 óra*-Interview zu Protokoll. Orbán macht sich rar bei den Diplomaten, die die ungarische Zivilgesellschaft unterstützen, die die Regierung eben auch kritisiert. Dialog? Kein Interesse. In seiner Rede an die Nation zum Jahresbeginn 2017 spricht Viktor Orbán von einem zweiten „Kriegsschauplatz", zum Glück gehöre dieses Schlachtfeld „nicht den Soldaten", sondern den Diplomaten."[221]

[218] https://168ora.hu/szijjarto-peter-bocsanatkerest-kovetel-hollandiatol-kesz-megszakitani-diplomaciai-kapcsolatokat/

[219] https://www.facebook.com/people/Deutsch-Tamás/100000694338124

[220] http://derstandard.at/2000063150756/Wegen-Kritik-Ungarn-stellt-Beziehungen-zu-Niederlanden-ruhend

[221] http://www.kormany.hu/hu/a-miniszterelnok/beszedek-publikaciok-interjuk/orban-viktor-evertekelo-beszede

„Brüssel muss gestoppt werden", sagt Orbán vor dem Nationalmuseum in Budapest mit dem üblichen Trikolore-Dekor im Hintergrund, an den Mikrofonen die gleiche Tafel wie jedes Jahr am 15. März: „Ehre den Tapferen". Etwa zeitgleich tritt die Regierung in Budapest eine neue, kostspielige Anzeigenkampagne los: „Stoppt Brüssel", hämmert sie ihren Landsleuten ein, die Stopp-Schilder erscheinen auf den Seiten der staatlichen Medien, sie bedrängen den Beobachter im öffentlichen Raum, es gibt kein Entkommen. Millionen gibt die Regierung dafür aus. Nur wenige Tage nach Orbáns Rede zum Nationalfeiertag verschickt die Regierung auch Fragebögen an die Haushalte. „Ungarn stehe vor großen Kämpfen" heißt es da, es geht um die Flüchtlingspolitik. Die Quote, gegen die Ungarn geklagt hat, wird zum Riesendrama stilisiert. 1294 Flüchtlinge, die Ungarn laut Quotenregelung aufnehmen soll, werden zur Frage der Souveränität des Landes aufgepumpt. „Was sollte Ungarn tun, wenn Brüssel es zwingen will, illegale Einwanderer ins Land zu lassen – trotz der jüngsten Serie von Terrorangriffen in Europa?"[222] Fake-News aus dem ungarischen Innenministerium. Denn: Ungarn wurde überstimmt, als die Entscheidung über die Quote im EU-Ministerrat fiel, eine ganz normale Mehrheitsentscheidung. Und es ist falsch, dass Brüssel Ungarn zwingen wolle, „illegale Einwanderer" ins Land zu lassen. Es sind Asylbewerber.

Die Regierung setzt Flüchtlinge pauschal mit Terroristen gleich, eine Annahme, die so pauschal nicht stimmt und letztlich einem Ziel dient: Ein Grundrecht, nämlich das auf Asyl auszuhebeln, worauf nicht nur Flüchtlingshelfer hinweisen. In ganzseitigen Anzeigen in überregionalen Tageszeitungen behauptet die Regierung Orbán: „Die Quote erhöht die Terrorbedrohung". Ungarn klagt gegen die Quote, initiiert eine Volksbefragung, die mangels Teilnahme scheitert. „Es genügt nicht zu protestieren", sagt Orbán, „es muss gehandelt werden".[223]

Die fremdenfeindlichen Kampagnen sind erfolgreich, Umfragen zufolge teilen gut zwei Drittel der Ungarn Orbáns Abneigung gegen die EU-Flüchtlings-

[222] http://derstandard.at/2000055242138/Stoppt-Bruessel-Ungarn-startet-Befragung-zu-EU-Politik

[223] http://www.zeit.de/politik/ausland/2015-12/europaeischer-gerichtshof-ungarn-klage-fluechtlingsquote

quote.[224] Orbán ist die Stimme der Beleidigten, die sich in der Mehrheit glauben, sie verkörpern das Narrativ des machtlosen Mächtigen, Viktor Orbán hat das dazu passende Persönlichkeitsprofil: Er will die Macht und diese ausüben – ohne Einschränkungen. Dabei stört Brüssel, daran hindern ihn Nichtregierungsorganisationen, Journalisten, die Opposition. Im Kern ist Viktor Orbán ein romantischer Rebell, der gegen die ganze Welt anrennt. Und seine Anhänger machen es ihm nach. „Als besonders empörend empfinden es besorgte Mehrheiten, dass sie zwar Anspruch darauf zu haben glauben, das Land zu regieren (da sie doch die Mehrheit sind), aber niemals das letzte Wort haben", meint der Sofioter Politologe Ivan Krastev. „Deshalb sind sie bereit, die Gewaltenteilung und andere unbequeme Prinzipien der liberalen Demokratie für ihre Frustration verantwortlich zu machen", meint Ivan Krastev. Deshalb unterstützten sie Parteien wie *Fidesz* in Ungarn oder die *PiS* in Polen, „die gegen diese Prinzipien anrennen".[225]

[224] https://www.migraciokutato.hu/hu/2016/08/01/kozvelemenykutatas-sorozat-a-migracio-tarsadalmi-megiteleserol-ii/

[225] vgl. Krastev, Ivan, Pos. 1086

8. Die Spin-Doktoren

Meister des *Dirty Campaigning*

„Ich kenne ihn gut", sagt Viktor Orbán 2015 im Interview mit dem ungarischen Ableger von *RTL*. „Er ist ein herausragender Fachmann". Erst zwei Tage vor dem *RTL*-Interview habe er ihn getroffen, sagt der ungarische Ministerpräsident. Sie seien in regelmäßigem Kontakt. Die Rede ist von Arthur J. Finkelstein, dem US-amerikanischen Politikberater. Jahrzehntelang berät er die Republikaner in ihren Wahlkämpfen, seit 2008 angeblich auch *Fidesz*, obwohl das Regierungssprecher Bertalan Havasi zunächst abstreitet.[226] Später gibt er zu, Orbán treffe sich immer wieder mit dem US-amerikanischen Spin-Doktoren, „weil ihn seine Meinung interessiert." Geld gebe es dafür nicht, es gebe keine offiziellen Verträge.[227] Finkelstein gilt als Meister des Dirty Campaigning, er berät schon den US-Präsidenten Richard Nixon und war maßgeblich an der Wahl Ronald Reagans beteiligt. Finkelstein berät aber auch die israelische Regierung.

„In der Politik geht es nicht um Rationalität", zitiert das ungarische Online-Medium *index.hu* das Credo des Spindoktoren, „sondern um Gefühle und Wut". Es nütze nichts, Punkte einer Rentenreform aufzuzeigen, „aber wenn Du damit eine Kampagne machst, dass Du diese oder jene Gruppe aus dem Land werfen wirst, hast Du eine Chance."[228] Orbán entdeckt die Flüchtlinge als eine solche Gruppe.

226 http://rtl.hu/rtlklub/hirek/orban-ket-napja-talalkoztam-finkelsteinnel

227 http://24.hu/kozelet/2017/08/19/meghalt-a-kampanyguru-aki-orbant-is-segitette/

228 https://444.hu/2015/07/06/mondj-valami-igazat-hogy-elhigyjek-ha-kamuzol-igy-dolgozik-orban-amerikai-fotanacsadoja

Im Sommer 2017 verstirbt der US-amerikanische Kampagnen-Manager, der jahrzehntelang mit einem Mann zusammen gelebt hatte. Zwei Jahre zuvor hatte Finkelstein ungarischen Medienberichten zufolge mit Árpád Habony in London ein gemeinsames Unternehmen eröffnet[229], die *Danube Business Consulting Ltd.*, in Großbritannien ist sie registriert als Unternehmen, das „Beratungen" anbietet.[230] Das Unternehmen soll die kroatische *HDZ* und den früheren französischen Präsidenten Nicolas Sarcozy beraten haben.[231] Árpád Habony gilt als „graue Eminenz" in der Kommunikation des *Fidesz*, er wird am Neujahrstag 1968 in Budapest geboren, seine Eltern waren Antikommunisten, sein Großvater ein hoher Offizier während der Horthy-Zwischenkriegszeit. Wäre es nach seinen Eltern gegangen, wäre Habony jetzt Automechaniker. Seine Lieblingssportart ist der japanische Stockkampf Kendo, er war ungarischer Meister in der Kampfsportart. Habony trägt nie Krawatte und Schlips, sondern immer legere Blousons und er hält sich im Hintergrund, Habony ist an dem reichweitenstarken Gratisblatt *Lokál* beteiligt.[232]

Der Budapester gilt als Hauptberater des ungarischen Ministerpräsidenten, die Regierung hat allerdings lange bestritten, dass Habony überhaupt auf der Gehaltsliste der Regierung geführt wird.[233] Nach Recherchen der eingestellten Zeitung *Népszabadság* arbeitet Habony seit 2006 allerdings daran, das Image Viktor Orbáns aufzubauen[234], das Online-Portal *origo.hu* nennt ihn „einen der erfolgreichsten ungarischen Markenmanager"[235], *24.hu* hebt seine Rolle als Medienmanager (*Modern Media Group, Lokál, 888.hu)* hervor, die Kampagne gegen die Flüchtlinge ab dem Jahr 2015 soll er nach *Népszabadság*-Recherchen orchestriert haben.[236] Ins Licht der ungarischen Öffentlichkeit tritt der Buda-

229 http://hvg.hu/itthon/20150515_Orban_Habony_londoni_uzlettarsarol_Leguto

230 https://suite.endole.co.uk/insight/company/09507101-danube-business-consulting-ltd

231 https://hu.wikipedia.org/wiki/Habony_Árpád

232 http://index.hu/kultur/media/2016/05/10/habony_arpad_beinditja_az_ingyenes_napilapjat/

233 vgl.auch https://theorangefiles.hu/arpad-habony/

234 http://nol.hu/belfold/20101009-a_spindoktor_spindoktora-840751

235 http://www.origo.hu/itthon/valasztas2010/kampanynaplo/20100224-habony-arpad-orban-viktor-es-a-fidesz-kommunikacios-tanacsadoja.html

236 http://nol.hu/belfold/habony-az-alfa-es-az-omega-1530527

pester Habony erstmals 2001, als die St. Stephans-Krone vom Nationalmuseum in das Parlament gebracht wird, schreibt *Népszabadság*, er sei der „Spindoktor des Spindoktors Orbán".[237] Spuren von Habonys Londoner Unternehmens führen ungarischen Medien nach auch zu dem regierungsnahen Forschungsinstitut *Századvég*, der Kommunikationsstratege war früher auch an dem Institut *Nézöpont* beteiligt, das als regierungsnah gilt und ermittelt, was in ungarischen Medien berichtet wird. Habony gilt auch als Drahtzieher hinter dem Aufbau eines *Fidesz*-Medienimperiums,[238] ungarische Medien umschreiben seine Geschäfte als „Habony-Werke".

[237] http://nol.hu/belfold/20101009-a_spindoktor_spindoktora-840751

[238] http://index.hu/belfold/2015/05/14/a_szazadvegtol_visz_ugyvezetot_habony_londonba/#

9. Der Robin Hood aus Felcsút – Orbáns Angriff auf die globalen Eliten

Ein Tagelöhner auf dem Land

Im Dorf meiner Großeltern im Osten Ungarns lerne ich Imre Juhász kennen, der jeden Tag mehr als 140 Kilometer zur Arbeit fährt, in Budapest regiert damals noch der Sozialist Ferenc Gyurcsány. Imre Juhász ist Mitte 50, sieht deutlich gealtert aus, er hat gerade mal die Schule abgeschlossen, dann in der Landwirtschaft gearbeitet, während der sozialistischen Zeiten hatte er sein Auskommen, aber die Jahre der Transformation bedeuten für ihn wirtschaftlichen Abstieg. Als die Russen noch in Ungarn stationiert sind, gibt es in dem Ort mit 10.000 Einwohnern einen Betrieb, der die Lastwagen der Russen wartet, gut 1300 Menschen finden dort ein Auskommen als Dreher oder in der Betriebskantine, mehr als jeder zehnte Einwohner arbeitet dort. Nach Dienstschluss am Nachmittag fahren die Männer auf ihren klapprigen Fahrrädern über rissige Beton-Gehsteige nach Hause, manch einer legt vorher noch einen Zwischenstop in der Eckkneipe ein.

All das ändert sich nach 1990 schlagartig. Die Russen ziehen ab, die Jobs gehen flöten. Auch die landwirtschaftlichen Produktionsgenossenschaften brechen erst einmal zusammen. Einer der örtlichen *Fidesz*-Politiker erklärt mir, dass die Menschen mittlerweile Vorbehalte gegenüber Zusammenschlüssen in einer Genossenschaft haben, das rieche zu sehr nach Sozialismus. Viele bewirtschaften ein kleines Stück Land, aber die EU-Standards sind für sie zu hoch, die Preise im Keller. Kurzum: Vor allem die Ungelernten, gering Qualifizierten stehen über Nacht auf der Straße. Aus dem kleinen Ort fährt jeder

Vierte als Tagelöhner jeden Tag viele Kilometer, für ein paar Euro Lohn, abhängig von dubiosen Jobvermittlern, die sich auf Kosten der Ärmsten bereichern. Auch Imre Juhász.

Ich treffe mich mit dem Ungarn in aller Herrgottsfrühe, ich will sehen und hören, wie er mit seinem Leben zurechtkommt. Um halb vier morgens haben wir uns zum Interview verabredet. Der kleine Ort liegt im Nebel, es ist frisch, die meisten der 10.000 Einwohner schlafen, nur ein paar Hunde bellen, der ungelernte Tagelöhner wartet vor seinem kleinen Häuschen, tritt von einem Bein auf das andere und gähnt. Er ist noch sehr verschlafen. „Gleich kommt der Kleinbus und dann geht es los, zu einem deutschen Unternehmen", sagt er gähnend, er muss etwa 30.000 Eisenteile abflexen. „Das ist ganz schön viel", sagt er und bläst dabei Atemwolken in den kalten Morgen. Dann biegt der Minibus um die Ecke, ein halbes Dutzend verschlafene Gestalten fährt in dem Transporter in den Nebel hinein, vor den Tagelöhnern liegen 140 Kilometer Fahrt bis in die Hauptstadt Budapest. „Ich mache das nicht gern", klagt Imre Juhász, „aber ich habe keine Wahl". Sein Tagesverdienst ist beschämend gering, erst gegen Abend hält der kleine Transporter wieder vor seinem kleinen Haus. „Es war sehr anstrengend", stöhnt Imre Juhász, „umgerechnet etwa 20 Euro habe ich verdient". Wenn er das Geld überhaupt bekommt, hat er Glück, erzählt er, private Vermittler beherrschen den grauen Arbeitsmarkt, auch er ist schon über das Ohr gehauen worden, aber als Ungelernter über Fünfzig hat er keine andere Wahl. „Für uns Malocher war es früher besser", sagt er und meint damit die Zeit der landwirtschaftlichen Produktionsgenossenschaften vor der Wende. So wie Imre Juhász geht es vielen Ungarn, bevor Viktor Orbán an die Macht kommt.

Freiheitskampf für Konsumenten

Bevor Viktor Orbán sich 2010 um die Zukunft Ungarns kümmern kann, muss er sich erst einmal mit der Vergangenheit herumschlagen. Der Kassensturz fällt ernüchternd aus, das Land hat Schulden in Höhe von fast 83 Prozent des BIP. In der Wirtschaftskrise hat Ungarn regelmäßig die Maastricht-Latte von drei Prozent des BIP gerissen, vom EU-Beitritt 2004 bis 2011 insgesamt sieben Mal, das ist vor allem während der sozialliberalen Regierungszeit.[239] Aber Orbán ist daran nicht ganz unschuldig, schreibt der frühere *ARD*-Korrespondent Reinhold Vetter in seinem Länderporträt Ungarn. „Die zweite tiefe Krise ab 2005/2006 ging vor allem auf die verantwortungslose Finanzpolitik in der Spätphase der in den Jahren 1998 bis 2002 amtierenden nationalkonservativen *Fidesz*-Regierung unter Premier Orbán und auch in der Anfangsphase der folgenden Regierung aus Sozialisten und Linksliberalen unter Premier Péter Megyessy zurück".[240] Das weitverbreitete Rezept heißt in Ungarn damals: Gehälter im öffentlichen Dienst auf Pump erhöhen, die Staatsschulden wachsen.

Nach der Pensionierung in Deutschland lebt mein Vater eine Zeitlang als Rentner am Neusiedler See in Österreich, regelmäßig fährt er über die Grenze nach Mosonmagyaróvár zum Einkaufen, „weil es da billiger ist", sagt er mir; das ist in den 1990er Jahren. Heute stimmt das schon längst nicht mehr. Viktor Orbán erhöht die Mehrwertsteuer auf 27 Prozent – das ist der höchste Satz innerhalb der Europäischen Union, auch die großen Supermarkt-Ketten lässt er mit Sondersteuern zur Ader. Die Kleinen und die Multis sollen die Zeche zahlen und die Staatskasse wieder füllen. Wer einkaufen geht, spürt das, aber auch wer Ware feilbietet. „Ungarn ist ein schwieriges Pflaster geworden", sagt 2011 eine Sprecherin der Supermarkt-Kette Spar, „die Kaufkraft ist bereits geschwächt."[241]

Auch in puncto Wohnen wird es für die Ungarn plötzlich teuer. Das Wohnen zur Miete ist nicht populär im Land, das Eigenheim gilt als erstrebenswert. Deshalb investieren Ungarn ihr Geld in Immobilien – Geld, das sie sich von den Banken leihen müssen. In den vier Jahren vor Viktor Orbáns neuerlichem Machtantritt im Jahr 2010 kauft nach Regierungsangaben etwa eine Million Ungarn eine Wohnung oder ein kleines Häuschen auf Pump, geblendet von den niedrigen Kreditraten, die Schulden in einer fremden Währung (Franken, Euro

239 https://www.cesifo-group.de/de/ifoHome/presse/Pressemitteilungen/Pressemitteilungen-Archiv/2016/Q2/pm-20160523_EU-Staaten-Defizit/main/00/text_de_files/file/document/ifoPM_20160523_Verstoesse_Maastricht-Vertrag.pdf

240 Vetter, Reinhold: Ungarn. Ein Länderportrait. Berlin 2012. E-Book Pos. 146

241 http://derstandard.at/1324501616232/Spar-stark-betroffen-Ungarn-erhoeht-Mehrwertsteuer-auf-27-Prozent

oder Yen) versprechen. Das funktioniert, solange Franken und Forint in Balance zueinander stehen. Doch dann explodieren die Finanzmärkte, der Forint stürzt ab, die Kreditraten werden immer teurer. 100.000 ungarische Immobilienbesitzer stehen vor der Zwangsräumung. Ich sehe damals überall in Budapest Zettel an den Laternenmasten hängen, „Wohnung zu verkaufen". Auch auf dem Land sind in vielen der Einfamilienhäuser kleine Pappschilder aufgestellt: „Eladó – zu verkaufen", eine soziale Zeitbombe, denn auch die Arbeitsbedingungen auf dem Land sind oft prekär.

Dann kommt Viktor Orbán an die Macht und verspricht Jobs und Hilfe für die Immobilienbesitzer, die die Kreditraten nicht mehr bezahlen können. „Ich werde nicht in einem Land leben", sagt der Ministerpräsident in der Radiosendung *180 Minuten*, „in dem eine Million Menschen Schuldsklaven sind". Die Lasten müssten so verteilt werden, dass die Banken zwei Drittel trügen und die Kreditnehmer ein Drittel der Lasten. „Das ist eine historische Tat Ungarns", lobt er sich selbst. Mit der Lösung der Kreditklemme und einer entsprechenden Bankensteuer stehe Ungarn in Sachen Innovation an der Spitze, so der Regierungschef weiter.[242] „Wir werden alles tun, damit die Menschen ihr Heim verteidigen können", gibt sich Viktor Orbán kämpferisch.[243] Die Banken zahlen einen guten Teil der Zeche. Allerdings sagen Verbraucherschützer, die die Interessen der Kreditnehmer vertreten, dass unterm Strich längst nicht alle Kreditnehmer von der Umwandlung in Forint-Kredite profitieren.[244] Der Umtausch-Kurs ist nämlich keineswegs günstig und die Kreditsumme muss zudem auf einen Schlag abgelöst werden. „Im Falle von Kreditschulden in Höhe von zehn Millionen Forint wuchs diese Summe nach der Konvertierung auf fast das Doppelte an", zitiert *Der Standard* die Vorsitzende des Verbandes der Kreditgeschädigten, Mariann Lenard. Wer sich das nicht leisten kann, bleibt auf der Strecke, sagt sie. „Seit der Konvertierung gibt es weit mehr Sorgen". Viktor Orbán dagegen erfindet erneut dramatische Bilder, macht aus der Fremdwährungskrise einen Kampf um Leben und Tod, Drama-König Orbán. „Dieses Land hätte es nicht verkraftet", sagt er 2015 in seiner Ansprache zum Jahresauf-

242 zit. n. https://mno.hu/belfold/nem-lehet-az-orszagban-egymillio-rabszolga-901082

243 Orbán Viktor, Interview in Monopol, 19.9.2011, zit. n. Koenen, Krisztina, S. 110

244 http://derstandard.at/2000042062812/Ungarn-Der-verdraengte-Frankenkredit-Schock

takt, „wenn in Ungarn das Chaos regiert hätte, ja auch die Regierung hätte das nicht verkraftet."[245]

Einer von uns – oder: Anwalt des kleinen Mannes

Rückblende. Wahlkampf im Jahr 2014. „Schicken wir eine Botschaft an Brüssel", rufen die Plakate auf. Vor rot-weiß-grünem Grund lächelt Viktor Orbán und fordert „Respekt für Ungarn". Der ungarische Ministerpräsident ist wieder im Wahlkampf, denn nach der Parlamentswahl in Ungarn geht es in jenem Jahr auch um die Besetzung des Europaparlaments. Auf dem Heldenplatz in Budapest tritt Viktor Orbán vor Tausenden Anhängern und einem Fahnenmeer auf, „nur *Fidesz*" ist die simple Botschaft auf dem Schild am Rednerpult, Fernseh-Kameras übertragen sie in die ganze Welt. „Wir müssen zusammenhalten", brüllt Orbán in die Menge, „es gibt nur eine Fahne, es gibt nur eine Partei Ungarns, und das ist die *Fidesz*-Partei. Nur *Fidesz* – so muss unsere Losung heißen", ein Plädoyer für das „zentrale Kraftfeld" *Fidesz*. Oppositionsparteien? Unwichtig. Staffage.

In den letzten Jahren hat Orbán den Internationalen Währungsfonds (IWF) aus Ungarn geworfen, er lässt die Banken zur Ader, die den Ungarn Fremdwährungskredite angedreht haben, er erhebt Sondersteuern auf große ausländische Konzerne und Banken, die Energiekonzerne zwingt er zu Preissenkungen – Orbán, der Anwalt der kleinen Leute, das ist die Botschaft, und die kommt an. Die Energie-Abrechnung nutzt die Regierung gleich zur Wahlpropaganda. Auf einigen Zetteln sind einzelne Text-Felder orange hervorgehoben, das ist die *Fidesz*-Parteifarbe, und darauf ist die Botschaft vermerkt, wieviel der Konsument dank der Regierungsmaßnahmen spart. Ein kluger Schachzug. Die *Fidesz*-Strategen verknüpfen die Parteifarbe mit einer Wohltat, das geht direkt ins Unterbewusstsein: Orange = *Fidesz* = weniger zahlen. Ein wohlschmeckendes Wahlzuckerl ist die Senkung der Energie-Nebenkosten. Da kann die Opposition nicht mithalten.

[245] http://www.portfolio.hu/gazdasag/orban_megbukott_volna_a_kormanyunk_ha_nincs_forintositas.214793.html

Die Erregungskurve hochhalten – Orbán im Dauerwahlkampf

Der Saal im „Folklór-Centrum" in der Fehérvári út in Budapest ist gut gefüllt, auf den Rängen sitzen vor allem ältere Semester – Männer, viele Frauen, und sie lauschen dem Mann, der schon einmal ein Jahr lang Ministerpräsident war und von der Weltbank gute Noten für seinen radikalen Sparkurs bekommen hat: Gordon Bajnai heißt der Ungar, der jugendlich aussieht, aber wenig Charisma ausstrahlt. Fast ein wenig gelangweilt wirkt er von dem Trubel um ihn herum, kein Vergleich zu dem charismatischen Viktor Orbán. Der Bau im elften Budapester Bezirk ist einer aus einer anderen Zeit, das typisch sozialistische Kulturhaus: ein schnöder Betonbau mit verwitterter Fassade, aber breiter Treppe, eingerahmt von Betonsäulen. Ich kenne die Gegend gut, zwei meiner Tanten haben in der Nähe gewohnt, in kleinen, aber bezahlten Eigentumswohnungen in den typisch ungarischen Wohnblocks, vier Stockwerke hoch, ein bisschen Grün drumherum. Zu einer Veranstaltung mit Bajnai wären sie nie gegangen. Er ist nicht beliebt. Im Osten des Landes, aus dem der ungarische Zweig meiner Familie stammt, haben sich Gänsebauern eines Geflügelbetriebes umgebracht, weil das Unternehmen Hajdu-Bét in Schieflage geriet, als der Markt in Russland wegbrach, Bajnai saß in der Führungsetage des Investors Wallis, der die Kleinbauern hängen ließ, so die Lesart.[246] Ein Filmemacher klebte ihm deshalb das Etikett „Gänsemörder" an und wurde dafür wegen übler Nachrede in erster Instanz verurteilt.[247]

Ich treffe Gordon Bajnai in einem Hinterzimmer des „Folklore-Zentrums" zum Interview, knall-grün gekachelt versprüht es den sterilen Charme eines Verhörzimmers. Staub liegt in der Luft, lediglich zwei kleine Wasserflaschen lindern das Kratzen im Hals. „Viktor Orbáns Antwort auf die Wirtschaftskrise war, Ungarn zu einer Art Nach-Sowjet-Staat umzubauen", sagt der linke Wahlkämpfer in mein Mikrofon, „einer Art Orbánistan". Der ungarische Premier wolle eine entleerte Pseudo-Demokratie zentralasiatischen Typs errichten, urteilt der

246 http://www.dehir.hu/debrecen/tonkrement-libasok-eltunt-milliardok-es-rejtelyes-dossziek-—-volt-egyszer-egy-hajdu-bet-2/2013/05/24/

247 http://www.origo.hu/itthon/20111109-elsofokon-bunosnek-talaltak-a-bajnai-gordont-ragalmazo-ujsagirot.html

linke Orbán-Herausforderer Bajnai.[248] Ein Jahr lang ist er in die Rolle des Insolvenzverwalters für Gyurcsány geschlüpft und hat die Regierung abgewickelt. Von 2009 bis 2010 verordnet Bajnai den Ungarn eine kurze, aber heftige Rosskur und heimst dafür Lob in internationalen Wirtschaftskreisen ein. Er kürzt die Renten, verbaut den Ungarn den beliebten Weg in die Frührente, womit er sich auch keine Freunde in der Bevölkerung macht.[249] Im Wahlkampf 2014 gießt die Regierung Orbán Schmutzkübel über der linken Einheitsliste *Gemeinsam* aus, für die auch Bajnai antritt. Transparente erklären das Oppositionsbündnis kurzerhand zur „linken Mafia“, zu sehen sind die Konterfeis der Spitzenkandidaten: Sozialistenchef Mesterházy, der frühere Ministerpräsident Gyurcsány und eben auch Gordon Bajnai. Das Links-Bündnis verliert, die Regierung Orbán hatte zuvor noch das Wahlrecht geändert, das große Parteien eher begünstigt. Auch die Zahl der Abgeordneten im Parlament hat die Regierung annähernd halbiert. Für Wahlverlierer Bajnai ist der kleine Ausflug in die Politik nach der Wahl 2014 vorbei, einmal aussichtsloser Wahlkampf reicht ihm offenbar. Nicht so Viktor Orbán, er strotzt vor Energie und Ausdauer. Er inszeniert einen Dauerwahlkampf – selbst, wenn gerade nicht gewählt wird, stellt er Pappkameraden auf, die er bekämpfen kann. Márta Párdavi vom Budapester *Helsinki Komitee* urteilt, die Regierung Orbán sei seit der Wahl 2014 „im Kampagnenmodus“. Es werde viel Geld aufgewendet, um vor allem den Älteren zu vermitteln, „dass diese Regierung die Beste ist“. Eine politische Alternative gebe es derzeit nicht. „Der Wahlkampf-Modus ist also permanent“.[250]

Biertrinken für das Vaterland

Orbáns Bürochef schaut schwelgerisch gen Himmel, Bierschaum benetzt seine Lippen, der ungarische Kanzleramtsminister János Lázár besucht eine klei-

248 http://www.deutschlandfunk.de/parlamentswahlen-in-ungarn-frei-aber-nicht-fair.724.de.html?dram:article_id=281836

249 http://diepresse.com/home/wirtschaft/eastconomist/519588/Ungarns-Premier_Ich-fuehle-mich-nicht-allein

250 http://www.deutschlandfunkkultur.de/ungarn-vor-dem-fluechtlingsreferendum-ein-land-macht-dicht.979.de.html?dram:article_id=366548

ne Biermanufaktur in Siebenbürgen, die dem ungarisch-stämmigen Bierbrauer András Lenard gehört und die mit der großen *Heineken*-Brauerei über Kreuz liegt. Lenard, Lázár und ein Bierbrauer stoßen an, ungarisches Bier für ungarische Kehlen. Der niederländische Konzern *Heineken* verkauft dort auch Bier, einen Namensstreit um das Produkt entscheidet ein rumänisches Gericht für *Heineken*, *Ciuc Premium* oder *Csíki Bier* – sie klingen so ähnlich, es ist ein Konflikt zwischen einem großen Konzern und einem kleinen, ungarischen Bierbrauer – und damit wie für die Regierung gemacht. „Hier läuft ein Kampf David gegen Goliath“, sagt der Kanzleramtsminister.[251] Den Seitenhieb auf die rumänische Justiz gibt es noch gratis dazu. Das Stadtparlament von Lázárs ungarischer Heimatstadt Hódmezövásárhely ruft zum Boykott des Fremd-Bieres auf,[252] neuer Angriffspunkt ist sogar der rote Stern auf den Kronkorken, laut *Heineken*-Brauerei ein Symbol für die Bestandteile des Getränks, für die Regierung in Budapest ein politisches Symbol. Es sei eine „moralische Verpflichtung“, die kommerzielle Nutzung des roten Sterns per Gesetz zu untersagen, da ja der *Heineken*-Stern „politische Bedeutung habe“.[253] Die Posse geht noch weiter. Die Regierung spricht beim niederländischen Botschafter vor, der „Bierkrieg“ wird immer absurder. Das ungarische Bier wird übergangsweise unter dem rebellischen Namen „Wahres verbotenes Bier“ verkauft.[254] Vor dem Europäischen Patentamt unterliegt *Heineken*. Die Regierung in Budapest kann sich als Schutzmacht der Ungarn in Siebenbürgen inszenieren – und als Kämpfer gegen die Interessen von Großkonzernen.

Unorthodoxe Wirtschaftspolitik – der Griff in die private Rentenkasse

Der Vorwurf, den *Fidesz*-Politiker immer wieder erheben, ist: In den acht Jahren sozialistischer Regierung sei es wirtschaftlich bergab gegangen, die Sozialisten hätten den Interessen der Multis gedient. Sie hätten damit die „Grundlagen der

[251] https://www.nzz.ch/wirtschaft/ungarns-feldzug-gegen-heineken-streit-um-das-wahre-bier-ld.153367

[252] http://www.kormany.hu/en/prime-minister-s-office/news/hungarian-government-encourages-heineken-and-csiki-sor-manufaktura-to-engage-in-talks

[253] http://www.sueddeutsche.de/wirtschaft/heineken-ungarn-will-heineken-logo-verbieten-1.3428507

[254] vgl. https://www.nzz.ch/wirtschaft/ungarns-feldzug-gegen-heineken-streit-um-das-wahre-bier-ld.153367

ungarischen Wirtschaft untergraben", sagt Orbán.[255] In seiner alljährlichen Rede anlässlich der Sommeruniversität im siebenbürgischen Băile Tuşnad gibt der ungarische Premier 2017 gleichsam den Globalisierungsgegner von rechts. Er spricht von einem „Kampf zwischen Ländern", zwischen „Politikern, die von globalen Eliten eingesetzt sind" und „politischen Anführern, die heimattreu fühlen".

WIR gegen DIE, DIE gegen UNS – das Erzählmuster des Ungarn ist das einer Verschwörung der globalisierten Eliten gegenüber der Heimat, das sei typisch für Populisten, sagt der Populismusforscher Cas Mudde: „Die meisten Populisten hassen nicht nur das politische Establishment", schreibt er, „sondern sie kritisieren auch die Wirtschaftselite, die Kulturelite, die Medienelite".[256] WIR gegen DIE DA OBEN, ein geradezu klassenkämpferischer Ansatz, aber mit völkisch-nationalen Vorzeichen. In diesem Kampf, so sagt Orbán, sei es wichtig, „dass Ungarn auf der richtigen Seite steht, nämlich auf der Seite der Heimattreuen".[257] Im Jahre 2010 sei es wichtig gewesen, „dass wir unser Land zurück bekommen (...) unsere Zukunft". Jetzt seien die wichtigsten Wirtschaftsbereiche wieder in nationaler Hand, so Orbán, der Bankensektor, die Medien, die Energiewirtschaft.[258] Er kann sich damit von den Sozialisten absetzen, denen er vorwirft, die Interessen der „Multis" bedient zu haben. Ungarn habe nun ein eigenes politisch-wirtschaftliches System aufgebaut", sagt er in seiner Rede an die Nation Anfang 2017, „das auf uns zugeschnitten ist und unserem Geschmack entspricht". Als Beispiele nennt er das „Heimschicken" des IWF und die Besteuerung der multinationalen Konzerne. Die Menschen hätten den Hochmut und die Obrigkeit, den Zwang der Utopien „satt", sagt er.[259] Ungarn habe eine Rebellion hinter sich. Der *Puszta-Populist* Orbán schlüpft in die Rolle des Vollstreckers eines vermeintlichen Volkswillens. Populisten hätten alle eins gemeinsam, urteilt Forscher Mudde, „ein sorgfältiges Image als Vox Populi".[260]

255 http://www.ma.hu/belfold/109776/Orban_Viktor_az_ero_es_a_siker_alapja_a_nemzeti_gazdasag

256 Mudde, Cas, E-Book, Kapitel Eins, What is populism?

257 http://www.kormany.hu/hu/a-miniszterelnok/beszedek-publikaciok-interjuk/orban-viktor-beszede-a-xxviii-balvanyosi-nyari-szabadegyetem-es-diaktaborban

258 ebd.

259 zit. n. http://diepresse.com/home/ausland/aussenpolitik/5168120/Orban_Haben-eine-Rebellion-hinter-uns

260 Mudde, Cas, E-Book, Kapitel Eins, What is populism?

Doch profitieren die kleinen Leute wirklich davon? Nach dem Prinzip Linke Tasche-rechte Tasche greift Orbán dem Volk, dem er vorgibt zu helfen, auch wieder ins Portemonnaie. Beispiel: Private Rentenvorsorge. Während seiner ersten Amtszeit Ende der 1990er Jahre hatte er seine Ungarn noch zum Einzahlen in die privaten Rentenkassen genötigt. 2010 braucht er Geld, um die Kreditverpflichtungen Ungarns abstottern und den *IWF* rauswerfen zu können und plündert die privaten Rentenkassen kurzerhand. 10 Milliarden Euro wandern in die Staatskasse.[261] Grundlage ist ein Gesetz, „wonach die Pflichtbeiträge für private Rentenversicherungen für mindestens eineinhalb Jahre den staatlichen Pensionsfonds zugeführt werden müssen", schreibt der ehemalige *ARD*-Korrespondent Reinhold Vetter in seinem Länderporträt. „Während die Regierung das Gesetz als Beitrag zur Sanierung des Staatshaushaltes wertete, sprachen die betroffenen Versicherungsfirmen von Enteignung und stellten eine Klage vor europäischen Gerichten in Aussicht. Wenig später kündigte das Kabinett sogar ein Gesetz zur völligen Abschaffung der privaten Rentenkassen an".[262] Eine eiskalte Enteignung der kleinen Leute. Ohne die hätte Ungarn die Maastricht-Latte nach einer Studie der *Friedrich-Ebert-Stiftung* schon längst wieder gerissen.[263] Auf lange Sicht seien die Renten der Ungarn deshalb keineswegs sicher, da die Finanzierung des Systems nicht garantiert sei, so das Fazit. Die Maßnahme sorgt für Verunsicherung. „Die Verstaatlichung als solche stellte die Rechtssicherheit insgesamt in Frage", urteilt der Autor Zoltán Farkas in dem Arbeitspapier.[264]

Die mangelnde Rechtssicherheit beklagen auch deutsche Unternehmer beim Besuch von Kanzlerin Merkel in Budapest im Februar 2016. Die deutsche Industrie- und Handelskammer befragt damals ihre Mitglieder im Ausland. Fazit für Ungarn: Der Rechtsschutz sei eingeschränkt, weil Ungarn die Möglichkeit von Verfassungsklagen gegen Steuergesetze eingeschränkt habe. Es sei für „Unternehmen unzumutbar, sich jahrelang entsprechend diskriminierender Gesetze zu verhalten, bis die (EU-) Kommission eine Entscheidung trifft".[265] Teil der „unor-

[261] http://diepresse.com/home/meinung/debatte/1463943/Orbans-unorthodoxe-Wirtschaftspolitik

[262] Vetter, Reinhold:Ungarn.Ein Länderportrait. S. 155

[263] http://www.fesbp.hu/common/pdf/Nachrichten_aus_Ungarn_mai_2013.pdf

[264] ebd.

[265] https://www.dihk.de/ressourcen/downloads/investitionshindernisse-eu.pdf

thodoxen Wirtschaftspolitik" sind auch Sondersteuern für ausländische Unternehmen, Supermarktketten, Banken, Finanzdienstleister. „Europa und Ungarn sind von der Ära der Bankiers ruiniert worden", schimpft Viktor Orbán in einem Interview 2011. Mit dem Regierungswechsel haben wir die Chance erhalten, die Ära der Bankiers zu beenden (...)."[266] Den „Spekulanten" hatte er bereits einige Jahre vor seinem Wahlsieg auf dem *Fidesz*-Parteitag den Krieg erklärt. „Wir müssen offen erklären, dass der Spekulant und der Trickser zur Vergangenheit gehören", fordert er von den Delegierten auf dem *Fidesz*-Parteitag 2005. Wer Orbán nützt, dem räumt er allerdings einen Sonderstatus ein. Über deutsche Autobauer wie Mercedes und Audi, die Milliarden in Ungarn investiert haben, hält Viktor Orbán seine schützende Hand: Sie profitieren von Fördermitteln und bieten Jobs für ungarische Facharbeiter.[267] Das bessert die Bilanz auf. Schließlich hat der Regierungschef ja eine Million neue Jobs versprochen.

Ländliche Idylle und „grüne Barone"

Viktor Orbán stammt vom Land, er ist ein Mann der Provinz, der es an die Spitze des Landes geschafft hat. Auch viele seiner Wähler kommen vom Land.[268] Der Bauer auf der Scholle ist auch das neue Ideal der ungarischen Regierung, ihn umschmeichelt der ungarische Regierungschef. „Der Boden lehrt den Menschen, die Realität zu akzeptieren", sagt Orbán beim Besuch einer rein ungarischen Glühbirnen-Fabrik in seiner früheren Heimatstadt Székesfehérvár.[269] „Der ungarische Mensch trägt die Liebe zum und die Achtung vor dem Ackerboden in seinen Genen", so Orbán, der Boden gebe „nicht nur Brot, sondern Gemeinschaft, Kultur, Geschichte und Seele, also alles. Deshalb bedeutet für jede Nation ihr eigener Boden mehr als es in irgendeiner Summe Geldes auszudrücken wäre. Was ist das für ein Mensch, der seine eigene Mutter verkauft?"[270]

[266] Orbán Viktor, Interview in Monopol, 19.9.2011, zit.n.Koenen, Krisztina, S. 112

[267] http://www.handelsblatt.com/unternehmen/industrie/mercedes-werk-kecskemet-daimler-investiert-eine-milliarde-euro-in-ungarn/13945184.html

[268] http://www.bpb.de/politik/hintergrund-aktuell/69129/parlamentswahl-in-ungarn-12-04-2010

[269] zit. n. Koenen, Krisztina, S. 114

[270] zit. n. Koenen, Krisztina, S. 115

Österreichischen Großbauern, die langfristige Pachtverträge über Strohmänner in Ungarn abgeschlossen haben, fährt er in die Parade. Orbán entwirft ein idyllisches Bild: Die Scholle, die Wärme spendet und Brot gibt gegen die kalte Welt der Spekulanten und Banker. Zwei Welten, die nicht zusammen gehören in der schwarz-weißen Spin-Welt des ungarischen Regierungschefs. Es ist seine Botschaft an die ländlichen Wähler. Die Bodenreform, die seine Regierung dann aber anschiebt, entspricht allerdings nicht ganz dem Ideal. Wer Boden besitzt, kann auch in Ungarn EU-Fördergelder kassieren und Steuern sparen. Profiteur der Bodenreform ist vor allem die parteieigene Klientel. Die ungarische Boulevardpresse macht eine „Grundbesitzerin mit künstlichen Fingernägeln" berühmt, die von der Bodenumverteilung an „junge Familien" profitiert.[271] Weil sich die Regierung bei der Bodenverteilung vor allem vom Parteibuch, der Treue zur Regierungspartei und privaten Wirtschaftsinteressen leiten lässt, tritt der zuständige Agrarstaatssekretär József Ángyán zurück. Im Komitat Somogy seien jetzt „*Fidesz*-Familien, Schlossbesitzer und Ausländer" die neuen Grundbesitzer, zitiert ihn das Investigativ-Portal *Átlátszó*.[272] Auch in der Heimatgemeinde des Regierungschefs gibt es Profiteure, zitiert ihn die Onlineausgabe der Wochenzeitung *hvg.hu*.[273] Ángyán spricht von „grünen Baronen", „Mafia-Familien", die sich die ehemaligen landwirtschaftlichen Produktionsgenossenschaften unter den Nagel gerissen hätten.[274]

Gewinner und Verlierer

Sie sieht ein wenig aus wie ein Gnom. Zierlich. Knubbelnase. Altes Gesicht. Im Herbst 2013 lerne ich Andrea in einem Wäldchen in Budapest kennen, nicht weit von der Bahnlinie entfernt. Während wir uns unterhalten, donnern die Züge in Richtung Ostbahnhof oder in Richtung Nordost-Ungarn, der ärmsten Gegend des Landes. Das Wäldchen, das die Budapester „Terebesi Erdö" nen-

271 http://www.blikk.hu/aktualis/mar-no-a-kukorica-a-mukormos-birtokan/4emg5d7

272 https://blog.atlatszo.hu/2017/02/angyan-jozsef-fideszes-csaladok-kastelytulajdonosok-kulfoldiek-az-uj-foldbirtokosok-somogy-megyeben/

273 http://hvg.hu/itthon/20131220_Angyan_14_erdekeltseg_vitte_el_a_foldek_k

274 http://index.hu/belfold/2012/03/07/angyan_egy_hos_vagy_egy_bolond/

nen, liegt im Arbeiterbezirk Köbánya, berühmt durch die Brauerei, die während des Sozialismus dünnflüssiges Bier produzierte und von dem Familienbetrieb *Dreher* vor der Pleite gerettet wurde. „In diesem Gebäude wohnen sehr viele Menschen“, sagt sie und zeigt auf ein verfallenes Haus am Waldrand. Andrea lebt mit ihrem Freund Zoltán in einer kleinen Holzhütte, draußen setzt sie einen zerbeulten Teekessel auf offenes Feuer. „Wir haben uns im Obdachlosenasyl kennengelernt“, erzählt sie. „Wir haben hier unser kleines Zuhause und hier leben wir wie eine kleine Familie“. Andrea stammt aus dem Norden Ungarns, sie war auch mal verheiratet, ihr früherer Mann war Briefträger, sie verdiente mit Nähen ein kleines Zubrot. Doch dann verändert sich ihr Leben schlagartig. „Als mein Mann mit 42 Jahren starb, konnte ich die Kreditraten nicht mehr zahlen“, sagt sie. Die Wohnung muss sie verkaufen. „Und so wurde ich obdachlos“. Andrea hat auch erwachsene Kinder, Kontakt habe sie aber keinen, erzählt die freundliche Frau mit dem zerfurchten Gesicht, gezeichnet vom nicht gerade leichten Leben.

Als ich sie treffe, ist sie nicht einmal 50 Jahre alt. Ab und zu übernimmt sie Hilfsarbeiten, „Bürohäuser ausfegen, Gebäudereinigung, Müll wegbringen“, kleine Jobs, die auch unter der Hand vergeben werden, außerdem sammelt sie leere Dosen und bringt sie zum Wertstoff-Händler. „100 Dosen, das ist ein Kilo, dafür bekomme ich umgerechnet etwa 45 Cent“, erzählt sie von ihrem harten Alltag. Sie engagiert sich in der Obdachloseninitiative *A város mindenkié* (Die Stadt gehört allen). Bis heute sieht man jede Nacht auf Pappkartons Obdachlose im Zentrum von Budapest schlafen, obwohl die Regierung das Herumlungern auf der Straße mit hohen Strafen belegt hat. Die Regierung Orbán will die Menschen kanalisieren, in die Obdachlosenasyle zwingen. Und vor allem will sie diese aus dem Stadtbild verschwinden lassen: Aus den Augen, aus dem Sinn. Viktor Orbáns Kabinettschef Lázár findet, „wer es im Leben zu nichts gebracht hat, ist genauso viel wert“.[275/276] Für die Äußerung muss er sich in aller Form öffentlich entschuldigen.

[275] http://www.origo.hu/itthon/20110319-lazar-janos-szerint-akinek-nincs-semmije-az-annyit-is-er.html, http://mandiner.hu/cikk/20110319_lazar_aki_nem_vitte_semmire_az_annyit_is_er, http://nol.hu/belfold/lazar___aki_nem_vitte_semmire_az_eletben__az_annyit_is_er_-1015391

[276] der Originalton ist hier zu hören. https://www.youtube.com/watch?v=QWyS7k9dtOE

Die Vereinten Nationen schätzen, dass alleine in Budapest 10.000 Obdachlose wie Andrea leben, nur für etwa die Hälfte von ihnen gibt es Schlafplätze. Andrea will dort ohnehin nicht sein, sie zieht das Leben im Freien vor. „Dort sind sehr viele. Lärm. Wenn man etwas liegen lässt, findet man es nicht wieder. Ist das ein Leben?“[277] Hier, im Wald von Köbánya, hat sie sich ein Stück Freiheit bewahrt. Zwar liegt überall um ihre Hütte herum Müll, aber ihre kleine Parzelle versucht sie sauber zu halten. Hinter einer speckigen Decke ist ein kleines Plumpsklo. In der Hütte hat sie eine kleine Anrichte neben dem gemachten Bett, darauf ist die Freiheitsstatue zu sehen.

Hochzeitsgesellschaft zwischen Schlaglöchern

Wenige Wochen bevor ich die Obdachlose Andrea im Wäldchen von Köbánya treffe, hat Viktor Orbáns älteste Tochter Rahel geheiratet. Dafür werden sogar Straßen erneuert[278], man feiert auf dem Landsitz der Familie des Schwiegersohns István Tiborcz in Csabdi-Tükröspuszta, es wird gegessen und Schnaps getrunken. „Mit öffentlichem Geld wurde die Straße zu Ráhel Orbáns Hochzeit verschönert“, titelt das Online-Portal *origo.hu*.[279] Die ausführende Baufirma bestätigt die Arbeiten, auf Fotos sind sie zu sehen. Orbáns Sprecher zufolge seien die Berichte lediglich eine „Verleumdungskampagne gegen den Ministerpräsidenten und seine Familie“, teilt Bertalan Havasi mit.[280] Die „Hochzeitsgesellschaft werde sich auf einer der Landesstraßen mit den schlimmsten Schlaglöchern“ bewegen. Orbáns Schwiegersohn jedenfalls wird István Tiborcz, der unter anderem mit kommunaler Straßenbeleuchtung sein Geld verdient hat und von staatlichen Aufträgen profitiert – mitunter auch ohne Ausschreibung, wie ungarische Investigativjournalisten ermitteln.[281] Die Familie Orbán profi-

277 Zitate aus meiner Reportage http://www.deutschlandfunk.de/alltag-in-ungarn-von-traumhochzeiten-und-dosensammlern.724.de.html?dram:article_id=269106

278 http://hvg.hu/itthon/20130905_Orban_Rahel_eskuvo_tanya_Tiborcz

279 http://www.origo.hu/itthon/20130905-kozpenzbol-epult-ut-orban-rahel-eskuvojehez.html

280 zit. n. http://hvg.hu/itthon/20130905_Orban_Rahel_eskuvo_tanya_Tiborcz

281 https://444.hu/2017/01/31/hangfelvetel-bizonyitja-hogy-a-tiborcz-ceg-mar-akkor-targyalt-egy-projektrol-amikor-meg-ki-sem-irtak-ra-a-palyazatot

tiert direkt von öffentlichen Ausschreibungen, nicht nur der Schwiegersohn des Regierungschefs, sondern auch Orbáns Vater und andere Familienmitglieder.[282] Von den Journalisten der Investigativ-Plattform *Direkt 36* darauf angesprochen, wird Ministerpräsident Viktor Orbán schmallippig. „Ich werde nachschauen", gibt er zu Protokoll, ob „seine Familie" als „Unternehmer, Hauptunternehmer oder Subunternehmer" an EU-Projekten beteiligt sei.[283] Auch die Kollegen schauen nach und finden, dass die Firmen der Familie Millionengewinne verbuchen können – mit staatlichen Aufträgen.[284] Der Regierungschef selbst gibt in seiner öffentlich zugänglichen Einkommenserklärung 2017 an, auf dem „gemeinsamen Konto mit meiner Frau" befänden sich lediglich 742.000 Forint, umgerechnet etwa 2.500 Euro, außerdem gibt Viktor Orbán einige Immobilien an.[285] Das ist nicht viel Geld für einen Regierungschef, der seine Tochter Rahel in der Schweiz studieren lassen kann und ihr eine Traumhochzeit ausrichtet. Die Tochter Rahel behauptet, „aus eigener Kraft" mit ihrem Mann ihren Lebensunterhalt bestreiten zu können.[286] Obwohl Rahel keine offizielle Funktion in der Regierung hat, ist das junge Traumpaar an offiziellen Gesprächen der ungarischen Regierung über Gas- und Ölgeschäfte in Bahrain beteiligt.[287] Es sei um „Investitionsmöglichkeiten und Wirtschafts- und Handelsbeziehungen zwischen dem Königreich und Ungarn gegangen", heißt es laut dem ungarischen Internetportal *444.hu* zunächst auf der Website des bahrainischen Energieministeriums, das Königreich macht aus dem Business-Trip später einen „Höflichkeitsbesuch".[288]

Viele ungarische Journalisten beißen sich an den Geschäften der Familie Orbán die Zähne aus, besonders das Heimatdorf Felcsút sorgt für immer neue

[282] https://www.direkt36.hu/category/az-orban-csalad-uzletei/

[283] https://www.direkt36.hu/2017/06/23/igy-magyarazkodott-orban-viktor-az-apja-cegenek-allami-munkairol/

[284] https://www.direkt36.hu/2017/05/30/visszaestek-az-orban-csalad-cegei-de-igy-is-tobb-szazmillioval-gazdagodtak/

[285] http://www.miniszterelnok.hu/wp-content/uploads/2017/01/20170131194303594.pdf

[286] https://444.hu/2014/12/18/orban-rahel-ferjemmel-sajat-eronkbol-boldogulunk

[287] https://444.hu/2016/08/30/orban-rahel-gaz-es-olajbizniszrol-targyalt-bahreinben

[288] http://www.noga.gov.bh/index.php?page=5786

Aufmerksamkeit. Die Journalistin Krisztina Ferenczi war jahrelang „auf den Spuren des Orbán-Vermögens", so auch der Untertitel ihres Buchs „Orangenhaut". Sie beschreibt darin den Aufstieg des Bürgermeisters und früheren Gasinstallateurs Lörinc Mészáros zu einem der reichsten Männer Ungarns.[289] Die linke Opposition vermutet, dass der Felcsúter Bürgermeister eine Art Treuhänder der Familie Orbán sei.[290] Ferenczi zeichnet in ihrem Buch das Felcsúter „Immobilienkarrussel" nach und wie die Familie Orbán zu Großgrundbesitzern wurde.[291] Das Pikante daran ist: Die Europäische Union, gegen die Viktor Orbán nicht müde wird zu Felde zu ziehen, finanziert dieses System mit.[292] „Die moralische Krise vertieft sich, die Korruption hat unfassbare Ausmaße erreicht", beklagt György Gémesi, Bürgermeister von Gödöllö, in dem das Sissi-Schloss steht, eine seit dem Systemwechsel „nie dagewesene Machtkonzentration" finde statt, „Kriminelle scharen sich um die Macht und das große Geld". Das Gesundheitswesen sei dagegen „praktisch nicht mehr funktionsfähig", das Bildungswesen „unaufhaltsam im Niedergang" und es gebe „immer größere soziale Spannungen".[293]

Besuch im Krankenhaus

Im Jahr der Flüchtlingskrise besuche ich meine Tante im Krankenhaus von Mezötúr. Das 20.000-Einwohner-Städtchen liegt im Osten Ungarns. Sie hatte kleinere Schwächeanfälle, liegt deshalb in einem Zweibett-Zimmer in dem kleinen Krankenhaus. Meine Tante freut sich über den Besuch, ich habe ihr etwas Schokolade mitgebracht. Als ich die Toilette im Zimmer benutzen will, fällt mir auf, dass es weder Seife noch Toilettenpapier gibt. Ich frage den Pfleger nach den Hygieneartikeln. „Die gibt es an der Straßenecke", sagt er und schickt mich vor die Tür. Weil er gewohnt ist, mit armen Angehörigen zu tun zu haben, schickt

289 vgl. Narancsbör, S. 9 ff.

290 http://nepszava.hu/cikk/1128324-juhasz-303-milliard-orban-vagyona

291 vgl. Narancsbör

292 vgl. http://www.pesterlloyd.net/html/1719direkt36444huorban.html

293 György Gémesi, Bürgermeister von Gödöllö, in 444.hu godollo-orokos-polgarmestere, 16. 03. 2015, zit. n. Koenen, Krisztina: Orbánismus in Ungarn. Osteuropa , 65. Jg., Heft 11/12 2015, S. 33

er noch hinterher. „Es gibt zwei Läden, den Drogeriemarkt und den anderen Laden. Dort ist es billiger", sagt er.

Die Regierungspropaganda dagegen malt ein Land in rosa Farben. „Ungarn macht es besser", lautet ein Slogan, oder „Ungarn wird stärker". Die aktuellen Wirtschaftsdaten sehen auf den ersten Blick gut aus.[294] Aber eben nur auf den ersten Blick. Die Arbeitslosenstatistik verschleiert, dass sich zeitweise eine Viertelmillion Ungarn mehr schlecht als recht in gemeinnützigen Jobs über Wasser hält, die noch dazu nach Gutsherrenart verwaltet werden.[295] Es kommt auch vor, dass *Fidesz* die Gemeinnützigen als Parteiarmee einsetzt. Mal müssen kommunal Beschäftigte Wahlplakate der Opposition abreißen, mal werden Niedriglöhner entlassen, weil sie sich für die Opposition engagieren. Im Städtchen Érpatak hat der rechtsextreme Bürgermeister Mihály Zoltán Orosz ein Willkür-System errichtet, das vor allem die örtliche Roma-Bevölkerung kujoniert. Wer Holz sammelt, wird bestraft, Demütigungen sind an der Tagesordnung, beschreibt der *WDR*-Film „Der Dorf-Diktator" das Regime Orosz.[296] Er teilt die Menschen in „Erbauer" und „Zerstörer" ein. Die Regierung toleriert das. „Wir haben es mehr und mehr mit einem strafenden Staat zu tun", meint die Grande Dame der ungarischen Soziologie, Zsuzsa Ferge, „ich würde sogar sagen, einem Staat, der Rache an den Armen übt, die vermeintlich jahrelang auf Kosten der Steuerzahler gelebt haben."[297] Ungarische Kommunen entdecken die gemeinnützige Arbeit auch schon als eigenwilliges Sparprogramm. „Es gab schon Beispiele von Gemeinden, die Angestellte entließen, um sie durch Arbeitslose zu ersetzen", erzählt Sándor Richter vom Wiener *Institut für Vergleichende Wirtschaftsforschung*, so dass die Regierung mittlerweile sogar über eine Rolle rückwärts bei den kommunalen Jobs nachdenkt.[298]

[294] http://wko.at/statistik/eu/wp-ungarn.pdf

[295] vgl. http://www.spiegel.de/wirtschaft/soziales/viktor-orban-wirtschaft-und-armut-in-ungarn-moderne-sklaverei-a-1159108.html

[296] https://www.youtube.com/watch?v=z6SGOCKQ7vM

[297] http://www.spiegel.de/wirtschaft/soziales/viktor-orban-wirtschaft-und-armut-in-ungarn-moderne-sklaverei-a-1159108.html

[298] http://cicero.de/aussenpolitik/die-illiberale-demokratie-ungarn-ein-autoritaerer-kapitalismus/58999 und http://nepszava.hu/cikk/1120082-megszunhet-a-kozmunka

Eine Million Jobs hat Orbán versprochen – die meisten Arbeitsplätze dürften Ungarn im Ausland gefunden haben. Bis zu einer halben Million Menschen suchen ihr Auskommen mittlerweile in Österreich, Deutschland und Großbritannien, schätzt der Ungarische Notenbankchef.[299] Laut europäischer Statistik darf in den meisten ungarischen Haushalten die Waschmaschine oder das Auto nicht kaputtgehen. 60 Prozent der Ungarn können sich solche unvorhergesehenen Ausgaben schlicht nicht leisten.[300] Das ist die die Kehrseite von Viktor Orbáns „unorthodoxer Wirtschaftspolitik". Von der Flat-Tax, die Viktor Orbán sogar per Kardinalsgesetz in Verfassungsrang erhoben hat,[301] hätten vor allem die Wohlhabenden profitiert, meint die ungarische Soziologin Zsuzsa Ferge. Die oberen zehn Prozent der Ungarn hätten nun 1,6 Milliarden Euro mehr in der Tasche, die Ärmeren zahlten die Zeche, sie hätten jetzt 650 Millionen Euro weniger. „Die Sozialpolitik der Regierung Orbán hat größtenteils nicht den Ärmeren, sondern den Wohlhabenderen geholfen", resümiert sie im Interview mit *Spiegel Online*.[302]

299 http://derstandard.at/1363239012346/Immer-mehr-Ungarn-kommen-nach-Oesterreich

300 http://ec.europa.eu/eurostat/statistics-explained/index.php/People_at_risk_of_poverty_or_social_exclusion#Income_poverty:_17.3.C2.A0.25_of_the_population_in_the_EU-28_facing_risk_of_poverty

301 http://derstandard.at/1324501206109/Barroso-dagegen-Ungarn-hebt-Flat-Tax-in-Verfassungsrang

302 http://www.spiegel.de/wirtschaft/soziales/viktor-orban-wirtschaft-und-armut-in-ungarn-moderne-sklaverei-a-1159108.html

10. „Pseudo-Zivile“ und „Soros-Mafia“ – Frontal-Angriff auf die Freiheit

Der Angriff auf die Zivilgesellschaft

„Demokratie“, fordern einige Dutzend Demonstranten in Budapest, ein kleines Häuflein hat sich vor dem Budapester Büro der Stiftung *Ökotárs* aufgebaut, sie steht den ungarischen Grünen nahe. Breitschultrige Bereitschaftspolizisten durchsuchen die Räume, sie beschlagnahmen Akten und Rechner, auch einige Wohnungen werden von der Polizei durchsucht. „Sie kamen mit 20 Polizisten“, erzählt die *Ökotárs*-Vorsitzende Verónika Móra, „durchsuchten den ganzen Tag lang unser Büro und auch die Wohnung unserer Buchhalterin“. Sie selbst sei dann abends von der Polizei in ihre Wohnung begleitet worden, „um meinen Laptop zu beschlagnahmen“. Vor dem Büro der Stiftung, die unter anderem aus Norwegen Fördergelder erhält, protestieren die Aktivisten. „Das ist ein Feldzug gegen die Zivilgesellschaft“, schimpft der *Greenpeace*-Aktivist Zsolt Szegvári vor dem Büro ins Megafon. Eine Polizeisprecherin erklärt, es gehe um den Verdacht der „Veruntreuung von Geldern“, kurzum „illegale Finanzaktivitäten“.[303] Zuvor hatte die staatliche Kontrollbehörde *Kehi* bereits ein gutes Dutzend Organisationen unter die Lupe genommen, darunter die Bürgerrechtsbewegung *TASZ*. Aus dem Fonds *Norway Grants* fließen pro Jahr etwa 125 Millionen Euro nach Ungarn. Damit werden Projekte von Nichtregierungsorganisationen finanziert, die sich für Menschen-, Bürger- und Freiheitsrechte einsetzen – auch das regierungskritische Online-Portal *átlátszó*, für das führende Investigativjournalisten

[303] https://wwward-wien.de/2014/09/10/modell-putin-regierung-orban-geht-gegen-ngo-vor/

die Korruption in Ungarn unter die Lupe nehmen. Der Regierung sind sie unter anderem deshalb ein Dorn im Auge, weil sich die Enthüller auch *Fidesz*-Parteimitglieder vornehmen.

Die Razzia ist der Auftakt zu einer Kampagne gegen die NGOs, es sind Organisationen wie *Transparency International, TASZ*, Umweltbewegungen, Roma-Organisationen – sie alle schauen der Regierung auf die Finger, mahnen Demokratie, Rechtsstaatlichkeit, Meinungsfreiheit, Minderheitenrechte und Korruptionsbekämpfung an. Auf einen Nenner gebracht: Sie sind regierungskritisch. Und deshalb geraten sie ins Visier. In seiner alljährlichen Rede anlässlich der Sommeruniversität im siebenbürgischen Băile Tușnad gibt der Regierungschef im Sommer 2014 die Kampf-Parolen aus. „Es handelt sich um Polit-Aktivisten", behauptet er, „die hier ausländische Interessen vertreten". Sie seien nicht gewählt und wollten sich doch in die ungarische Politik einmischen. Sie seien „bezahlt von Ausländern", von „bestimmten politischen Zirkeln oder Interessengruppen". Deshalb sei es wichtig, dass alle in Ungarn wüssten, „wer die Personen hinter der Maske sind."[304] Die Norweger frieren die Zahlungen ein. Vidar Helgesen, Europaminister des skandinavischen Landes, wirft der ungarischen Regierung im Rundfunk „Vertragsbruch" vor, denn der ungarische Kanzleramtsminister Lázár wollte das Geld der Norweger selber verteilen. Im Klartext: es umleiten an regierungsnahe Organisationen. „Wir appellieren an die EU", so der skandinavische Politiker, „nicht zuzulassen, dass in einem EU-Mitgliedstaat demokratische Grundwerte ausgehöhlt werden." Die Regierung fertigt eine Schwarze Liste unliebsamer NGOs an, die daraufhin Klage einreichen. Der Demonstrant Károly Füzessi hält die Razzia für ein abgekartetes Spiel. „Die Aktion kam auf Bestellung", glaubt er.[305]

Für die ungarische Regierung ist 2014 ein besonders wichtiges Jahr, sie ist im permanenten Wahlkampfmodus. Im April gewinnt sie die Parlamentswahlen, wenige Wochen später folgen schon die Europawahlen und im Herbst des Jahres werden die Bürgermeister in den ungarischen Kommunen und Selbstverwal-

[304] http://budapestbeacon.com/public-policy/full-text-of-viktor-orbans-speech-at-baile-tusnad-tusnadfurdo-of-26-july-2014/10592

[305] Zitate n. https://www.ard-wien.de/2014/09/10/modell-putin-regierung-orban-geht-gegen-ngo-vor/

tungen neu bestimmt. Er wolle gar nicht über die Wahlen reden, kokettiert der Regierungschef anlässlich seines üblichen Sommerauftritts in Băile Tușnad.[306] Dann führt er sein neues Staatsmodell ein, eine krasse Abkehr von freiheitlichen Wertvorstellungen: „Wir müssen feststellen, dass eine Demokratie nicht zwingend liberal ist", sagt Orbán. „Denn nur weil etwas nicht liberal ist, kann es immer noch eine Demokratie sein".[307] Was in Ungarn derzeit geschehe, könne man als einen Versuch interpretieren, die Interessen des Einzelnen und der Nation zu harmonisieren. „Die ungarische Nation ist nicht einfach die Summe von Individuen, sondern eine Gemeinschaft, die organisiert, gestärkt und entwickelt werden muss", sagt Orbán, „in diesem Sinne ist der neue Staat, den wir bauen, ein illiberaler Staat, ein nicht-liberaler Staat".[308] Dabei stört den machtbewussten Ministerpräsidenten die Zivilgesellschaft, die sich für liberale Werte einsetzt, bürgerliche Freiheiten, Minderheitenrechte, Rechtsstaat, Demokratie. Einen solchen, illiberalen Staat könne man auch innerhalb der Europäischen Union schaffen, behauptet Viktor Orbán. „Unsere EU-Mitgliedschaft schließt das nicht aus".

Wenige Wochen nach dieser Rede stürmen Polizisten das *Ökotárs*-Büro in Budapest, *TASZ*-Geschäftsführerin Stefánia Kapronczay spricht von einer „Putinisierung Ungarns".[309] Aus Washington bekommt Orbán massiven Druck: US-Präsident Obama und seine Budapester Geschäftsträgerin, die Botschafterin Colleen Bell, kritisieren das Vorgehen der Regierung Orbán gegen die Zivilgesellschaft.[310] In einer Rede vor der *Clinton Global Initiative* in New York sagt der damalige US-Präsident, Nichtregierungsorganisationen würden „von Ungarn bis Ägypten mit nicht endender Reglementierung und offener Einschüchterung immer massiver ins Visier genommen".[311] Im US-Wahlkampf für seine

306 http://budapestbeacon.com/public-policy/full-text-of-viktor-orbans-speech-at-baile-tusnad-tusnadfurdo-of-26-july-2014/10592

307 http://budapestbeacon.com/public-policy/full-text-of-viktor-orbans-speech-at-baile-tusnad-tusnadfurdo-of-26-july-2014/10592

308 http://budapestbeacon.com/public-policy/full-text-of-viktor-orbans-speech-at-baile-tusnad-tusnadfurdo-of-26-july-2014/10592

309 http://www.spiegel.de/politik/ausland/ungarn-orban-will-ngos-zum-schweigen-bringen-a-990770.html

310 http://www.tagesanzeiger.ch/ausland/europa/Fuer-die-USA-ist-Orban-ein-Neofaschist/story/28319498

311 http://www.tt.com/home/9017729-91/us-pr%C3%A4sident-obama-kritisierte-budapest-wegen-druck-auf-ngos.csp

Frau Hillary legt auch der frühere US-Präsident Bill Clinton noch nach: „Ungarn und Polen", so Bill Clinton, hätten beschlossen, „dass diese Demokratie zu anstrengend" sei. Sie wollten dem Putin-Modell folgen, eine „autoritäre Diktatur" errichten. Und „die Fremden sollen draußen bleiben".[312]

Doch dann dreht sich der Wind. Donald Trump gewinnt die US-Wahl, der Populist wird neuer US-Präsident, in Budapest spürt man Rückenwind. Orbán lässt einen Testballon fliegen. Die ungarische Regierung bringt ein Gesetz auf den Weg, das die Nichtregierungsorganisationen stigmatisiert. Pate stehen der russische Präsident Putin und der Israeli Netanjahu. Das Gesetz sieht vor, dass alle NGOs, die im Jahr mehr als 23.000 Euro Förderung aus dem Ausland bekommen, sich bei Gericht gesondert registrieren lassen und öffentlich mit dem Etikett „aus dem Ausland finanziert" kennzeichnen müssen. Das Wiener Online-Medium *Pester Lloyd* spricht von einem neuen „Judenstern", der ungarische Regierungssprecher Zoltán Kovács schwadroniert im privaten Fernsehsender *ATV*, „Soros-unterstützte NGOs" konspirierten in einer „absurden Koalition" mit Terrororganisationen und Menschenhändlern"; die sogenannten „Menschenrechtsaktivisten" wollten „Wirtschaftsflüchtlinge nach Ungarn einschleusen" und die ungarische Politik beeinflussen, „obwohl sie niemand gewählt hat".[313] Gegen das Gesetz klagen zwei Dutzend NGOs vor dem ungarischen Verfassungsgericht, die EU-Kommission leitet ein Vertragsverletzungsverfahren ein. Und Tausende Ungarn gehen auf die Straße. „Orbán, hau ab", rufen sie und halten dabei Europafahnen in die Höhe. Auf dem Budapester Heldenplatz formen die Menschenmassen ein Herz rund um das Wort *Civil* als Ausdruck des Respekts für die Zivilgesellschaft, die Polizei muss den Sitz der Regierungspartei *Fidesz* vor den aufgebrachten Demonstranten schützen, die „Schmutzige *Fidesz*" skandieren. Auf einer der Kundgebungen spricht auch die *Ökotárs*-Chefin Verónika Móra und geißelt den NGO-Gesetzentwurf. „In Putins Russland möchten sie so den Menschen Angst machen, die dem Chef nicht gefallen", ruft sie in die Menge. Zsolt Semjén, Vorsitzender des Mini-Koalitionspartners *KDNP*, setzt zum rhetorischen Zirkelschluss an und versucht, den massiven Wider-

[312] https://www.bloomberg.com/news/articles/2016-05-17/bill-clinton-scolds-poland-hungary-for-putin-like-leanings

[313] zit. n. http://www.pesterlloyd.net/html/1714antingogesetz.html

stand gegen die Regierung noch zu einem Sieg umzumünzen: Wenn Nichtregierungsorganisationen wie das ungarische *Helsinki Komitee* über sein „Agentennetzwerk" soviele Menschen mobilisieren könne, „dann macht uns das umso mehr auf die Gefahr aufmerksam, dass sie Aktivitäten entfalten können, die sich gegen ungarische Interessen richten".[314]

„Hintergrundmacht Soros"

Im Frühjahr 2017 lässt der *Puszta-Populist* Orbán die letzten Hemmungen fallen. Von Plakatwänden lächelt der ungarisch-stämmige Multimilliardär George Soros. „Lassen wir nicht zu, dass Soros als Letzter lacht", ist die Bildunterschrift. Im staatlichen Fernsehen laufen gleichlautende, 28 Sekunden lange Spots, die eine neue „nationale Konsultation" begleiten. 99 Prozent der Menschen seien „gegen illegale Einwanderung", heißt es in dem Spot. George Soros dagegen wolle sie ermöglichen und Grenzen entfernen. „Das ist empörend", urteilt die Stimme aus dem Off. Zu sehen sind Bilder von steinewerfenden Flüchtlingen und einem Grenzzaun. Soros sei der „weltweit einflussreichste Milliardär", heißt es in dem Filmchen weiter. Nach etwa einer halben Minute endet der Spot mit der Aufforderung: „Lassen wir nicht zu, dass Soros als Letzter lacht".[315] Ein Plakat der *Fidesz*-Jugendorganisation *Fidelitas* zeigt ergänzend Soros, der an Fäden verschiedene Marionetten zieht: die politische Opposition – den sozialistischen Oppositionsführer und Orbán-Herausforderer Botka und den rechtsextremen Anführer Gábor Vona. Für diese *Dirty Campaign,* diese Schmutzkampagne im Stil des nationalsozialistischen *Stürmer* muss sich Viktor Orbán den Vorwurf des Antisemitismus gefallen lassen. Der Vorsitzende des Verbandes der Jüdischen Gemeinden in Ungarn schreibt dem Ministerpräsidenten einen Brief mit der Bitte „diesen Alptraum so bald wie möglich zu beenden". Auch der israelische Botschafter in Budapest veröffentlicht auf seiner Facebook-Seite die Warnung, diese Plakate riefen „traurige Erinnerungen wach" und „schürten Hass und Angst". Israels Regierung dagegen verschickt eine „Klarstellung", die betont, zwar wehre man sich gegen Antisemitismus und stehe hinter den jüdi-

[314] https://www.ard-wien.de/2017/04/13/wieder-massenproteste-in-ungarn/

[315] zit. n. https://mno.hu/belfold/soros-a-fogonosz-a-kormany-uj-videojaban-2405809

schen Gemeinden in aller Welt. Aber damit solle keineswegs „Kritik an George Soros" entkräftet werden, der „fortwährend Israels demokratisch gewählte Regierungen untergräbt, indem er Organisationen finanziert, welche den jüdischen Staat verleumden und ihm das Recht nehmen, sich selbst zu verteidigen".[316] Soros unterstützt Organisationen, die den zunehmend autoritären Kurs in Israel kritisieren. Die Plakate, der Austausch von Noten, die hohe Erregungskurve in der Öffentlichkeit ist die Begleitmusik zum Besuch des israelischen Ministerpräsidenten Netanjahu in Budapest. Der Regierung Orbán kommt das sehr gelegen: Es ist jüdische Rückendeckung für eine antisemitische Kampagne. Kurz zuvor hatte der ungarische Regierungschef den autoritären ungarischen Zwischenkriegsherrscher Miklós Horthy als „außergewöhnlichen Staatsmann" bezeichnet.[317] Dessen Amtszeit war geprägt von anti-jüdischer Gesetzgebung.

Ein Feindbild wie aus dem Bilderbuch

George Soros, der Jude aus Budapest, ist dem Holocaust entgangen, weil der Vater die Familie versteckt. Er studiert bei dem Philosophen Karl Popper und macht sich dessen Idee der *Offenen Gesellschaft* zu eigen. Als Finanzjongleur wird der Popper-Schüler Soros berühmt und baut ein großes Vermögen auf. Aber er will das Geld nicht nur für sich: Der Liberale will die Entwicklung von Demokratie unter liberalen Vorzeichen in Osteuropa fördern, auch in seiner Heimat Ungarn. Einer der von Soros Geförderten ist Viktor Orbán, zu Wendezeiten noch Jura-Student. Ihm ermöglicht Soros ein Stipendium in Oxford; in einer Videoaufnahme bestätigt der ungarische Ministerpräsident das. Auch andere *Fidesz*-Politiker, die heute zur Führungsriege zählen, bekommen von Soros Unterstützung, etwa Parlamentspräsident László Kövér oder Staatspräsident János Áder, Regierungssprecher Zoltán Kovács bessert sein Englisch mit Geld des Philantropen Soros auf. Kovács besucht auch die renommierte *Central European University,* die Soros nach der politischen Wende gründet.[318] Die Privatuniver-

316 zit. n. http://www.faz.net/aktuell/politik/kritik-an-kampagne-gegen-soros-wegen-antisemitismus-15100204.html

317 http://mandiner.hu/cikk/20170621_orban_horthy_miklos_kiveteles_allamferfiu

318 https://mno.hu/belfold/rengeteg-penzt-kapott-sorostol-a-fidesz-es-szemelyesen-orban-2394655

sität ist eine Kaderschmiede für die wirtschaftliche und politische Elite in ganz Ost- und Südosteuropa, hier drücken künftige Präsidenten und Konzernbosse die Schulbank. Und die gerät im Frühjahr 2017 ins Visier der Regierung in Budapest. Künftig soll die Bildungseinrichtung nicht nur einen Campus in Ungarn vorweisen, sondern auch im Heimatland, also den USA. Das ruft die EU auf den Plan, aber auch die USA stellen sich vor die Bildungseinrichtung, Soros selbst spricht in Brüssel bei der EU-Kommission vor. In Ungarn gehen Zehntausende auf die Straße. Da nicht sein kann, was nicht sein darf, erfinden die *Fidesz*-Propagandisten eine weltweite Verschwörung. Der *Fidesz*-Parteisprecher setzt die Idee eines „Agentennetzes“ in die Welt[319], in seinem wöchentlichen Radio-Interview spricht der Regierungschef von einer „Soros-Mafia“.[320] Die Demonstranten, die gegen die Regierung zu Zehntausenden auf die Straße gehen, diffamiert das Regime als „Soros-Söldner“[321], die mit „Gratis-Flug-Tickets“ und in Bussen angekarrt würden, berichtet die regierungstreue Presse.[322] Dabei sei Ungarn ein Bollwerk gegen die Million Migranten, die Soros jährlich nach Europa bringen wolle, sagt Viktor Orbán.[323]

Schon zwei Jahre zuvor, auf dem Höhepunkt der Flüchtlingskrise, hatte Orbán seinen einstigen Gönner Soros als „Hintergrundmacht“ entdeckt, der die Strippen aus dem Hintergrund zieht. Die gängige Verschwörungstheorie lautet: Die eigene, linke Opposition ist zu schwach, um der Regierung gefährlich werden zu können. Deshalb sucht sie sich Verbündete im Ausland – man habe es also mit einer linksliberalen Verschwörung zu tun.[324] „Angesichts dieser Verschwörung, dieses Verrats müssen wir uns dem Volk zuwenden“, sagt Orbán im Herbst 2015 auf dem Höhepunkt der Flüchtlingskrise. Der ungarisch-stämmige Jude Soros stecke dahinter, dass jeden Tag Tausende Menschen „nach Europa geliefert werden“.

319 http://magyarhirlap.hu/cikk/85940/fidesz_Soros_12_milliard_forintbol_epitett_alternativ_ellenzeket

320 http://www.handelsblatt.com/politik/international/ungarns-premier-orban-kritik-von-soros-gleicht-kriegserklaerung/19889358.html

321 https://888.hu/tag-soros-berenc=18d61005eb05ffab886d9e4b8782fe30

322 https://888.hu/article-soros-mindent-elintezett-megsem-jottek-a-tuntetok

323 zit. n. https://dailynewshungary.com/interview-pm-orban-soross-network-hungary-like-mafia/

324 http://mandiner.hu/cikk/20151030_orban_a_migracio_baloldali_osszeeskuves_europa_ellen

George Soros ist der perfekte Sündenbock. „Soros' angebliche finstere Umtriebe sind dabei, das zu werden, was die „Protokolle der Weisen von Zion" für viele Jahrzehnte waren: die antisemitische Verschwörungstheorie für alle Zwecke," schreibt Jonas Schaible in der Wirtschaftszeitung *Capital* über den „Staatsfeind Nr. 1".[325] Mit Angriffen auf den Juden Soros lassen sich Wähler am äußersten rechten Rand für *Fidesz* begeistern, die rechtsextreme *Jobbik* kann Orbán so schwächen. Antikapitalistische Impulse kann er mit dem „Spekulanten Soros"[326] kanalisieren und antiliberale Stimmungen. Soros ist der perfekte Sündenbock: „Soros ist Börsenspekulant und Amerikaner, er ist Jude und spricht die Weltsprache Esperanto", schreibt Jonas Schaible, warum sich der Multimilliardär so als Feindbild eignet. „Er verkörpert gleichzeitig den Internationalismus, das Kapital, den US-Imperialismus und das Finanzjudentum – und taugt damit als Feindbild für viele Linke und eigentlich für alle Spielarten der extremen Rechten."[327]

George Soros hat von seinem Milliardenvermögen einen beträchtlichen Anteil für Demokratie-Entwicklung in Osteuropa abgezweigt, er mischt sich tatsächlich ein. In Ungarn unterstützt er Organisationen wie *Transparency International* oder die Bürgerrechtsbewegung *TASZ*, Organisationen, die sich für Demokratie, Rechtsstaat, Bürgerrechte, Pressefreiheit, kurz: eine offene Gesellschaft einsetzen. Damit ist er zu Orbáns Gegenspieler geworden, der einen „illiberalen Staat" aufbauen will. Soros wolle „die Nationalstaaten schwächen", meint Orbán.[328] Hinter den Anti-Soros-Kampagnen in Ungarn und anderen Ländern steckt Jonas Schaible zufolge letztlich nur eins: ein Kampf um die Macht. „Sie kritisieren Soros nur, um Widerspruch zu erschweren und so ihre Macht auszubauen", urteilt der *Capital*-Autor. „Gerade die autoritärsten Machthaber der westlichen Welt zählen zu seinen lautesten Kritikern." Und die standen früher auf seiner Payroll. Als die heutige *Fidesz*-Führungsmannschaft noch libe-

325 http://www.capital.de/meinungen/george-soros-staatsfeind-nr-1.html

326 http://www.handelsblatt.com/politik/international/ungarns-premier-orban-kritik-von-soros-gleicht-kriegserklaerung/19889358.html

327 http://www.capital.de/meinungen/george-soros-staatsfeind-nr-1.html

328 zit. n. http://diepresse.com/home/ausland/aussenpolitik/4992567/Orban_Der-Mund-gehoert-Clinton-die-Stimme-gehoert-Soros

ral war, bezahlte der Sponsor Soros ihr großzügig Stipendien und Kopierer. Regierungssprecher Kovács behauptete gegenüber der *Süddeutschen Zeitung*, es gebe kein Problem mit Soros persönlich, aber niemand habe ihm „je ein demokratisches Mandat gegeben“, trotzdem habe er sich „zum politischen Akteur gemacht“.[329] Lange schweigt der Attacktierte, auf dem Europäischen Wirtschaftsforum in Brüssel meldet er sich dann doch zu Wort und geißelt Orbáns Ungarn als „Mafia-Staat“. Die Ungarn, die sich dem Machtanspruch Orbáns widersetzten, nennt er „mutig“.[330] Der Fehdehandschuh landet direkt im Gesicht des Budapester Premiers. Viktor Orbán wertet die Äußerungen des liberalen Multimilliardärs denn auch als „Kriegserklärung“.[331] Das Tischtuch zwischen einstigem Gönner und früherem Schüler ist damit wohl zerschnitten. Dass Viktor Orbán heute so gegen seinen einstigen Gönner Soros giftet, sei „niederträchtig“, sagt mir Paul Lendvai im Gespräch. Dass Orbáns Verhalten schäbig ist, das weiß der ungarische Ministerpräsident wohl selbst. „Heute würde George Soros mir kein Stipendium mehr geben“, bestätigt er schon 2014 in einer Parlamentsdebatte.[332]

[329] http://www.sueddeutsche.de/politik/ungarn-george-soros-ungarns-erklaerter-staatsfeind-1.3658281

[330] http://derstandard.at/2000058602183/George-Soros-attackierte-ungarische-Regierung-als-korrupt

[331] http://www.handelsblatt.com/politik/international/ungarns-premier-orban-kritik-von-soros-gleicht-kriegserklaerung/19889358.html

[332] https://www.youtube.com/watch?v=OzAvnPi9pS8

11. Orbán aus allen Rohren: Medien und Fragebögen

An der Pinnwand über meinem Schreibtisch hängen ein paar Karikaturen, eine zeigt Viktor Orbán als *Csikós.* Man kennt die kühnen Reiter in ihren weiten Hosen und mit langen Peitschen von Freiluft-Auftritten vor Touristen in Hortobágy. Sie donnern vor den Kameras der Besucher durch die staubige Puszta, stehen auf fünf Pferden. Das ist der sogenannte *Puszta-Fünfer.* Die Karikatur bezieht sich darauf. Allerdings steht Orbán nicht auf Pferden, sondern auf dem Rücken von Journalisten mit Maulkorb, die in einen Laptop tippen. Orbán treibt die Journalisten mit der Peitsche an. Das Bild führt ein wenig in die Irre. Es gibt noch Pressefreiheit in Ungarn, aber in den Medien singt ein Chor, in dem eine Tonlage deutlich dominiert, nämlich die Stimme des *Fidesz.* Die Medienbehörde selbst hat dieses Ungleichgewicht in einer Analyse der Fernsehnachrichten festgestellt.[333] Das Fernsehen ist noch immer das mediale Lagerfeuer, um das sich die Menschen in der Puszta, im Bükk-Gebirge und am Plattensee scharen. „Das ist die Hauptinformationsquelle der Ungarn", sagt Ágnes Urbán vom Budapester Medienforschungsinstitut *Mérték*. Die Sicht der Regierungspartei, die Köpfe der Regierungsvertreter und das Konterfei von Viktor Orbán selbst flimmern tagtäglich dominant in die Wohnzimmer. Aber auch am Kiosk ist das Angebot etwas einfarbig, hat die Medienforscherin am Beispiel eines Dorfes am Plattensee wissenschaftlich untersucht. „Dort bekommen sie keine regierungskritischen Zeitungen", sagt sie über die Medienvielfalt in der ungarischen Provinz.[334] „Das Medienangebot auf dem Land ist etwas einseitig", bestätigt auch

333 vgl. http://cmpf.eui.eu/media-pluralism-monitor/mpm-2016-results/hungary/#_ftn12

334 Interview mit Ágnes Urbán, Herbst 2016

der frühere Chefredakteur der linken Tageszeitung *Népszava,* Péter Németh.[335] Anders als die Linken habe Orbán schon sehr früh begriffen, wie wichtig es sei, ein eigenes Medienimperium aufzubauen, meint der Journalist Németh, als ich ihn zum Interview in Budapest treffe. In den vergangenen Jahren hat die Regierung deshalb viel Geld in den Kauf und die Neugründung von regierungsnahen Medien wie *Magyar Idök* oder dem etwas jugendlicheren Portal *888.hu* gesteckt, die Eins-zu-Eins die Regierungslinie abbilden – die *Prawda* von heute sind diese Publikationen.

Als der Europäische Gerichtshof die Klagen der Slowakei und Ungarns gegen die Flüchtlingsquote abweist, ziehen die regierungsnahen Medien alle Register. Häme für die Kritiker, Botschaften der Stärke für die eigenen Anhänger. Da wird einerseits zum „Kampf" geblasen, andererseits verkünden Viktor Orbán sowie sein Wirtschaftsminister Mihály Varga, die ungarische Wirtschaftsentwicklung werde von der EuGh-Entscheidung nicht beeinträchtigt. „Ungarn hat das aus eigener Kraft geschafft", wird Viktor Orbán zitiert. Klickt man die Artikel an, poppt Regierungspropaganda auf. Regierungsnahe Umfrage-Institute werden mit der Meldung zitiert, es könne bei der nächsten Wahl vielleicht erneut für eine Zweidrittel-Mehrheit des *Fidesz* reichen. Dazwischen erscheinen Anzeigen und Werbebanner für die beiden Regierungsparteien. Botschaften der Stärke und Bilder einer ungarischen Idylle sollen Kritik neutralisieren. Kritiker werden mit Häme übergossen.

Publizistische Kanone gegen Orbán-Kritiker

Im medialen Waffenarsenal übernimmt das Online-Portal *888.hu* die Rollen der publizistischen Kanone und des digitalen Prangers gegen kritische Berichterstatter ein. Von einem Foto lacht der ungarische Multimilliardär George Soros, Überschrift: „Die Liste: Wir stellen die Soros-Propagandisten aus dem Ausland vor". Es folgen die Namen einiger ungarisch-stämmiger Journalisten, die auch für internationale Medien wie *ZDF*, *Bloomberg* oder die Agentur *Reuters* arbeiten. Der Fotograf László Balogh hat 2016 für seine Fotos von Flücht-

[335] vgl. Ozsváth, Stephan: Orbáns Imperium, Falter 7/2017, S. 20 ff.

lingen den Pulitzer-Preis bekommen. Für Orbáns Propagandisten sind sie „Soros-Sprachrohre", die den ungarisch-stämmigen Juden als ihren „Sugardaddy ansähen". In der Freund-und-Feind-Welt des *Fidesz* sind sie gleichsam die „Vaterlandsverräter".

Eine „laute Minderheit mit großem Medieneinfluss" unternehme alles, um vor der internationalen Öffentlichtlichkeit Ungarn herunterzumachen, „das Ungarn, dessen Renommee ungarische *Heimattreue* über hunderte Jahre aufgebaut haben", schimpft das Portal.[336] Die Verfemten eint, dass sie sich kritisch über den ungarischen Ministerpräsidenten geäußert haben, lassen die *888.hu*-Redakteure die Leser wissen. „Das überrascht mich nicht", urteilt die Medienforscherin Ágnes Urbán, die Regierung versuche so, „die Glaubwürdigkeit von unabhängigen Journalisten zu untergraben". Der ungarische Journalistenverband *MÚOSZ* reagiert in einer Stellungnahme auf die Diffamierungskampagne, es sei „nicht strafbar, mit George Soros zu sympathisieren, noch für ein Medium zu arbeiten, an dem er beteiligt" sei, all das verhindere „korrekte journalistische Arbeit" nicht.[337] *888.hu* unterschlägt die *MÚOSZ*-Replik nicht, veröffentlicht sie allerdings unter der hämischen Überschrift: „Wir haben einen Preis vom *MÚOSZ* bekommen".[338] Der *Fidesz*-Jugendverband *Fidelitas* postet zeitgleich auf seiner Facebook-Seite ein Foto von zwei bewaffneten Grenzschützern im morgendlichen Zwielicht, locker tragen sie ihre Kalaschnikows umgehängt. Bild-Text: „Die wahre Schlacht beginnt jetzt erst!" Im Kommentarfeld heißt es nur knapp: „Brüssels Verrat!"[339]

„Es ist kein Zufall", dass die regierungstreuen Medien nach der Niederlage der Regierung vor dem Europäischen Gerichtshof in der Quotenfrage aus allen Rohren feuern, glaubt die Medienforscherin Ágnes Urbán. Die Mobilisierung wirkt orchestriert, die Parolen sind fast wortgleich („Jetzt geht der Kampf erst richtig los"), Orbáns Propagandisten tragen den Spin in Wellenbewegungen wei-

336 https://888.hu/article-a-lista-bemutatjuk-soros-kulfoldi-propagandistait

337 https://muosz.hu/hirek/2017/09/06/muosz-eliteli-az-ujsagirok-listazasat/

338 https://888.hu/article-elismerest-kaptunk-a-muosz-tol

339 https://www.facebook.com/fidelitas.hu/photos/a.82366233430.81142.71547793430/10155642747993431/?type=3&theater

ter und weiter. Nach dem Muster *Angriff ist die beste Verteidigung* schlagen Orbáns Leute um sich. Es ist der Versuch, aus Niederlagen Siege zu machen. Denn immer dann, wenn Orbáns Popularität eine Delle bekommt, seine Regierung unter Druck gerät (Korruptionsaffären, Internetsteuer, Pädagogenstreik) werfen Vertreter der Regierungsparteien der Öffentlichkeit einen „Gummiknochen" hin, an dem sie nagen kann. Ein Ablenkungsmanöver, das die Erregungskurve hoch hält, die Regierung bleibt im Gespräch – aber sie bestimmt die Themen und die Sundenböcke. Die Feinde für den Wahlkampf 2018 hatte der Regierungschef in seiner programmatischen Rede im siebenbürgischen Băile Tușnad bereits benannt: „Wir müssen uns in der vor uns liegenden Kampagne mit ausländischen Kräften auseinandersetzen", so Orbán, „dem Soros-Mafia-Netzwerk, den Brüsseler Bürokraten gegenübertreten und die mit ihnen verbündeten Medien in den kommenden neun Monaten besiegen."[340] Die Kulissen im Theater des *Puszta-Populisten* werden bereits auf die Bühne geschoben. Die Jagdsaison ist eröffnet. Orbán bläst zum Kampf auf seine Kritiker: Brüssel, Soros, unabhängige Medien, „die gleichen Sündenböcke wie bisher auch", sagt die Medienforscherin Ágnes Urbán.

His Masters Voice

Medien hat der ungarische Regierungschef am liebsten als Sprachrohr seiner Ansichten, er verwechselt Journalisten mit PR-Agenten. Im Kopf hat er die Idee eines „loyalen Journalismus" wie er typisch für gelenkte Medien im Sozialismus war („Schild der Partei") oder heute typisch für eine *gelenkte Demokratie* eines Wladimir Putin ist. „Die Regierung ist der Meinung, im Besitz der einzigen Wahrheit zu sein", umschreibt die zugrundeliegende Haltung der Budapester *ORF*-Korrespondent Ernst Gelegs, „Kritik ist daher unerwünscht, weil man an Wahrheit ja keine Kritik üben kann."[341] Schon in Orbáns erster Amtszeit (1998-2002) gibt es deshalb Säuberungswellen im öffentlich-rechtlichen Rund-

[340] zit. n. https://444.hu/2017/07/25/mediatortenelem-orban-kiadta-a-parancsot-es-nemeth-szilard-elkezdte-a-harcot-a-sajtoval-de-mar-rogton-az-elejen-azt-sem-merte-elarulni-kikkel-harcol

[341] http://www.deutschlandfunk.de/parlamentswahlen-in-ungarn-frei-aber-nicht-fair.724.de.html?dram%3Aarticle_id=281836

funk, die sich nach seinem Wahlsieg 2010 wiederholen sollten. Wieder werden Hunderte Redakteure entlassen oder es werden Verträge nicht verlängert, wie im Fall des Moderators Attila Mong, der wegen einer Schweigeminute am Morgen nach Verabschiedung des umstrittenen Mediengesetzes gehen muss. Die junge Budapester Journalistin Klára Kovács erzählt mir, wie ihre Kündigung ablief. „Wer nur ein Blatt Papier bekam, konnte bleiben. Wer einen ganzen Briefumschlag bekam, wusste: Das war die Kündigung. Mich hat der Sportchef entlassen“, sagt Klára, „mit dem ich nie vorher zu tun gehabt hatte“. Die Regierung möchte nichts dem Zufall überlassen. Deswegen werden auch alle wichtigen Institutionen mit den eigenen Parteigängern besetzt. Loyalität ist das oberste Gebot. Im staatlichen *Kossuth-Radio* tritt Viktor Orbán regelmäßig in der Sendung *180 Minuten* auf. Kritiker nennen diese Auftritte „Freitagsgebet“, denn die Fragen sind abgesprochen, kritisches Nachfragen findet nicht statt. Das ist die Art von Journalismus, die Viktor Orbán gerne mag. Und er filtert, mit wem er redet, beklagt der Ungarische Journalistenverband *MÚOSZ*. „Der Ministerpräsident spricht seit Jahren nicht mit Vertretern der Presse, die nicht der Regierungspartei nahestehen“, so die Standesvertretung in einer Stellungnahme, außer in „vorab choreografierten Gesprächen, bei denen er in sogenannten Interviews auf Fragen seines Pressestabes antwortet.“ Die Regierung benachteilige also Medienvertreter, die nicht für Medien der Regierungspartei arbeiteten. „Auf schriftliche Fragen antwortet sie nicht“, zählt die Standesvertretung der Journalisten auf, „auf Pressekonferenzen werden sie regelmäßig nicht eingeladen, wenn sie doch hingehen, dürfen sie dort keine Fragen stellen.“ Das hat Methode. Der Ministerpräsident hat sie schon in seiner ersten Amtszeit angewendet. Als Orbán 1998 erstmals an die Macht kommt, gibt er die Parole aus, national-konservative Medien „positiv diskriminieren“ zu wollen.[342]

Nach seinem Wahlsieg 2010 gehen Orbáns Leute daran, die staatlichen Radio- und Fernsehprogramme gleichzuschalten. Sie werden in dem Dienstleister *MTVA* zusammengefasst, die Grundinformationen liefert die einzige ungarische Nachrichtenagentur *MTI* zu. Damit sind wesentliche Kanäle in Regierungshand. *MTVA* ist Dienstleister, bietet den Redaktionen maßgeschneiderte News-

342 Népszabadság, 28. 9. 1998, zitiert nach Schmidt-Schweizer, Andreas. Politische Geschichte Ungarns von 1985 bis 2002, München 2007, S.364

Pakete an – und das gratis. „Lokalradios in der Provinz müssen die Nachrichten nicht mal selbst sprechen", sagt mir András Arató, dem der regierungskritische Privatsender *Klubrádió* gehört. „So kommt die Regierungspropaganda in die Köpfe". Arató stand selbst kurz vor der Pleite, fast vier Jahre lang musste er gegen die Medienbehörde prozessieren, die ihm eine Dauerlizenz zunächst verweigerte. Nicht mal zwei Monate konnte er im Voraus planen. „Sie können sich vorstellen, wieviele Werbekunden man dann noch hat", sagt er. Die meisten Medien in Ungarn pfiffen das Lied der Regierung, meint er. „Lakaien-Medien" nennt sie Arató verächtlich, dafür würden sie mit staatlichen Anzeigen belohnt. Einen Medienmarkt im klassischen Sinne gebe es daher nicht: „Es gibt nur das, was einer Partei nützt", meint der Radiomacher. Der Journalistenverband bestätigt, die Regierung leite Anzeigen von „gelesenen Publikationen", die nicht der Regierungspartei nahestünden, zu „weniger gelesenen Regierungsorganen".[343] Politische Ziele verzerren also den Medienmarkt in Ungarn. Der gewinnt, der Orbáns Lied pfeift.

Damit die regierungstreuen Redaktionen auch zuverlässig den gewünschten Ton treffen, ist die Melodie vorgegeben. Die frühere Fernsehjournalistin Klára Kovács berichtet von vorgefertigten Meldungen. „Wenn die Reporter zurückkamen, waren die Texte schon fertig geschrieben", nur noch die Zitate wurden sorgfältig ausgewählt und eingefügt. Es gibt eine schwarze Liste für Gesprächspartner und Wunschlisten, „mit Meinungsforschern und Politologen, die wir besonders bringen sollten", erzählt die Journalistin. Selbst das Design einer einzelnen Nachrichtenmeldung ist vorgeschrieben, berichtet sie: „Am Anfang und Ende musste ein Regierungsvertreter zu Wort kommen", erklärt sie, weil Beginn und Schluss einer Meldung besonders im Gedächtnis haften bleiben. Was nicht genehm ist, wird in der Berichterstattung weggelassen, etwa die Demonstrationen vor der Oper, in der Regierungsvertreter die neue Verfassung feiern.

János Kárpáti treffe ich im Studio von *Klubrádió* in Budapest. Mit sonorer Stimme spricht er die Nachrichten, die er selbst geschrieben hat. Ruhig trägt er die Nachrichtenmeldungen vor, der Ungar ist ein Profi. János ist noch nicht lange bei dem regierungskritischen Radiosender. Der erfahrene Journalist hat

[343] https://muosz.hu

mehr als 30 Jahre lang für die ungarische Nachrichtenagentur *MTI* gearbeitet, er ist Korrespondent in Washington, Prag und Brüssel gewesen. Für ein Gespräch hat er keine Zeit, wir verabreden uns in einem Einkaufszentrum nach seinem Dienst am Abend zum Kaffee. János kann die politischen Systeme vergleichen: Auch im Sozialismus habe es Sprachregelungen gegeben, bestimmte Codes, manche Themen hätten nur bestimmte Redakteure anfassen dürfen. Das sei bei *MTI* heute wieder so, meint er. „Ich wurde gerügt, weil ich in einem Bericht über eine Europaparlamentsdebatte mehr Liberale und Sozialdemokraten zitiert habe", erzählt der Nachrichtenprofi. Themen mit Bezug zu Ungarn darf nicht jeder Redakteur in der Budapester Zentrale bearbeiten, „nur bestimmte". Und auch die hätten seine Berichte weitergeleitet und auf den Segen von anderer Stelle gewartet. Am Ende wird János entlassen, seine Frau hat den Journalismus mittlerweile ganz an den Nagel gehängt, erzählt er.

Als ich mir selbst ein Bild von der journalistischen Arbeit bei *MTI* und *MTVA* machen will, richtet mir der *MTVA*-Sprecher per E-Mail aus, er wisse um das Interesse der westlichen Medien an den öffentlich-rechtlichen Medien in Ungarn. Aber „damit wir uns klar verstehen: Ich werde an keinem Bericht mitwirken, dessen Tenor ist, dass die Pressefreiheit in Ungarn in Gefahr ist".[344] Er wolle das Material vor Veröffentlichung sehen. „Genauso läuft das bei uns", sagen mir ungarische Kollegen, „sie wollen alles kontrollieren". Ich schreibe dem *MTVA*-Sprecher zurück, dass wir entweder ergebnisoffen miteinander sprechen können oder gar nicht. Ich wisse ja vor der Recherche noch gar nicht, was das Ergebnis sein würde. Es hat mich nicht überrascht, dass *MTVA* ein Interview ablehnt.

Der Medienvorhof der Regierung

Die Regierung möchte möglichst die Lufthoheit über das Gesendete und Geschriebene haben. Deshalb sitzen Orbáns Getreue in der Medienbehörde, deshalb kontrollieren regierungsnahe Oligarchen den Anzeigenmarkt und immer mehr Medien. Der staatliche Rundfunk ist schon seit Jahren unter der Kontrolle

[344] E-Mail des MTVA-Sprechers (liegt dem Autor vor)

der Regierung. Im privaten Rundfunk-Sektor hat sich der Filmmogul Andy Vajna eingekauft, der auch Regierungsbeauftragter für die ungarische Filmindustrie ist. Lörinc Mészáros, der Bürgermeister des 1800-Einwohner-Städtchens Felcsút, aus dem die Familie Orbán stammt, ist jetzt auch Medienunternehmer. Dem Gasinstallateur gehören ein Dutzend Regionalzeitungen und ein Fernsehsender. Auch Orbáns Hofhistorikerin Mária Schmidt besitzt jetzt eine Wochenzeitung. Es gibt ein Übergewicht an regierungsfreundlichen Medien. Auf der Strecke geblieben ist die linksliberale Tageszeitung *Népszabadság*. Sie wird im Oktober 2016 in einer Nacht-und-Nebel-Aktion abgewickelt. „Da hatte die Politik dick die Finger drin", urteilt András Pethö vom Budapester Investigativ-Journalisten-Projekt *Direkt36* im Interview. In der Budapester Innenstadt hat die kleine Redaktion ein Büro, an der Pinnwand hinter dem Schreibtisch des Projektleiters hängt ein Artikel über die Panama Papers, Offshore-Konten von Steuerhinterziehern weltweit. *Direkt36* hat sich an den Recherchen beteiligt, die Investigativjournalisten wühlen auch in den Geschäften der Familie Orbán, den Firmen des Vaters Győző, des Bruders Áron Orbán und des Schwiegersohnes István Tiborcz. Aber was nützt ein Watchdog, der nicht beißt? Die Berichte bleiben folgenlos, sagt András Pethö. Ermittlungen verlaufen im Sande oder werden gar nicht erst gestartet.

Mit dem *Népszabadság*-Coup geraten die meisten Regionalzeitungen unter Regierungskontrolle, mittlerweile gibt es keine weißen Flecken mehr auf der ungarischen Landkarte.[345] Auch im Online-Bereich versucht die Regierung Fuß zu fassen. András Pethö hat erlebt, wie die deutsche Telekom und ihr ungarischer Ableger unter Druck gesetzt wurden, als das Online-Portal *origo.hu* über Luxusreisen von Kanzleramtschef János Lázár auf Steuerzahlerkosten berichtete. Viele Redakteure müssen damals gehen oder verlassen *origo.hu* freiwillig, auch András Pethö geht. Die Telekom wird mit dem Ausbau des Breitband-Netzes belohnt. „*Origo.hu* ist jetzt ein Regierungssprachrohr", meint der Investigativ-Journalist Szabolcs Panyi, der für das größte Online-Portal *index.hu* arbeitet. „Es bestehe ein hohes Risiko politischer Einflussnahme auf Medien" in Ungarn, urteilt eine Studie des EU-finanzierten Think Tanks *Center for Media Pluralism and Media Freedom*. „Politiker und politische Parteien üben direkten und indi-

345 http://derstandard.at/2000062119457/Regionalpresse-soll-ganz-unter-Orbans-Kontrolle

rekten Einfluss auf die Medien über Verwandte, Strohmänner und Oligarchen aus", heißt es in der Untersuchung.[346] Messbar ist das auch an der Redezeit von Politikern. In den staatlichen Fernsehprogrammen *M1* und *DunaTV* lag ihr Wortanteil nach einer Inhaltsanalyse der Jahre 2011 bis 2013 bei 81 Prozent. In der wenigen verbliebenen Sendezeit kamen auch mal Oppositionspolitiker zu Wort.[347] Im Pressefreiheitsranking der Organisation *Reporter ohne Grenzen* ist Ungarn seit der Machtergreifung Orbáns 2010 um 44 Plätze auf Platz 71 gefallen. Das ist keine Platzierung, auf die ein EU-Mitgliedsland stolz sein kann.

Widerstand im Netz

An der Wand hängen Fahrräder, die Redaktion von *444.hu* besteht aus vier Zimmern in einem Budapester Altbau. Chefredakteur Péter Új könnte auch frisch von einem Heavy-Metal-Konzert kommen: lange Haare, langer Bart, lässiges Hawaii-Hemd. Sein Schreibtisch steht neben dem größten Zimmer, das als Newsroom dient. Einige der Kollegen schneiden Videos, an der Wand hängen die Konterfeis von Orbán und dem Sozialisten Attila Mesterházy. Ein Witzbold hat ihnen mit einem Filzstift Hitlerbärtchen aufgemalt – *444.hu*-Humor. „Als wir gesehen haben, dass die Politik immer näherkommt", sagt der Chefredakteur, der bei der Zeitung *Népszabadság* angefangen hat, „haben wir Ende der 1990er Jahre erst *index.hu* und dann *444.hu* gegründet". Onlinemedien schießen wie Pilze aus dem Boden, das Netz wird zur wichtigen Plattform für Regierungskritik. Der Moderator Attila Mong sagte mir im Gespräch noch vor ein paar Jahren, die Regierung störten diese Medien nicht besonders, dass sie gerade auf dem Land nicht viel Publikum hätten. Das hat sich inzwischen geändert. Mittlerweile hat auch die Regierung den Online-Medien-Markt entdeckt. Junge Redakteure schreiben bei *Mandiner.hu*, bei *pesti srácok* oder *888.hu*. *Pesti srácok* ist die Antwort auf *Átlátszó*, investigativ ausgerichtet, und *„888.hu* war die direkte Antwort auf *444.hu*", sagt Péter Új, „das ist wie bei einem Match: Ein Punkt für uns, einer für sie". Gleichzeitig wird es für Journalisten immer schwieriger, überhaupt an Informationen zu kommen. Die Regierung

[346] http://cmpf.eui.eu/media-pluralism-monitor/mpm-2016-results/hungary/

[347] http://nmhh.hu/tart/polstat?lang=en&year=2014

hat die Gesetze entsprechend geändert. Bei Behörden müssen Journalisten Informationen oft einklagen, gegen Gebühren, das verzögert die Berichterstattung und macht sie teuer. Hinzu kommen Hausverbote. Klára Kovács durfte nicht mehr mit ihrer Kamera ins Parlament, auch die Reporter von *444.hu* sind ungebetene Gäste, gut sechzig Journalisten hat der Hausherr Lászlo Kövér nach Angaben des Journalistenverbands *MÚOSZ* ausgesperrt. „Sie reden nicht mehr mit jedem“, sagt der *444.hu*-Chefredakteur, und was die Regierung während der Flüchtlingskrise über ihr treu ergebene Kanäle in die Öffentlichkeit getragen hätte, „das war auf dem Niveau von Nordkorea“, beklagt Péter Új.[348]

Ungarische Wutbürger

Eine Regierung, die so kontrollieren will, was geschrieben, gesendet und gepostet wird, macht auch vor ausländischen Korrespondenten nicht halt. „Die Regierung hat mit allen Mitteln versucht, mich mundtot zu machen“, berichtet der *ORF*-Korrespondent Ernst Gelegs im *Standard*.[349] Der damalige ungarische Botschafter Szalay-Bobrovnicky in Wien habe den *ORF*-Vorgesetzen private Mails vorgelegt, die Gelegs mit „Grüße aus dem Orbán-Land“ unterzeichnet habe. Diese Grußformel werten die ungarischen Offiziellen als Beleg dafür, dass Gelegs nicht objektiv, sondern politisch voreingenommen berichte. „Die Regierung glaubt, im Besitz der absoluten Wahrheit zu sein“, interpretiert Gelegs das im *ARD*-Interview, „daran kann es doch keine Kritik geben?“[350] Auch ich sitze schon bald beim Botschafter zum Kaffee.

Als ich im September 2012 als Korrespondent nach Wien komme, habe ich schon zwanzig Jahre Redaktionserfahrung. Ab und zu eine kritische Rückmeldung bin ich gewohnt, das ist Alltag. Es gibt dann eben einen Austausch von E-Mails oder ein Telefonat. Man redet miteinander und dann geht man zur Tagesordnung über. Das ändert sich nun schlagartig. Ich lerne sehr schnell,

[348] vgl. dazu meinen Bericht im Falter, 7/2017

[349] http://derstandard.at/1361240851977/Treue-Diener-der-Regierung

[350] http://www.deutschlandfunk.de/parlamentswahlen-in-ungarn-frei-aber-nicht-fair.724.de.html?dram%3Aarticle_id=281836

dass in kleinen Ländern wie Ungarn sehr genau registriert wird, was berichtet wird. Die ungarischen Kollegen interessiert, was das Ausland über die Regierung und die Menschen sagt, sie können so über Bande kritisieren, ohne sich selbst zu weit aus dem Fenster zu lehnen. Die Regierung dagegen hält ihren Finger in den medialen Wind. Wer berichtet was und wie? Wer die Welt so in Freund und Feind einteilt wie die ungarische Regierung, muss natürlich wissen, zu welcher Gruppe die Journalisten gehören, die aus dem Ausland über Ungarn berichten. Das regierungsnahe Budapester Forschungsinstitut *Nézöpont* betreibt diese Art der Beobachtung mit wissenschaftlichem Instrumentarium. In Reports wird ausgewertet, welche ausländischen Presseorgane der Regierung gegenüber freundlich eingestellt ist und erstellt regelmäßig entsprechende Rankings aufgrund von Inhaltsanalysen.[351]

Eines Tages bekomme ich einen Anruf vom *WDR*. Der Wunsch der Redaktion ist, ich solle anlässlich von Orbáns Berlin-Besuch einen Kommentar schreiben. Die Redaktion lässt mir freie Hand. Ich mache mich an die Arbeit. Mir fällt ein, dass ich kurz vorher bei einem Besuch in Sopron viele Baustellen gesehen hatte. Überall in Ungarn gibt es solche Baustellen. Und überall stehen Schilder, die darauf aufmerksam machen, woher das Geld kommt, nämlich meist von der Europäischen Union. Die meisten Investitionen in Ungarn sind aus Brüssel zumindest co-finanziert. Das Land ist einer der größten Netto-Empfänger der Gemeinschaft: In den letzten sieben Jahren sind 30 Milliarden Euro von Brüssel nach Ungarn geflossen.[352] Doch wie passt das zu der Rhetorik des ungarischen Ministerpräsidenten, der immer wieder auf die EU schimpft und gleichzeitig das Geld gerne nimmt?

Die Empörung darüber ist der Ausgangspunkt für meinen Kommentar, der die Themen dieses Buches damals schon vorwegnimmt. In meinem Kommentartext geht es bereits um den selbsternannten Freiheitskämpfer Orbán, um Korruption in Ungarn, um die Suche nach Sündenböcken und das Handaufhalten in Brüssel. Die Überschrift des Kommentars lautet: „Räuberhauptmann Orbán". Ich habe das Bild eines mexikanischen Desperados im Kopf, der zwei Patronen-

[351] http://docplayer.hu/10026198-Magyarorszag-a-vilagsajtoban-2013.html

[352] http://www.zeit.de/politik/ausland/2017-08/ungarn-viktor-orban-eu-gelder-autokratie-rechtsstaat

gürtel gekreuzt über den Schultern trägt, sich seine eigenen Gesetze macht und auf die Spielregeln der Gemeinschaft pfeift. Mehr als 1300 EU-Vertragsverletzungsverfahren in sieben Jahren sprechen eine deutliche Sprache.[353] Dass Viktor Orbán für seinen Grenzzaun, dessen Errichtung er mit niemand abgesprochen hat, auch noch fast eine halbe Milliarde Euro von Brüssel verlangt, bestätigt nachträglich meinen damaligen Eindruck.[354]

Das regierungsfreundliche Onlineportal *hungarianvoice,* das von einem anonymen Blogger betrieben wird, veröffentlicht meinen Kommentar unter der Überschrift „Beleidigende Propaganda, finanziert durch den deutschen Gebührenzahler".[355] Der Server steht im Ausland, der Blogger zieht es vor, seine Kommentare im Schutz der Anonymität zu veröffentlichen. Kollegen übersetzen meinen Kommentar, eins-zu-eins kursiert er in ungarischen Online-Medien, was eine Lawine lostritt.[356] Sie startet mit einem Posting der Budapester *Fidesz*-Frau Mari Stadler, die dem früheren sozialistischen Ministerpräsidenten Gyurcsány schon mal öffentlich den Tod an den Hals gewünscht hat. Im Google-Forum des *Bundes Ungarischer Organisationen in Deutschland (BUOD)* veröffentlicht sie einen Link zu meinem Kommentar mit den Worten, es habe „selbst die deutsche Presse nach dem Treffen Orbán-Merkel erkannt, dass es keinen Stoff für einen Anti-Orbán-Feldzug gibt, da kommt so ein „libsi" (*Schimpfwort für liberal, Anm. d. Verf.*) ‚Ungar', der ihm eine reintreten will", empört sie sich und fordert ihre Landsleute auf: „Ich hoffe, Ihr macht es mit beiden Beinen gleichzeitig bei ihm, damit er gehörig plumpst". Versehen ist die Aufforderung mit meiner E-Mail-Adresse. Der Shitstorm beginnt. Dutzende Mails landen in meinem Postfach. Einem Adolf reicht ein schlichtes „Arsch-

353 http://ec.europa.eu/atwork/applying-eu-law/infringements-proceedings/infringement_decisions/index.cfm?lang_code=EN&r_dossier=&noncom=0&decision_date_from=&decision_date_to=&active_only=0&EM=HU&title=&submit=Search

354 http://www.focus.de/politik/ausland/eine-pr-aktion-viktor-orban-bittet-die-eu-fuer-seinen-grenzzaun-zur-kasse_id_7543943.html

355 https://hungarianvoice.wordpress.com/2012/10/13/wie-kann-das-sein-beleidigende-propaganda-finanziert-durch-den-deutschen-gebuhrenzahler/

356 http://hvg.hu/itthon/20121015_Rablovezernek_neveztek_Orbant_egy_nemet_r, http://valasz.hu/vilag/a-betyart-ma-orban-viktornak-hivjak-hivatalosan-miniszterelnok-55895/ , http://index.hu/gazdasag/magyar/2012/10/15/lerablovezereztek_orbant_a_nemet_radioban/

loch“ in der Betreffzeile, ein Pál schreibt, er „müsse kotzen“ angesichts meines vermeintlichen „Ungarnhasses“ und ein Miklós schiebt den Hinweis nach: „Wir sind mehr“. Ein Ferenc macht aus mir einen „heimatlosen Arschlecker“, ein ungarischer Professor schreibt aus der Türkei, ich wolle „die mundtot machen, die sich gegen die Diskriminierung der Ungarn wehren und gegen die Verunglimpfung einer Regierung mit dem größten demokratischen Mandat in Europa“ – eine Anspielung auf die damalige Zweidrittel-Mehrheit der *Fidesz*-Regierung. Ein Oliver aus Frankenthal schreibt mir: „Was sagt Ihr Vater eigentlich zu Ihrem ‚tollen´ Werdegang?“ Selbst mein betagter Vater in Ungarn erhält lästige Anrufe aus der Exil-Ungarn-Szene.

Die offizielle Vertretung der ungarischen Landsmannschaft in Deutschland steigt mit Briefen ein. Der *Bund Ungarischer Organisationen in Deutschland (BUOD)* verschickt Stellungnahmen an Rundfunkrat und Intendanz des *WDR*. Ein Vorstandsmitglied schreibt der damaligen *WDR*-Intendantin Monika Piel in einem anmaßenden Brief, sie werde ihrem „Auftrag der Leitung nicht gerecht“, und ruft nach einem Maulkorb: Sie möge doch künftig ihre „Führungsfunktion gegenüber dem Korrespondenten“ besser wahrnehmen. Der *BUOD* postet diese Briefe im Internet und lässt sie dort stehen.[357] Im damals noch regierungsnahen Privatsender *HírTV* tritt Regierungssprecher Ferenc Kumin nach, macht aus mir einen „Linksaktivisten“ und aus dem reichweitenstarken *WDR* einen „Sender, den kaum einer hört“. Der Wiener Botschafter Ungarns, Szalay-Bobrovnicky, lädt mich zum Gespräch ein. Das deutschsprachige Online-Portal *hungarianvoice* nimmt auch all meine Kollegen unter die Lupe und verteilt Haltungsnoten aus dem Off. So vergleicht der Blogbetreiber die *ARD*-Berichterstattung über Ungarn mit einer Sammlung von Pornofilmen: „Hat man einen gesehen, weiß man, was einen sonst so erwartet.“[358] Den Blog betreibe er als „Hobby“, behauptet er. Wo er politisch steht, macht er auf seiner Startseite deutlich: „Themen und Probleme der ungarischen Bevölkerung, die im Weltbild der Berichterstatter keine besondere Rolle spielen oder einer falsch verstandenen *political correctness* zum Opfer fallen, werden unterschlagen und bleiben auch hierzulande meist unbekannt“, beklagt der Mann, der behauptet,

[357] http://www.buod.de/docs/nyet/20121230WDRRundfunkrat-teljes.pdf

[358] https://hungarianvoice.wordpress.com/2013/04/11/und-nochmal-zapp-ganz-wien-beschwert-sich/

eine „sachliche Diskussion fördern" zu wollen.[359] In einem Posting schreibt der Blogger, ich hätte „den Verstand verloren". Eine ungarische Dame aus Bayern spricht mir in einer E-Mail Mut zu: „Die patriotische Welle ist nicht nur Gift für die Außenbeziehungen, sondern auch für die Menschen selbst". Sie sei „entsetzt über diesen Ton" in den ungarischen Online-Foren.

[359] https://hungarianvoice.wordpress.com/about/

12. Monolog mit dem Volk

Nationale Konsultation – Simulation von Volkswillen

Ein lächelnder Viktor Orbán blickt vom Begleitschreiben auf den „verehrten ungarischen Bürger“, den der Regierungschef direkt anspricht. „Wir, die Ungarn, haben 2010 vereinbart, dass wir alle wichtigen Fragen miteinander besprechen, bevor wir Entscheidungen treffen“, schreibt Orbán. Deshalb habe es „nationale Konsultationen“ gegeben, für die der Regierungschef Beispiele nennt: „Die neue Verfassung, die soziale Sicherheit von uns allen, die Verbesserung der Lage der Rentner“. Seit 2010 hat sich die Regierung schon sechs Mal direkt per Fragebogen an das Volk gewandt, in Papierform und online, mal mit mehr, mal mit weniger Erfolg. Die ersten Fragebögen erhalten die ungarischen Rentner, insgesamt 2,8 Millionen Stück verschickt die Regierung in Budapest. Doch der erste Testballon fliegt noch nicht sehr hoch. Die magyarischen Senioren sind offenbar nicht genauso erpicht auf die direkte Kommunikation mit der Regierung wie diese – nicht einmal jeder Zehnte antwortet. Lediglich 200.000 Fragebögen kommen nach offiziellen Angaben zurück, die sich die Brieffreundschaft mit den Wählern schon im ersten Durchgang mehr als 700.000 Euro kosten lässt.[360] Auch die Verfassung stellt die Regierung zur Diskussion, diesmal kommen immerhin schon eine Million Fragebögen zurück. Kritiker bemängeln, dass die Regierung in Budapest den simulierten Dialog mit dem Volk einer echten Debatte im Parlament über die Verfassung vorgezogen hat. Die sei nämlich ausgeblieben. „Anders, als man es von der Entstehung eines Schriftstücks, das das Leben in einem Land langfristig prägen wird, erwarten würde“, bemängelt der Jurist Gábor Halmai an der Verfassungsdebatte, „erfolgte die Formulierung

360 http://library.fes.de/pdf-files/bueros/budapest/13634.pdf

des neuen Grundgesetzes ohne eine echte politische, fachwissenschaftliche und gesellschaftliche Debatte".[361] Auch die Opposition wird nicht einbezogen. „Eine Diskussion wurde de facto ausschließlich unter Vertretern der Regierungsparteien geführt", meint der Juraprofessor. *Fidesz* und sein christdemokratischer Mini-Koalitionspartner *KDNP* haben die Verfassung unter sich ausgemacht. Aber die Fragebögen simulieren Dialog, sie vermittelten „einem Teil der Wählerschaft tatsächlich das Gefühl, gehört zu werden", urteilt der Politologe Daniel Hegedüs in einer Untersuchung für die *Friedrich-Ebert-Stiftung* über die „Nationalen Konsultationen" der *Fidesz*-Regierung.[362] Für die Regierung sind die Fragebögen ein Kommunikationsinstrument mit zweierlei Nutzen: Sie kann ihre Positionen unter das Volk bringen. Und „mit Bezug auf die Zahl der ausgefüllten und zurückgesandten Fragebögen kann die ungarische Regierung die ‚enorme' Unterstützung der Bürger_innen in der aktiven politischen Meinungsbildung demonstrieren,"[363] meint Hegedüs. In seinem politischen Theater kann der *Puszta-Populist* Viktor Orbán eine Kulisse hinter sich stellen: Das Volk unterstützt mich, ist die Botschaft. Echter Dialog ist das nicht. „Sie fragt nach der Meinung der Bürger in Dingen, die längst entschieden sind", meint der Politologe László Seres.[364]

Fremdenhass kommt mit der Post

Im Begleitschreiben zur „nationalen Konsultation" 2015 kündigt Regierungschef Viktor Orbán eine neue Volksbefragung an, nämlich zur Frage der „Wirtschaftsmigration". Er spricht die Terroranschläge von Paris an. Die hätten gezeigt, schreibt Orbán, „dass Brüssel und die Europäische Union nicht in verantwortlicher Weise fähig sind, die Zuwanderungsfrage zu regeln". Das Narrativ: Die EU kann es nicht. Zuwanderung ist gefährlich. Sie bringt Terrorgefahr und Wirtschaftsmigranten, die „illegal die Grenze überschreiten". Ungarn müsse deshalb seinen eigenen Weg gehen, befindet Orbán. Es ist ein ziemlich ein-

361 Halmai, Gábor: Hochproblematisch. Ungarns neues Grundgesetz, in Osteuropa, 61. Jg, 12/2011, S. 145

362 http://library.fes.de/pdf-files/bueros/budapest/13634.pdf

363 vgl. ebd.

364 Seres, László: Der Wille zur Macht, in: Osteuropa , 65. Jg., Heft 11/12 2015, S. 45

faches Kommunikations-Muster: Orbán beschreibt Probleme (Terror, illegale Zuwanderung, Jobkonkurrenz) und bietet eine Lösung an (eigener Weg). Kein Wort von Kriegsflüchtlingen, die des Schutzes bedürfen. Kein Wort von ihren Rechten, etwa dem Asylrecht. Die Ankommenden stellt Orbán als direkte Bedrohung für den Wohlstand jedes einzelnen Ungarn dar. „Wir dürfen nicht zulassen", behauptet der ungarische Regierungschef, „dass Wirtschaftsmigranten die Jobs der Ungarn gefährden".[365] Orbán, der Angstmacher.

Dem Schreiben Viktor Orbáns an die „ungarischen Bürger" ist der entsprechende Fragebogen gleich beigelegt. Über einem Dutzend Fragen befiehlt der Absender: „Füllen Sie den Fragebogen aus!" Die Fragen selbst verknüpfen in ähnlich suggestiver Weise wie das Begleitschreiben an die „verehrten Bürger" Terrorismus, Zuwanderung und EU-Politik. „Manche sagen, dass es einen Zusammenhang gibt zwischen der schlecht von Brüssel gelösten Zuwanderung und dem Raumgewinn des Terrorismus", lautet es in Frage Drei, „teilen Sie diese Ansicht?" Brüssel, so heißt es weiter, habe bei den Fragen Zuwanderung und Terrorismusbekämpfung versagt. Deswegen seien neue Ansätze nötig. Wieder werden die Adressaten gefragt: „Teilen Sie diese Ansicht?" Wer bis hierhin alle Fragen mit Ja beantwortet hat, der wird auch die nächste unterschreiben, es ist die nach dem Problemlöser Viktor Orbán: „Würden Sie die ungarische Regierung unterstützen, wenn sie statt der toleranten Brüsseler Politik strengere Zuwanderungsregeln einführen würde?"

Der Fragebogen benutzt Annahmen und Wertungen wie „tolerante Brüsseler Politik" und „strengere Zuwanderungsregeln". Die Botschaft an die Bürger ist eindeutig: Die EU-Kommission in Brüssel ist zu lasch, wir sind für eine härtere Gangart gegenüber Flüchtlingen. In der letzten Frage spielt sie Zuwanderer und Flüchtlinge gegeneinander aus. „Sind Sie einer Meinung mit der Regierung", heißt es im Fragebogen, „dass anstelle der Zuwanderung lieber ungarische Familien und die Kinder, die noch geboren werden, unterstützt werden sollen?" In anderen Worten: Wollen Sie lieber DIE WIR unterstützen oder DIE ANDEREN? In diesem Denkschema gibt es keine Grautöne, sondern

[365] zit. n. https://444.hu/2015/04/24/itt-vannak-a-kerdesek-a-bevandorlasrol-amiket-a-kormany-egymilliardert-kuld-ki-onnek/

nur Schwarz oder Weiß, Entweder Oder. Die Antworten legt die Regierung dem Volk in den Mund. „Es geht darum, den Volkswillen im Sinne eines imperativen Mandats eins zu eins umzusetzen – aber da das Volk nicht wirklich kohärent mit einer Stimme sprechen kann, bedarf es eben eines Akteurs, der dem Volk souffliert, was es eigentlich sagen will", beschreibt der Politologe Jan-Werner Müller diese Manipulationstechnik.[366]

Die *nationale Konsultation* auf dem Höhepunkt der Flüchtlingskrise – flankiert von fremdenfeindlichen Plakaten und einer massiven Anzeigenkampagne in den Medien – lässt sich die Regierung eine Menge kosten. Alleine die Fragebögen schlagen mit rund 3,2 Millionen Euro zu Buche.[367] Für die Regierung zahlt sich die Investition in Form von Antworten ihrer neuen Brieffreunde aus. Mehr als eine Million Ungarn antworten brav. Staatssekretär Csaba Dömötör freut sich nach dem Rücklauf der Stimmen, „dass die Regierungspolitik von einer überwältigenden Mehrheit unterstützt wird".[368] Nach Recherchen des Online-Portals *origo.hu* hat die Regierung in den ersten fünf Jahren nach der Machtübernahme 2010 für die Brieffreundschaft mit dem Wähler etwa 22 Millionen Euro ausgegeben.[369]

Alle Sündenböcke auf einmal – das Jahr der Rebellion

Das Jahr 2017 startet mit einer Kampfansage. In einem Interview mit dem regierungstreuen Online-Portal *888.hu* kündigt der Regierungschef „eine Rebellion" an. Er spricht von „liberalen Verirrungen", lobt die Regierungspartei *Fidesz* als eine „echte Selfmade-Story", und kündigt an, das Jahr 2017 werde das Jahr sein, in dem der Multimilliardär Soros und die „Kräfte, die ihn verkörpern" aus dem Land gejagt würden.[370]

366 Müller, Jan-Werner: Was ist Populismus?, Berlin 2016, S. 46

367 vgl. http://library.fes.de/pdf-files/bueros/budapest/13634.pdf

368 http://www.pesterlloyd.net/html/1722erfolgkonsultation.html

369 http://www.origo.hu/itthon/20150603-381-millio-idegengyulolo-kampany-nemzeti-konzultacio-bevandorlas.html

370 https://888.hu/article-orban-2017-a-lazadas-eve-lesz

Im Frühjahr startet die Budapester Regierung eine neue „nationale Konsultation“. Sie fällt besonders harsch aus und sie ist begleitet von zwei Gesetzen, die für Aufruhr und Massendemonstrationen sorgen. Eines, das die von George Soros gegründete *Central European University* in ihrer Existenz bedroht, weil es einen Campus auch in den USA fordert, und ein anderes, das Nichtregierungsorganisationen, die Geld aus dem Ausland bekommen, stigmatisieren will. Modell stehen hierfür Russland und Israel. Die PR-Kampagne, die die Regierung lostritt, richtet sich gegen die Spitzen der Europäischen Union. „Stoppt Brüssel“, steht auf Plakaten, auf Anzeigen. „Stoppt Brüssel“, ruft sie die Ungarn auch in Werbespots in den staatlichen Medien auf – „Stoppt Brüssel“, steht auch auf Fragebögen, die wieder einmal an ungarische Haushalte verschickt werden. Mobilisiert wird auf allen Kanälen.

Es geht um die Flüchtlingspolitik. Brüssel wolle Ungarn Flüchtlinge aufzwingen und verhindern, dass ungarische Verbraucher durch die Senkung von Nebenkosten weiter entlastet würden. „In der Vergangenheit folgte ein Terroranschlag auf den anderen in Europa. Trotzdem will Brüssel Ungarn zwingen, illegale Einwanderer ins Land zu lassen“, heißt es auf dem Fragebogen. „Was sollten wir Ihrer Meinung nach tun“, fragt die Regierung ihre Bürger. Die haben zwei Möglichkeiten, auf die Frage zu antworten. „Im Interesse der Sicherheit der ungarischen Menschen müssen die illegalen Einwanderer unter Aufsicht gestellt werden“, ist eine Antwortmöglichkeit, „solange, bis die Behörden über ihre Fälle entschieden haben“.[371] Wenig später entscheidet die ungarische Regierung, die etwa 500 Asylbewerber (Stand August 2017)[372] im Land in zwei Transitzonen an der Grenze festzuhalten. Von dort gibt es während des Asylverfahrens nur einen Weg hinaus, zurück nach Serbien. Frei bewegen dürfen sich die Asylbewerber in Ungarn nicht mehr – international sorgt das Vorgehen der Regierung Orbán für viel Kritik.[373] Unterdessen läuft die „Stoppt Brüssel“-Kampagne weiter. Reine „Stimmungsmache“, kommentiert der Chef der konservativen *EVP*-Fraktion Manfred Weber (*CSU*) die PR-Aktion der Re-

[371] http://index.hu/gazdasag/2017/04/13/2017_nemzeti_konzultacios_kerdoiv_brusszel/

[372] http://www.helsinki.hu/wp-content/uploads/HHC-Hungary-asylum-figures-1-August-2017.pdf

[373] http://www.tagesspiegel.de/politik/fluechtlingspolitik-in-der-eu-ungarn-sperrt-fluechtlinge-weg/19485210.html

gierung.[374] Im Europaparlament tritt Viktor Orbán zum Sparring an. „Ein Ungar gibt einen Kampf nie auf“, sagt er lächelnd zu den Abgeordneten. Er und alle Ungarn liebten „klare Worte, auch wenn das nicht jedermann gefällt“, wirft er in die Runde. Auf die neuen Fragebögen reagiert auch Frans Timmermans, Vizepräsident der EU-Kommission und zuständig für Fragen der Rechtsstaatlichkeit. „Es ist nicht Brüssel, das in der Europäischen Union entscheidet“, weist er den ungarischen Ministerpräsidenten Orbán zurecht, „es sind die Mitgliedstaaten, inklusive Ungarn, die in der Union die Entscheidungen treffen.“ Mit der Flüchtlingsquote würden nicht Illegale verteilt, sondern rechtmäßige Asylbewerber, so Timmermans, der süffisant noch eine Spitze hinterher schiebt. Den ungarischen Mehrwertsteuersatz von 27 Prozent – immerhin den höchsten in der EU – habe sich Ungarn selbst verordnet. „Ich verteidige hier mein Land“, kontert ein kampfeslustiger Viktor Orbán mit Blick auf das heimische Publikum in Ungarn.[375]

Auf die Fake-News der „nationalen Konsultation“ reagiert die EU-Kommission mit nüchternen Fakten in einer Gegenkampagne. Man habe Ungarn gebeten, „zeitweise 1294 Asylsuchende – keine illegalen Einwanderer – den bedrängtesten Mitgliedstaaten Italien und Griechenland abzunehmen“, stellt die EU-Kommission klar. „Diese Menschen sind klar identifiziert, haben eine hohe Chance auf Anerkennung und die Umsiedlung würde durch ein Sicherheits-Screening und eine strenge Prozedur begleitet“.[376]

[374] http://ORF.at/stories/2388964/2388968/

[375] zit. n. http://www.dw.com/de/stoppt-brüssel-budapest/a-38602646

[376] http://www.pesterlloyd.net/html/1717fakten.html

13. Mythen, Legenden, Geschichte – der Griff ins kollektive Gedächtnis

Der Che Guevara von Felcsút – Freiheitskämpfer Orbán

Lange Haare, der Schnurrbart eines Heranwachsenden, feuriger Blick. In regierungsfeindlichen Facebook-Kommentaren wird dieses Foto des jugendlichen Viktor Orbán gerne genommen, um seine vermeintlich „zigeunerische" Herkunft zu belegen. Die Botschaft der Postings ist: Dieser Mann ist etwas wild, etwas außerhalb der Gesellschaft stehend, nicht zu zähmen. Das ist natürlich Unsinn. Belegt ist allerdings, dass Viktor Orbán immer wieder mit Regeln und Autoritäten in Konflikt geriet, sei es in den Schulen, die er besuchte, sei es während seiner Militärzeit. „Das war ein richtiger Freak damals", sagt der Grüne Daniel Cohn-Bendit über den jungen Orbán.[377]

Die Rebellion ist eine Konstante im Leben des ungarischen Ministerpräsidenten. Die Schlägereien von früher hat Orbán heute durch die Schlagabtausche und Scharmützel mit der EU-Kommission und den Parlamentariern der linken und liberalen Parteien im Europaparlament ersetzt. Ständig ballt der Ungar die Fäuste gegen die, die er für seine Gegner hält. Ein Rowdy in Kampfpose, der provozierend „Ist was?" in die Runde ruft. In einem Interview mit dem Regierungssprachrohr *888.hu* kündigt der ungarische Regierungschef unter der Überschrift „Wer ist der Teufelskerl?" an, 2017 werde das Jahr der Rebellion. „Wir sind ein Volk der Freiheitskämpfer", betont Viktor Orbán. Aber „nicht die Regierung wird sich erheben, sondern die Menschen, und wir vertreten das, was die Menschen wollen.

[377] zit. n. Adrowitzer/Gelegs, S. 190

Das ist unser politisches Genom".[378] Orbán, der Freiheitskämpfer, der die Menge aufpeitscht. Orbán, der Vollstrecker des Volkswillens. Das Interview ist typisch für Orbán. Es enthält alle Ingredienzien, auf die es ihm ankommt: Er beklagt „die europäischen Institutionen, die unseren Spielraum einschränken wollen", Brüssel „diktiert den Nationalstaaten", deswegen sei die Erhebung ein „Kampf um Souveränität", denn „die großen Konzerne" wollten „Extra-Profite machen".

Nationalstaat versus Europa, ungarischer David gegen Brüsseler Goliath und ein bisschen Anti-Globalisierung, ein bisschen Klassenkampf – in wenigen Sätzen hat er eine ganze Verschwörungstheorie entworfen. Neuerdings hat er auch den „Spekulanten" Soros entdeckt, der ein „Mafia-Netzwerk" betreibe.[379] „Orbán braucht einen starken Feind, um den eigenen Anhang zu mobilisieren – und sich als Archetyp des ungarischen Freiheitskämpfers zu profilieren", erklärt Péter Krekó vom Budapester Think Tank *Political Capital* die Rhetorik mit populistischem Geschmacksverstärker.[380] Offenbar sind die Geschmacksknospen des ungarischen Publikums für dieses Speisenangebot noch empfänglich. Seit Jahren führt *Fidesz* mit ihrem Parteichef Viktor Orbán die Umfragen an – mit kleineren Dellen – aber letztlich unangefochten. Die Publizistin Krisztina Koenen erklärt das damit, dass die Ungarn von ihrer kulturellen Tradition her Rebellen seien, „die nie gelernt haben, geduldig an der Freiheit zu arbeiten." Deshalb labe sich die Volksseele „an den Erinnerungen an die schönsten Rebellionen der Geschichte, die freilich alle niedergeschlagen wurden." Ungarn seien „Sieger in der Niederlage" gewesen, meint der Osteuropa-Experte Paul Lendvai. Auch Orbán beherrscht diesen Taschenspielertrick, aus Niederlagen Siege zu konstruieren: er gibt sich lautstark, auftrumpfend, aggressiv – nach dem gescheiterten Flüchtlingsreferendum 2016, nach der abgewiesenen Klage gegen die Flüchtlingsquote vor dem Europäischen Gerichtshof 2017. „Als Politiker sind insbesondere Rebellen beliebt, die zugleich Autorität ausstrahlen. Viktor Orbán ist ein solcher Rebell, der erst im Kampfmodus zu Höchstform aufläuft, urteilt Koenen."[381] Und seine Anhänger stehen hinter ihm.

[378] https://888.hu/article-orban-2017-a-lazadas-eve-lesz/2

[379] https://www.lokal.hu/2017-06-orban-soros-gyorgy-egy-kiterjedt-maffiahalozatot-mukodteto-spekulans/

[380] http://www.zeit.de/politik/ausland/2017-04/ungarn-orban-soros-ceu-universitaet

[381] Koenen, Krisztina: Orbánismus in Ungarn. Osteuropa , 65. Jg., Heft 11/12 2015, S. 37

„Je suis Orbánista", postet die *Fidesz*-Jugendorganisation *Fidelitas* nach der EuGh-Niederlage gegen die Flüchtlingsquote, und setzt den ungarischen Regierungschef zynisch mit Terroropfern gleich, die Solidarität verdienten.[382]

Die offiziellen Fotos zeigen Orbán oft hemdsärmelig, mit entschlossenem Gesichtsausdruck, einer aggressiven, kämpferischen Note im Antlitz: Orbán, der Kämpfer. Und seine Anhänger können sich fühlen, wie die Gefährten im Freiheitskampf gegen eine übermächtige Verschwörung, David gegen Goliath. „Du hast einer Überzeugung Treue geschworen, dass etwa dein Land eine Kolonie der USA ist oder dass die Migranten deine Heimat stehlen (...), mit all solchen Einsichten kannst du dich für einen mutigen Gegner des Systems halten", beschreibt der russisch-stämmige Publizist Boris Schumatsky diesen Mechanismus in seinem Buch „Der neue Untertan". Er erklärt das Paradoxon, sich zu unterwerfen und dabei noch für einen Freiheitskämpfer zu halten für das heutige Russland unter Machthaber Putin, aber es funktioniert offenbar auch im System Orbán. „Wer sich für eine freiwillige Unmündigkeit entscheidet, wer sich seiner intellektuellen oder politischen Verantwortung entledigt, muss sich wie ein Rebell vorkommen", schreibt Schumatsky.[383] Auf Ungarn ließe sich das Paradoxon in etwa so übertragen: Die Ungarn glauben Orbán nur zu gern das Narrativ, ein „Volk von Freiheitskämpfern" zu sein, dafür lassen sie ihn „König" sein.[384]

1956 gehört uns – wie eine Revolution gekapert wird

David gegen Goliath, der ungleiche Kampf zwischen dem Schwächeren, der am Ende gewinnt, und dem Übermächtigen, dem viel Stärkeren, der auf lange Sicht verliert. Das ist der Stoff, aus dem ungarische Heldenerzählungen sind. Und eine solche ist auch die vom ungarischen Volksaufstand 1956 gegen die Sowjets und ihre ungarischen Statthalter. Die Oktober-Ereignisse von

[382] https://www.facebook.com/fidelitas.hu/photos/a.82366233430.81142.71547793430/10155648195498431/?type=3&theater

[383] Schumatsky, Boris, E-Book Pos.865, Kapitel „Die militante Unmündigkeit"

[384] http://www.zeit.de/politik/ausland/2017-08/ungarn-viktor-orban-eu-gelder-autokratie-rechtsstaat/seite-3

1956 sind perfekt, um sie für eigene politische Zwecke zu instrumentalisieren. Der 60. Jahrestag des gescheiterten Aufstandes, bei dem Ungarn mit Molotow-Cocktails und Handfeuerwaffen gegen sowjetische Panzer antraten, bietet sich als Projektionsfläche für nationale Sehnsüchte und Träume an. Das Thema ist emotional aufgeladen. Jede Familie ist davon irgendwie betroffen. Mein Vater marschiert im Oktober 1956 mit den anderen Studenten in Budapest vor das Parlament, erlebt den Sturm auf das *Ungarische Radio*, als die Geheimpolizisten „mit ihren ‚Gitarren', Kalaschnikows aus einem Krankenwagen stiegen" und in die Menge feuern. Unter den ersten Toten ist ein Kommilitone meines Vaters, er sieht russische Soldaten in ihrem Blut liegen und ungarische Revolutionäre, die unter den Händen der Ärzte im St. Stephan-Krankenhaus sterben, in dem er als Medizinstudent damals famuliert. Und er gehört zu den 200.000 Ungarn, die es vorziehen, ihre Heimat hinter sich zu lassen und in den Westen zu fliehen. „Wir wollten frei sein", erzählt er mir im Interview. Es sei eine „Stimmung wie ein Sonnenaufgang" gewesen: „Schön begonnen. Tragisch geendet". Doch frei wovon wollten mein Vater und seine Mitstreiter sein?

In Ungarn gibt es sehr unterschiedliche Lesarten des Aufstandes von 1956. Zu Kádár-Zeiten gilt der offizielle Titel als „Konterrevolution", denn die Revolution war ja im kommunistischen Bezugsrahmen der Sieg der kommunistischen Partei über den Faschismus gewesen. Die Linke interpretiert den Aufstand als Versuch, den Sozialismus von innen zu reformieren. Es gibt auch den Archetypus des streikenden Arbeiters, die verschiedenen Räte, die eine „linke Revolution" wollten. Die Rechte wiederum sieht ihn in erster Linie als antikommunistischen Freiheitskampf.[385] „1956 hat es in Ungarn einen Freiheitskampf gegeben", betont Viktor Orbán in einem Interview mit der *Passauer Neuen Presse*, „man hat für die schönsten politischen Ziele gekämpft".[386] In einem unterirdischen Ausstellungsgelände unter dem Platz vor dem Parlament erzählen Zeitzeugen von den Schrecken des Terrors, den Kämpfen auf den Straßen, dem Kampf der „Pester Jungs" gegen die sowjetischen Invasoren – ein Kampf David gegen Goliath. Die Ausstellung appelliert an das Gefühl, so

[385] https://www.journal21.ch/nationalistische-version-von-1956

[386] zit. n. http://www.miniszterelnok.hu/orban-viktor-interjuja-a-passauer-neue-presse-napilapnak/ (Übersetzung vom Autor)

wie man es aus dem Terrorhaus am Andrássy-Boulevard gewöhnt ist, das roten und braunen Terror in Ungarn umstritten darstellt. Die Direktorin des Terrorhauses ist Mária Schmidt und sie ist auch die Herrin über die Geschichte. Das Gedenkjahr 1956 betreut sie als Regierungsbeauftragte. Für sie ist das Jahr des Ungarn-Aufstandes die Sternstunde der „einfachen Menschen", der Freiheitskämpfer, sprich: des Volkes, das um seine Souveränität gekämpft habe. „Allgemein gesprochen, widerspiegelt dieses Narrativ über die Revolution den gegenwärtigen Populismus, der dem Volkswillen eine geradezu mythische Rolle verleiht", sagt der ungarische Politologe Rafael Labanino über diesen Ansatz.[387]

Die Regierung lässt sich das 1956er-Gedenkjahr einiges kosten, es ist allerdings von Pannen begleitet. Um den Zusammenhalt zu fördern, gibt die Regierung ein Lied in Auftrag, damit man gemeinsam singen könne, wie die Regierungsbeauftragte Schmidt auf einer Pressekonferenz zu Protokoll gibt. Singen heißt letztlich miteinander schwingen, gemeinsam laut atmen. Das fördert die Gemeinsamkeit, man atmet im gleichen Takt ein und aus, man konzentriert sich auf den gleichen Text und singt eine Melodie gemeinsam. Man kennt das von verliebten Pärchen. Sie gleichen sich so an, sie atmen gleich, sie imitieren den Wortschatz des Partners, sie laufen im Gleichschritt, kurzum: Sie spiegeln sich.[388] Singen ermöglicht also, im Gleichklang mit dem Regime zu schwingen, mit einem patriotischen Lied auf den Lippen. „Dieses Lied ist eines, mit dem man das größtmögliche Publikum erreichen kann", freut sich die Historikerin Schmidt auf einer Pressekonferenz, auf der die offizielle 1956er-Hymne vorgestellt wird, „damit – so hoffen wir – es gemeinsam singen werden". Vor allem die Jugend, die 1956 nicht selbst erlebt hat, solle damit erreicht werden, das Gefühl solle weitergegeben werden.[389] Der Ministerpräsident selbst habe einen Auftrag erteilt, die Jugend zu erreichen, ihre Sprache zu sprechen. „Sie erwarten von uns, dass wir fancy, trendy, sexy sind", betont die Historikerin.[390] Ein bekannter US-Sänger mit ungarischen Wurzeln schrieb das Lied *Für ein freies Land* angeblich im Auftrag der Regierung in Budapest. Recherchen ungarischer Journalisten zufolge

387 ebd.

388 Der Autor ist ausgebildeter NLP-Trainer.

389 http://www.origo.hu/kultura/quart/20160824-emlekdal-1956-egy-szabad-orszagert-klip.html

390 http://hvg.hu/itthon/201621__schmidt_maria__masfelszeres_emlekev__vaskefe__ifju_szivekben

wärmt er lediglich einen alten Song noch einmal auf.[391] Und prompt kursiert eine Parodie im Netz. Aus dem offiziellen Refrain „Ungarn, hör ihre Worte" machen die Spötter unter dem Namen *Apa zenél* (Papa musiziert) den You-Tube-Hit „Ungarn stinkt nach Fisch" – im Ungarischen klingen beide Textzeilen sehr ähnlich.[392] Der Fisch stinke vom Kopf her, heißt es im Satire-Text weiter, das ist nicht im Sinne der Regierung.[393] Als Viktor Orbán dann auf den Stufen des Parlaments steht und zu Tausenden Anhängern spricht, ist der ungarische Ministerpräsident zwar in der Rolle des Staatsmannes, der im Beisein des polnischen Präsidenten eine offizielle Rede zum 60. Jahrestag des Aufstandes hält. Doch als er den Bogen von 1956 zur Brüsseler Flüchtlingspolitik von heute schlägt, schlüpft er vor Tausenden Anhängern in die Rolle des „Pester Jungen" mit Molotow-Cocktail, der gegen russische Panzer antritt. Sein Land müsse sich gegen die „Sowjetisierung durch Europa" stemmen, verlangt er, das David-Goliath-Motiv erscheint im neuen Gewand.[394] Seine Fans applaudieren, doch nicht alle im Publikum wollen Orbáns Erzählung folgen, einige leisten mit Trillerpfeifen Widerstand gegen den selbsternannten Freiheitskämpfer Orbán. Eine kleine Oppositionspartei hatte die Pfeifen verteilt. Die Kakophonie missfällt den Jüngern Orbáns, wütend gehen sie auf die Kritiker los.

Christliches Bollwerk gegen die Muselmanen

Der Ort ist eigentlich nicht besonders feierlich, die Zeremonie findet in einer Halle der *Hung-Expo* Anfang 2017 in Budapest statt. Sie verströmt den Charme einer Turnhalle, nur die Fahnen und hunderte Ungarn in Uniform deuten auf den offiziellen Charakter der Veranstaltung hin. 532 frischgebackene Grenzjäger haben sich wie eine Phalanx vor dem Ministerpräsidenten und den Ministern für Inneres und Verteidigung aufgebaut. Blaue Uniform, weinrotes Schiffchen auf dem Kopf – so harren sie aus, bis Viktor Orbán ihnen einen „Guten Morgen" zuruft, einen Gruß, den sie brüllend mit „Kraft und Gesundheit" be-

[391] https://mno.hu/grund/sajat-magatol-lopta-az-56-os-dalt-desmond-child-1357539

[392] https://www.youtube.com/watch?v=-LukWHcITs8

[393] http://hvg.hu/kultura/20160823_Magyarorszag_halszagu__itt_az_56os_himnusz_tokeletes_atirata

[394] zit. n. https://www.tagesschau.de/ausland/ungarn-aufstand-jahrestag-105.html

antworten. Live spielt das uniformierte Orchester in getragenem Tempo die Nationalhymne, in der Gott angefleht wird, sein schützendes Schwert über die Ungarn zu halten. Dann kommt der Befehl: „Kappen runter". Die weinroten Schiffchen verschwinden von den Köpfen, Zeige- und Mittelfinger der rechten Hand zeigen in die Höhe. 532-fach. Barhäuptig legen die Rekruten der neu geschaffenen Einheit ihren Eid ab. Sie schwören, der „Heimat treu zu sein", wie das Schicksal auch zuschlage: „Hier musst Du leben und sterben". Die Grenzjäger sind die ersten von 3000 zusätzlichen Polizisten, die künftig am 175 Kilometer langen und vier Meter hohen Grenzzaun Dienst tun werden. Den hatte die Regierung von Ministerpräsident Viktor Orbán 2015 als Bollwerk gegen Flüchtlinge errichten lassen. Dienst tun, das heißt für die frischgebackenen Polizisten und Polizistinnen vor allem eins: Dafür sorgen, dass kein Migrant illegal das Land betritt. „Sie werden die ungarischen Grenzen verteidigen und damit auch Europa", beginnt der etwas erkältete Viktor Orbán seine Rede vor den frisch Vereidigten und ihren Angehörigen, die hinter der blau-weinroten Phalanx an Absperrbändern der Zeremonie beiwohnen. „Sie werden Europa verteidigen, wie wir das schon seit 500 Jahren tun", sagt Viktor Orbán. „Uns und Europa verteidigen, das war über Jahrhunderte unser Schicksal", betont der ungarische Premier.

Das ist der Moment, in dem Viktor Orbán tief ins kollektive Gedächtnis seiner Zuhörer eindringt. Jeder Ungar wächst mit den Geschichten vom Kampf gegen die Türken auf. In Mohács, im Süden des Landes, erinnert eine Gedenkstätte an die Schlacht im Jahre 1526, die die etwa 150-jährige Eingliederung des Landes in das Osmanische Reich besiegelte. Die Ungarn und ihre Verbündeten verloren die Schlacht, aber die Geschichte von Mohács wird erzählt als Heldentat, die Ungarn bis heute inspiriert. Schon im Jahr der Schlacht von Mohács schreibt der Habsburger Diplomat Johannes Cuspinianus über die Ungarn und ihr Land, „dass es offensichtlich ein Schild und Bollwerk der ganzen Christenheit sei, wovon ein jeder weiß."[395] Diese Identität als „Grenzwächter" hat sich bis heute erhalten. Laut einer Umfrage von 2005 glauben 60 Prozent der ungarischen Christen an die

[395] zit. n. Imre, Mihály: Der ungarische Türkenkrieg als rhetorisches Thema in der Frühen Neuzeit, S. 93, in: Kühlmann, Wilhelm/Schindling Anton (Hrsg.): Deutschland und Ungarn in ihren Bildungs- und Wissenschaftsbeziehungen in der Renaissance, Tübingen 2004

historische Rolle Ungarns als „Schutzschild Europas".[396] Auf dieser Klaviatur spielt Orbán. Historisch haben die Ungarn von ihrer Rolle als „Bollwerk" nicht gerade profitiert, gut 150 Jahre lang war zumindest ein Teil des Landes von den Türken besetzt. Nur wenig ist aus dieser Zeit erhalten: ein paar Wörter im Wortschatz, einige Minarette und Grabmäler, die Bäder. Ungarn identifizieren sich nicht mit den Türken in ihrem Land, sondern mit denen, die sie bekämpft haben.

„Der Islam gehörte nie zu Europa, sondern kam herein", sagt der ungarische Ministerpräsident Orbán in Anspielung auf die Türkenherrschaft in Ungarn.[397] Populär ist in Ungarn ein Gedicht von Bálint Ballasi, das *Lob der Grenzhüter,* die unter „Einsatz ihres Leben die Türkenscharen abwehren (...) schlecht bezahlte, schwach ausgerüstete Soldaten aus der Bauernschaft und dem mittleren Adel setzten hier der vielfachen osmanischen Übermacht einen erstaunlich zähen und kontinuierlichen Widerstand entgegen", schreibt György Dalos in seinem historischen Lesebuch *Ungarn in der Nußschale.*[398] Jedes Kind in Ungarn kennt auch Géza Gárdonyis *Sterne von Eger*, das vom heldenhaften Kampf der Verteidiger der Burg gegen eine zahlenmäßig weit überlegende Schar osmanischer Belagerer erzählt. „Heißes Wasser auf ihre Glatzköpfe" ist ein geflügeltes Wort in Ungarn: Gárdonyi machte die Frauen von Eger zu Heldinnen, die in seinem Buch von den Zinnen der Burg kochendes Wasser auf die anstürmenden Türken gegossen haben. „Mein Ziel war eigentlich, die Stadt Ofen (Buda) zur Heimstätte des Islam zu machen", schreibt der türkische Sultan Sulejman nach der Schlacht von Mohács in einer historischen Atempause. Erst 1540 unternimmt er einen neuen Feldzug gegen die Ungarn.[399]

„Wir schützen Europa, wenn wir die ungarischen Grenzen schützen",[400] das Narrativ kehrt immer wieder in Viktor Orbáns Reden und Interviews[401]. Es ist die alte Geschichte vom mittelalterlichen Grenzwächter, die ja auch nicht ganz

396 vgl. Fritz, Regina: Nach Krieg und Judenmord. Ungarns Geschichtspolitik seit 1944, Göttingen 2012, S. 23 f.

397 http://hvg.hu/itthon/20151016_Orban_Az_iszlam_soha_nem_volt_Europa_resz

398 Dalos, György: Ungarn in der Nußschale, S. 68

399 zit. n. Dalos, György, S. 63f.

400 http://mandiner.hu/cikk/20150907_orban_az_orf_nek_mi_europat_vedjuk_europa_szabalyai_szerint

401 http://kdnp.hu/news/orban-viktor-amikor-magyarorszag-hatarait-vedjuk-akkor-europat-ovjuk

stimmte: Zweimal stehen die Türken vor Wien. Was die verlorene Schlacht von Mohács 1526 angeht, so ist sie *ein* Ausgangspunkt für den ungarischen Opfermythos, der andere ist der Friedensvertrag von Trianon 1920. Die tragische ungarische Geschichte wird als Beleg für die These bemüht, der Westen helfe Ungarn in der Not nicht. Während der Flüchtlingskrise höre ich Viktor Orbán im Radio, der genau diese These in die Welt schickt, dass „man sich auf den Westen nicht verlassen könne“. Auch ein beliebtes Narrativ in Ungarn: Die eigene Geschichte ist voller Helden, aber eben auch voller Verräter. Treue wird deshalb im Orbán-Ungarn groß geschrieben.

Helden, Könige, Heilige

Der Rahmen ist pompös gewählt: Das Monumental-Gemälde Munkácsys, das die Landnahme der Ungarn vor mehr als tausend Jahren im Karpatenbecken zeigt, hatte die Regierung zu dieser Gelegenheit eigens aus dem Parlament auf den Burgberg in die Nationalgalerie schaffen lassen.[402] Inmitten von Schlachtengemälden und Auftragskunst, die die neue Verfassung illustrieren und auch sein Konterfei für die Nachwelt verewigen, eröffnet der ungarische Regierungschef die Ausstellung „Helden, Könige, Heilige“. Orbán spricht voller Pathos von „der geistigen Kraft der Nationalkultur“ und davon, dass die neue „Zweidrittel-Verfassung“ der „Moment der Neugründung“ des Staates sei. Die Zeit des Kleinmutes sei nun zu Ende, so Orbán. Etwas Eigenlob streut er auch unter die Zuhörer, „wir haben einen der größten Schulterschlüsse in der ungarischen Geschichte geschaffen“, klopft er sich selbst auf die Schulter, in nichts weniger als einer „parlamentarischen Zweidrittel-Revolution“.[403] Damit meint er den Wahlsieg 2010, der seiner Partei eine Zweidrittelmehrheit und somit eine erhebliche Machtfülle beschert. Natürlich erwähnt der Regierungschef auch die sozialliberale Vorgängerregierung. Man habe die Kräfte beiseite geschoben, die die Nation in den Untergang geführt hätten. „Heute füllt die Hoffnung unsere Herzen“, so der Premier, „dass die ungarische Nation des 21. Jahrhunderts den Platz einnimmt, der ihr gebührt“. Welcher das ist, das hat er in den letzten

[402] http://www.atv.hu/szines/20120102_hosok_kiralyok_szentek_a_nemzeti_galeriaban

[403] http://mandiner.hu/cikk/20120102_orban_granitszilARDsagu_az_alaptorveny

Jahren immer wieder klargemacht: In der EU, wenn es ums Geld geht, aber draußen in der scharfen Anti-EU-Rhetorik und wenn es darum geht, gemeinsame Spielregeln einzuhalten. Orbán bezieht sich gerne auf die mehr als tausendjährige ungarische Geschichte, vergisst aber dabei eins zu erwähnen: Der Staatsgründer, der Heilige Stephan, hatte dem Land Offenheit empfohlen. Ein „Land, das nur eine Sprache spricht, und nur eine Tradition pflegt", sei schwach und werde scheitern, befand der Heilige Stephan.[404]

Das Projekt war von Anfang an umstritten – und es kam nie. „Sie haben das Regierungsviertel abgeblasen", titelt das Internet-Portal *index.hu* schon 2008. Die sozialliberale Regierung Gyurcsány hatte in der Nähe des Westbahnhofs im Budapester Zentrum auf einer Brache ein neues Regierungsviertel errichten lassen wollen. Aber weder der liberale Regierungspartner noch die Opposition sind von dem Projekt zu überzeugen.[405] Außenminister Péter Szíjjártó, damals noch *Fidesz*-Sprecher, wähnt Immobilienspekulation des früheren Regierungschefs Gyurcsány hinter dem Projekt.[406] Aus dem Areal hinter dem Westbahnhof in Budapest wird kein Regierungsviertel. Die *Fidesz*-Partei betont auch die Kosten. Das Projekt liegt auf Eis, Viktor Orbán kommt an die Macht. Und er hat offenbar andere Pläne. Hochfliegendere. Es zieht ihn auf die andere Donauseite, nach Buda, auf den Burgberg. Von hier oben hat man den Überblick über die Hauptstadt und das Land. Auch Reichsverweser Horthy thronte auf dem Burgberg. Orbán tritt in die historischen Fußstapfen: Er wird von oben auf das Parlament schauen. Eine symbolische Geste.

Ein Volk von Opfern

Einen richtigen Pressetermin gibt es nicht. In einer Nacht-und-Nebel-Aktion stellen Baumaschinen das umstrittene Denkmal in der Budapester Innenstadt auf.

[404] zit. n. Csekö Balázs, Viktor Orbán zieht neue Mauern um sein Land hoch, Gastkommentar in „Die Presse", 24.06.2015 http://diepresse.com/home/meinung/gastkommentar/4762341/Viktor-Orban-zieht-neue-Mauern-um-sein-Land-hoch

[405] http://index.hu/belfold/knegyed1170/

[406] http://index.hu/belfold/korndd1129/

Direkt am Freiheitsplatz und ausgerechnet im Holocaust-Gedenkjahr will die Regierung ihre eigene Deutung der ungarischen Geschichte gleichsam in Stein meißeln. Wochenlang haben kritische Ungarn dagegen protestiert. Immer wieder haben sie Bauzäune niedergerissen, die Polizei sieht dem Treiben zu.[407] „Ich habe den Holocaust überlebt", begründet eine betagte Dame, warum sie da ist. Szabolcs Kerek-Barczy von einer linken Oppositionspartei empört sich, das Denkmal demütige „jene Landsleute, an die wir uns erinnern müssen". Es verleugne eine Vergangenheit, der sich Ungarn stellen müsse. Zu Recht seien die Menschen, die gegen das Denkmal protestierten, zornig. Die Polizei muss die Säulen, den Erzengel Gabriel und den Adler bewachen.[408] Das Objekt, das soviel Zorn auf sich zieht, hat Péter Párkányi Raab gestaltet. Vor einem Säulenrund ist ein schwarzer Adler, der Nazi-Deutschland symbolisiert, im Angriffsmodus zu sehen. Der aggressive Raubvogel stößt auf einen unschuldigen Erzengel Gabriel nieder, der Ungarn darstellen soll – ein Volk im Opfermodus.

Diesmal dient der David-Goliath-Mythos nicht dazu, die Ungarn zum Freiheitskampf anzustacheln, sondern den Opfermythos zu zementieren. Das aber widerspricht den Tatsachen. „Der ungarische Holocaust geschah unter aktiver Mitwirkung der ungarischen Behörden", schreibt der streitbare Historiker Krisztián Ungváry in der Zeitschrift *Élet és Irodalom*. „Das Denkmal schiebt jedoch die historische Verantwortung ausschließlich den Deutschen und den ‚Pfeilkreuzler-Küken´ der deutschen Armee in die Schuhe".[409] Dieses Denkmal sei deshalb eine „Geschichtsklitterung", schreibt Krisztián Ungváry, der sich mit anderen Historikern gegen das Projekt ausspricht. „Die Initiatoren wussten, dass dieses Denkmal sofort Streit auslösen würde", meint er in einem Gastbeitrag für die Wiener Tageszeitung *Die Presse,* „durch den freilich viele rechtsradikale Wähler für die Regierungspartei *Fidesz* mobilisiert werden konnten". Den Anhängern von *Jobbik* könne die Kritik und die Debatte um das Denkmal aber gut „als Angriff auf

[407] https://pusztaranger.wordpress.com/2014/07/20/nacht-und-nebel-aktion-denkmal-der-deutschen-besatzung-errichtet/

[408] http://www.deutschlandfunk.de/ungarn-proteste-gegen-nazi-besatzungsdenkmal.795.de.html?dram:article_id=282587

[409] Übersetzung nach https://pusztaranger.wordpress.com/2014/01/22/ungarische-historiker-protestieren-gegen-denkmal-der-deutschen-besatzung/

die ungarische Souveränität und als Nestbeschmutzung verkauft werden". Die Regierung könne sich damit als „Retter der Nation feiern lassen".[410]

Die Rolle von Orbáns Hofhistorikerin Mária Schmidt

Das Holocaust-Gedenkjahr 2014 darf Orbáns Hofhistorikerin Mária Schmidt gestalten. Und sie entscheidet sich für eine Doppelstrategie. Einerseits unterzeichnet sie eine Kooperationsvereinbarung mit dem umstrittenen *Veritas-Institut*, dessen Leiter Sándor Szakály die „nationalen Schicksalswenden ohne Verzerrungen" darstellen und „das Geschichtsbewusstsein der ungarischen Gesellschaft" stärken will – eine Umschreibung für Geschichtsrevisionismus.[411] Andererseits umarmt sie die Kritiker wie die Jüdischen Gemeinden[412]. Sie kann Vorwürfe des Antisemitismus am Besten entschärfen, indem sie einen prominenten Juden mit dem höchsten Staatspreis dekorieren lässt. Imre Kertész hatte in einem Interview mit einer deutschen Tageszeitung noch den Rechtsruck in Ungarn mit scharfen Worten gegeißelt.[413] Dafür war Kertész in Ungarn stark angefeindet worden. Schmidt füttert den Kritiker mit einem Zuckerl.

Dass der Holocaust-Überlebende und Literaturnobelpreisträger Imre Kertész kurz vor seinem Tod aus der Hand von Staatspräsident Áder den höchsten Staatsorden annimmt, werten Kritiker wie Rudolf Ungváry als „Absolution" der Regierung.[414] Damit mache er sich endgültig zum „Holocaust-Clown" der Regierung Orbán,[415] urteilt das Internet-Portal *index.hu* in Anlehnung an eine Äußerung des betagten Schriftstellers gegenüber der Wochenzeitung *Die*

410 http://diepresse.com/home/meinung/gastkommentar/1557021/Boese-Deutsche-und-gute-Ungarn-Es-war-komplexer

411 https://pusztaranger.wordpress.com/2014/04/27/budapester-holocaust-gedenkzentrum-kooperiert-mit-geschichtsrevisionistischem-veritas-institut/)

412 https://kurier.at/politik/ausland/besatzungsdenkmal-empoert-ungarns-juden/60.153.472

413 https://www.welt.de/welt_print/kultur/literatur/article5116030/Ich-schreibe-keine-Holocaust-Literatur-ich-schreibe-Romane.html

414 https://kurier.at/kultur/ungarn-debatte-um-ehrung-von-imre-kertesz/81.152.742

415 http://index.hu/velemeny/2014/08/15/kertesz_imre_lett_a_kormany_holokausztbohoca/

Zeit.[416] Besondere Pikanterie: Der „Stephans-Orden" geht auf die Horthy-Zeit zurück. Und noch ein besonderer Coup gelingt Orbáns Hofhistorikerin Mária Schmidt, der Direktorin des umstrittenen Terrorhauses in der Budapester Andrássy út. Die häufig kritisierte Historikerin steht nun einer Stiftung vor, die den Nachlass des Schriftstellers verwaltet, der ursprünglich in der Berliner *Akademie der Künste* verwahrt wurde.[417]

Schmidt ist Orbáns Hüterin über die Geschichte und die Art sie zu lesen. Anlässlich der Debatten um das Budapester Denkmal schreibt sie in der Zeitschrift *Válasz* einen Artikel, in dem sie klassische Täter-Opfer-Umkehr betreibt. Manche der Holocaustüberlebenden seien im Kommunismus selbst zu Tätern geworden. Sie spricht von „Vaterlandsverrätern", „Moskowiterfreunden" und „Kollaborateuren" nach 1945 und wiederholt ein altes antisemitisches Stereotyp in Ungarn: Juden sind Kommunisten sind Liberale sind Feinde des Vaterlandes sind „Fremdherzige".[418] Das gründet darauf, dass sowohl während der Räterepublik 1919, als in der Rákosi-Zeit, als auch in der liberalen Nachwendepartei *SZDSZ* führende Politiker Juden sind.[419] Die Präambel der 2012er-Verfassung, das sogenannte „Nationale Bekenntnis" macht klar, welche Geschichtsauffassung die Regierung Orbán vertritt: Nach 1944 sei Ungarn kein souveräner Staat mehr gewesen, heißt es da. „Für uns gilt die Wiederherstellung der am 19. März 1944 verloren gegangenen staatlichen Selbstbestimmung unserer Heimat ab dem 2. Mai 1990, von der Bildung der ersten frei gewählten Volksvertretung an. Diesen Tag betrachten wir als Beginn der neuen Demokratie und verfassungsmäßigen Ordnung unserer Heimat".[420] Orbán erteilt seinen Ungarn die historische Absolution, indem er ihnen den Status als Opfer verlängert – vom Beginn der Herrschaft der faschistischen Pfeilkreuzler bis zum Ende des Kommunismus waren die Ungarn gleichsam nicht Herr ihrer Geschichte, behauptet der ungarische Ministerpräsident.

416 http://www.zeit.de/2013/38/imre-kertesz-bilanz

417 http://derstandard.at/2000049706514/Ungarn-Nachlass-von-Imre-Kertesz-geht-an-regierungsnahe-Stiftung

418 vgl. hierzu Lendvai, Paul: Die Ungarn, S. 422 f.

419 vgl. hierzu Lendvai, Paul: Die Ungarn, S. 422 f. und Janke, Igor, S. 128

420 Nationales Bekenntnis, zit. n. Osteuropa, 61. Jg., 12/2011, S. 29

Ein simpler Taschenspielertrick, mit dem Geschichte passgenau gemacht wird. Wo kein Souverän, da keine Verantwortung. Die deutsche Besatzung ist also schuld an der Deportation der ungarischen Juden. Der Budapester Historiker János Rainer nennt das eine „romantische Geschichtsauffassung", die vor lauter Opfermythos die eigene Verantwortung ausblendet.[421] Die ungarische Nachkriegsgeschichte ist voller Beispiele für die ausgesprochen widersprüchliche Haltung der Ungarn zu dem Mord an mehr als einer halben Million jüdischer Landsleute. Das argumentative Mäandern beschreibt die Wiener Historikerin Regina Fritz sehr anschaulich in ihrer Arbeit über *Ungarns Geschichtspolitik seit 1944*. Ein Motiv für den Judenhass, so fasst sie die Ergebnisse ungarischer Forschungsarbeiten zu diesem Thema zusammen, sind auch materielle Gründe. „So boten Ghettoisierung und Deportation für einen Teil der Mehrheitsbevölkerung materielle Gewinne".[422] Zum anderen werden Gelegenheiten zur moralischen Entlastung von eigener Schuld und Verantwortung genutzt, so sie sich bieten. So ist es etwa, als nach dem Zweiten Weltkrieg die deutsche Minderheit im Land als Sündenbock für Krieg und Zerstörung herhalten muss und etwa 200.000 Deutschstämmige vertrieben werden. „Mit der Stigmatisierung der deutschsprachigen Minderheit als Kriegsverbrecher und Landesverräter konnte die eigene Verantwortung abgeschwächt werden", schreibt Fritz.[423]

Die Widersprüchlichkeit im Umgang mit dem Holocaust spiegelt auch die heutige Regierungspartei *Fidesz* wider. Einerseits tritt sie in die Fußstapfen der *völkisch-nationalen* Bewegung der Horthy-Zeit, toleriert Antisemitismus in den eigenen Reihen und schürt ihn sogar, wenn es politisch nützlich ist (Kampagne gegen Soros, antisemitische Ausfälle Zsolt Bayers). Andererseits hat die Regierung Orbán einen Holocaust-Gedenktag eingeführt und die Leugnung des Judenmords unter Strafe gestellt.[424]„Auch der ungarische Staat ist verantwortlich

421 Interview des Autors mit János Rainer.

422 Fritz, Regina: Nach Krieg und Judenmord. Ungarns Geschichtspolitik nach 1944, Göttingen 2012, S. 71f.

423 Fritz, Regina: Nach Krieg und Judenmord. Ungarns Geschichtspolitik nach 1944, Göttingen 2012, S. 80

424 http://www.mfa.gov.hu/NR/rdonlyres/D80B6F4E-6161-46C8-B971-370A8B0BC261/0/MERKBLATTANTISEMITISMUS.pdf

für den Holocaust", gab der frühere Justizminister und EU-Kommissar Tibor Navracsics vor seinem Wechsel nach Brüssel immerhin zu.[425]

Der „nationale Denkansatz"

„Heimatort des Helden Miklós Horthy" informiert eine Tafel am Ortsrand. Kenderes ist ein kleines Puszta-Kaff, die Nationalstraße Vier verläuft durch den Ort im Osten Ungarns. Im Internet kann man „Horthy-Touren" buchen – sie führen zu dem kleinen Schlösschen der Familie und dem Mausoleum, in dem die sterblichen Überreste beigesetzt sind, eine Stiftung organisiert die Trips auf den Spuren des Reichsverwesers, um das „segensreiche Wirken Horthys" der Welt bekannt zu machen, wie es auf der Internetseite heißt.[426] Ein geschnitztes Székler-Tor neben einem kleinen Museum deutet auf eine weitere Attraktion des Ortes hin, in dem bei der Europawahl 2014 fast jeder Dritte für die rechtsextreme Partei *Jobbik* gestimmt hat. „Das hier ist der Folklore-Raum", erklärt die Angestellte in dem kleinen Horthy-Museum und zeigt auf bemalte Töpfe und Teller sowie allerlei Bauerngerät, „da hinten ist die Admirals-Ausstellung". Das Allerheiligste ist ganz dem ungarischen Zwischenkriegsherrscher gewidmet. „Trianon – in Siebenbürgen auf dem Index" wird ein Buch über den Friedensvertrag nach dem Ersten Weltkrieg angepriesen. Zeitungsausschnitte informieren über die zeitweilige Wiederangliederung der abgetrennten Gebiete in der Zwischenkriegszeit, Fotos zeigen jubelnde Ungarn. Ein Ausflugsbus entlässt seine Passagiere in das kleine Museum. „Wir hatten zu Hause ein Buch über Horthy", sagt ein Mann, „aber wir durften nicht darüber sprechen". Er schaut sich im Saal mit den Horthy-Devotionalien um. „Jetzt sehen wir, was für ein wunderbarer Mensch das war".

Wenige Monate später bin ich wieder in Kenderes. Diesmal haben sich die Rechtsextremen vor dem Mausoleum der Familie Horthy versammelt, um an den Einmarsch Horthys in Budapest im November 1919 zu erinnern. Schwarzgekleidete Gardisten in Knobelbecher rollen ihre Fahnen aus. „Heute brauchte

[425] http://index.hu/belfold/2013/10/01/navracsics_a_magyar_allam_is_felelos_a_holokausztert/

[426] http://www.horthytura.hu/index.php?id=horthy/alapitvany

es wieder einen Horthy", sagt mir der *Jobbik*-Funktionär András Andrássy aus der Kreisstadt Karcag, „er würde Ungarn aus der tiefen wirtschaftlichen und moralischen Krise führen", glaubt der Rechtsextreme. Schaulustige hängen über den Gartenzäunen und gaffen. Ein Buchhändler hat einen einschlägigen Büchertisch aufgebaut, revisionistische Literatur, der ganze Kanon der *Völkischen* liegt dort aus: Bücher von Albert Wass, József Nyirö und Cécile Tormay, aber auch Lehrwerke für Székler Runenschrift. „Ungarische Garde", ruft der Anführer der *Jobbik*-Paramilitärs, „Achtung!" Eine kleine Gruppe schwarzgekleideter Männer und Frauen in Knobelbechern marschiert im Gleichschritt. Rot-weiß-gestreifte Fahnen wehen im kalten Novemberwind, der Bürgermeister von Csókakö ist gekommen.

Der Kult um Trianon und Horthy

„Wir hatten das Gefühl, dass Horthy als herausragende Figur der ungarischen Geschichte eine Neubewertung verlangt", sagt der *Fidesz*-Lokalpolitiker György Fürész, der eine Horthy-Statue in seinem Ort aufgestellt hat. Er hoffe, dass die Regierung das auch fördere.[427] Kritiker werfen der Regierung Orbán eine Restauration des Horthy-Regimes vor. Der Kossuth-Platz vor dem Parlament wird in diesem Sinne so „rückgebaut", dass ideologisch störende Elemente entfernt werden und der Platz wieder an 1944 erinnert. In Ungarn gibt es einen Kult um Trianon und Horthy. Der 4. Juni, Jahrestag der Unterzeichnung des „Friedensdiktates", wie es offiziell heißt, wird als Tag des „Nationalen Zusammenhalts" gesetzlicher Feiertag. Die Regierung gibt ein Lied in Auftrag, um zumindest musikalisch mit den Ungarn in den Anrainerstaaten im Gleichklang schwingen zu können.[428] Es gibt Butterfahrten zu dem kleinen Horthy-Museum in seiner Heimatstadt Kenderes, allenthalben stellen Lokalpolitiker wie György Fürész Horthy-Statuen auf.

Viktor Orbán ist dem Thema in einem Interview mit der Wiener Tageszeitung *Die Presse* konsequent ausgewichen. Das sei „Sache der Gemeinden", sagt

[427] zit. n. http://www.br.de/radio/bayern2/sendungen/breitengrad/ungarn-orban100.html

[428] http://www.szoljon.hu/jasz-nagykun-szolnok/kozelet/uj-trianon-dal-szuletett-videoval-614267/

er, man müsse „die Entscheidung der Wähler respektieren". Die Umbettung des umstrittenen Autoren József Nyirö nach Siebenbürgen, an der auch hochrangige Regierungsvertreter teilnehmen, kommentiert Orbán mit den Worten: „Warum müssen Pietätsfragen mit politischen Fragen verwechselt werden?"[429] Nyirö, der mittlerweile auch in den Literaturkanon der Schulen erhoben ist, gehörte dem Parlament des Szállasi-Regimes an, den antisemitischen Erfüllungsgehilfen Hitlers in Ungarn. Orbán sagt nur: „In Mitteleuropa bestand nach dem Zweiten Weltkrieg eine der großen Missionen der Kommunisten darin, die Geschichte auszulöschen. Die jetzigen Diskussionen über die Vergangenheit sind eine Reaktion darauf."[430]

Bereits in seiner ersten Amtszeit (1998 bis 2002) hat Viktor Orbán ein Gespür für den Geschmack der *Völkischen* bewiesen. Unter großem Pomp wird damals die Krone des Heiligen Stephan, Staatsgründer aus dem Árpádengeschlecht, aus dem Nationalmuseum ins Parlament überführt. Sie „sticht" gleichsam die Verfassung, meint die Kulturwissenschaftlerin Magdalena Marsovszky. „Alle rechtsnationalen Gruppierungen betrachten die ‚Lehre der Heiligen Ungarischen Krone´und nicht die demokratische Verfassung als Rechtsgrundlage", schreibt sie.[431] Auf der Website des „Ritterordens zum Heiligen Stephan" ist die Rede von „ungarischer Berufung" und „nationaler Sühne". Der Kult um die Krone hat auch Eingang in die umstrittene neue Verfassung gefunden, die die Regierung Orbán auf den Weg gebracht hat. In der Präambel heißt es: „Wir erkennen die Rolle des Christentums bei der Erhaltung der Nation an. (...) Wir halten die Errungenschaften unserer historischen Verfassung und die Heilige Krone in Ehren, die die verfassungsmäßige staatliche Kontinuität und die Einheit der Nation verkörpern.[432]

[429] http://diepresse.com/home/leben/ausgehen/766412/print.do

[430] http://diepresse.com/home/leben/ausgehen/766412/print.do

[431] Marsovszky, Magdalena: Die fremde Besatzung ist weg, der „Freiheitskampf" geht weiter. Und wo ist der Feind?, in: Flierl, Thomas/Müller, Elfriede (Hrsg.): Osteuropa – Schlachtfeld der Erinnerungen, S. 85, vgl. auch http://www.szentkoronalovagrend.hu

[432] Grundgesetz Ungarns, 25. April 2011, im Original: www.kormany.hu/download/7/81/ 40000/ Grundgesetz Ungarns 2011.pdf, zitiert nach: Ungváry, Rudolf: Tief ist der Brunnen der Vergangenheit. Ungarns gescheiterte Übergänge nach Europa, in: Osteuropa, 61 Jg. 12/2011, S. 122

Doch wer gehört zur Nation? „Das bürgerliche Ungarn hat ausgesprochen, wo unsere Zukunft ist", sagt Viktor Orbán nach seiner Wahlniederlage 2002 und bezieht sich auf die Auslandsungarn, die in aller Welt verstreut leben. Die Zukunft Ungarns liege nicht in der „eines 10-Millionen-Landes, sondern eines 15-Millionen-Volkes".[433] Damit setzt er die außenpolitische Linie der ersten Nachkriegsregierung Antall fort, der bereits gesagt hatte, er wolle der Ministerpräsident von 15 Millionen Ungarn sein. Um den Zusammenhalt zwischen Mutterland und Auslandsungarn zu fördern, schafft Orbán neue Regeln. Er gibt den Auslandsungarn Doppelpass und Wahlrecht. Aber er sorgt auch für emotionalen Kitt mit dem Mutterland. „Es gibt nur ein Vaterland. Und zwar eines, dass die Ungarn innerhalb und jenseits der Trianon-Grenzen vereinen kann", sagt er in einer Blut-und-Boden-Rede anlässlich der Einweihung einer Turul-Stele im südungarischen Ópusztaszer 2012. „Die ungarische ist eine Weltnation, denn die Grenzen des Landes und die Grenzen der ungarischen Nation fallen nicht zusammen", sagt der ungarische Regierungschef und greift tief in den Legendenschatz seiner Landsleute.

Jeder Ungar werde im Zeichen des Turul geboren, beschwört er seine Zuhörer wie ein Schamane. Der mythische Greif gilt als Ur-Ahn der Árpádendynastie. Er soll den Ur-Ungarn bei der Landnahme den Weg ins Karpatenbecken gewiesen haben. Und er soll Emese, die Ur-Mutter der Ungarn geschwängert und damit die Arpaden-Dynastie begründet haben. „Der Turul ist ein Urbild, das Urbild der Ungarn. Wir werden in es hineingeboren, so wie wir in unsere Sprache und Geschichte hineingeboren werden. Das Urbild gehört zum Blut und zum Heimatboden", und dann schickt Viktor Orbán seine Zuhörer auf eine lange Reise in die Vergangenheit, ins kollektive Gedächtnis der Magyaren. „Von dem Augenblick an, wo wir als Ungarn auf die Welt kommen, schließen unsere sieben Stämme den Blutbund, gründet unser heiliger Stephan den Staat, unterliegen unsere Truppen in der Schlacht bei Mohács, der Turul aber ist das Symbol der nationalen Identität der jetzt lebenden, der schon gestorbenen

[433] http://members.xoom.it/hunok2/h0013.html

und der erst noch auf die Welt kommenden Ungarn."[434] Stämme. Blutbund. Heiliger Stephan. Schlacht von Mohács. Turul. Das ist ein Feuerwerk thematischer Frames, die Assoziationsfelder tief im kollektiven Gedächtnis eines jeden Ungarn anstoßen. Orbán führt seine Zuhörer in eine „demagogische Trance", setzt dabei „suggestive Sprachmuster" ein, wie sie aus der Hypnotherapie entlehnt sind. Er benutzt Mythen (Blutbund, Turul), spricht in Gleichnissen, setzt Symbole ein (Fahnen, Turul).[435]

„Mythen sprechen unmittelbar Gefühle an", analysiert der Linzer Kommunikationsexperte Walter Ötsch, und sie „nützen Elemente religiösen Glaubens und alter Sagen". Der Effekt: Sie sind „kollektive Geschichten, die tief ins Unterbewusstsein eindringen".[436] Sie formen innere Bilder, die ein geschickter Demagoge beeinflussen kann (etwa über „Liebessprache" für die WIR und Hass-Sprache für die ANDEREN). In Orbáns Logik wird man nicht als Mensch geboren, sondern als Ungar – inklusive Mythenschatz, ein Hinweis auf eine „ethno-nationale" oder völkische Interpretation von Gemeinschaft, wie sie auch Magdalena Marsovszky beschreibt. „Das heißt, dass sie die Nation als eine organisch gewachsene, ethnisch-homogene Gemeinschaft auffasst", meint die Kulturwissenschaftlerin. „Diese Gemeinschaft ist demnach eine kulturelle und blutsmäßige Abstammungsgemeinschaft".[437]

In Ópusztaszer raunt Viktor Orbán: „Wer sich der Politik verschworen hat, muss aus den Zeichen lesen können. (...) Wer regiert, weiß, dass alles seine bestimmte Zeit hat. Aus den Zeichen weiß er, wann die Zeit zum Reden und die Zeit zum Schweigen ist. (...) Wer die Zeichen der Zeit zu lesen vermag, der kann sie lesen. Eine Welt neuer Gesetze kommt auf den europäischen Kontinent zu. Das erste Gebot dieser im Entstehen begriffenen neuen Welt lautet: Die Starken vereinigen sich, die Schwachen zerfallen, das heißt, die Angehörigen starker Nationen halten zusammen, die der schwachen Nationen laufen

434 zitiert nach https://pusztaranger.wordpress.com/2012/10/06/viktor-orbans-blut-und-boden-rede-dokumentation-und-kommentar/

435 Ötsch, Walter: Haider light.Handbuch der Demagogie. Wien 2000, S. 84-94

436 Ötsch, Walter: Haider light.Handbuch der Demagogie.Wien 2000, S. 92-93

437 Marsovszky, S. 14

auseinander. Ich wünsche jedem Ungarn, dass er Ohren haben möge zu hören und dass er die Zeichen lesen möge."[438] Es ist das Geraune eines politischen Schamanen, er tritt aber auch in die Fußstapfen des Heiligen Stephan. Denn Orbán sieht sich als Speerspitze einer Reconquista Europas, einer christlichen Rückeroberung – er schöpft dafür aus dem heidnischen und christlichen kollektiven Gedächtnis der Ungarn.

Er geht dabei von der – falschen – Annahme aus, dass in einer liberalen Gesellschaft „Christ sein" etwas Anrüchiges habe und sich Anhänger Jesu deshalb gleichsam verstecken müssten. Orbán fantasiert von linken und liberalen Naturgewalten und einem vermeintlichen Redeverbot, wie man das von anderen Rechtspopulisten auch kennt. „Ich bin überzeugt, dass Zigmillionen EU-Bürger es satt haben, in alt-linken ideologischen Bahnen zu denken", sagt Viktor Orbán in einem Interview mit der *Bild*-Zeitung. „Sie wollen sich nicht verbieten lassen, über Werte wie Christentum, Heimat, Nationalstolz, Familie zu reden."[439]

Doch was sind unter dem Strich die ungarischen Werte, wie sie Viktor Orbán versteht? In seiner Rede anlässlich der Sommeruniversität im siebenbürgischen Băile Tuşnad hat Viktor Orbán 2014 klar gemacht, was er damit meint: Abkehr vom Liberalismus, ein autoritäres Herrschaftsmodell à la Erdogan.[440] „Das bedeutet, dass wir uns lossagen müssen von den liberalen Prinzipien und Methoden der Gesellschaftsorganisation, und überhaupt vom liberalen Verständnis der Gesellschaft. (...) Die liberale Demokratie war unfähig (...) mit ihrer Arbeit der Nation zu dienen. Und überhaupt: sie hat den Gedanken des nationalen Interesses generell in Frage gestellt. (...) In diesem Sinne ist also der neue Staat, den wir in Ungarn bauen, kein liberaler Staat, sondern ein illiberaler Staat."[441] Orbán spricht von einem „nationalen Denkansatz".

438 https://pusztaranger.wordpress.com/2012/10/06/viktor-orbans-blut-und-boden-rede-dokumentation-und-kommentar/

439 http://www.bild.de/politik/ausland/viktor-orban/interview-sind-sie-ein-schlechter-mensch-22146330.bild.html

440 https://pusztaranger.wordpress.com/2014/08/01/viktor-orbans-rede-auf-der-25-freien-sommeruniversitat-in-baile-tusnad-rumanien-am-26-juli-2014/

441 https://pusztaranger.wordpress.com/2014/08/01/viktor-orbans-rede-auf-der-25-freien-sommeruniversitat-in-baile-tusnad-rumanien-am-26-juli-2014/

In Übersee begreift man sehr schnell, worauf das hinaus läuft: „Herr Orbán hat sich selbst aus dem demokratischen Westen ausgeschlossen", bringt es die *Washington Post* auf den Punkt.[442] Der Artikel gipfelt in der Aufforderung, nun sei er entsprechend zu behandeln. Passiert ist nichts. Die ungarische Regierungspartei ist weiter Mitglied der *EVP*-Fraktion im Europaparlament und sichert dort Mehrheiten. Kritische Kommentare aus Brüssel bleiben weitgehend folgenlos. Politiker wie Horst Seehofer laden den Zaun-Bauer Orbán als symbolischen Anti-Merkel ein, um ihr eigenes politisches Süppchen zu kochen. Orbán kann also unverdrossen seinen „nationalen Denkansatz" weiter verfolgen. Wie ein guter Stürmer den Raum auf dem Spielfeld „lesen" kann, wittert der Ungar Chancen, die er in innenpolitische Zustimmung ummünzen kann. Während der Krim-Krise gilt der erste Gedanke des ungarischen Ministerpräsidenten folgerichtig auch nicht der brutalen Verletzung des Völkerrechts durch den russischen Präsidenten Putin, sondern der ungarischen Minderheit in der Karpato-Ukraine.[443] „Wir sind an einer stabilen und demokratischen Ukraine interessiert", sagt Orbán damals. Die könne es allerdings nicht geben, „wenn die Ukraine den dort lebenden Minderheiten, (...) darunter auch der ungarischen Gemeinschaft nicht das gibt, was ihnen zusteht: Also die doppelte Staatsbürgerschaft bzw. gemeinschaftliche Rechte und die Autonomie."[444]

Offenbar will der ungarische Premier eine Strategie wiederholen, die schon in Siebenbürgen erfolgreich war. Dort unterstützt Orbán die Székler in ihren Autonomieforderungen, will aber im Gegenzug auch etwas haben: ihre Wählerstimmen. Bei der Parlamentswahl 2014 werden die Ungarn aus den Anrainerstaaten bevorzugt. Sie können bequem per Briefwahl abstimmen, während die Auslandsungarn im Westen – offenbar unter Verdacht, als regierungskritisch zu gelten – erhebliche Mühen in Kauf nehmen müssen, um ihre Stimme abgeben zu können. Es geht um die Macht.

[442] https://www.washingtonpost.com/opinions/hungarys-illiberalism-should-not-go-unchallenged/2014/08/16/b2dc72d4-1e5c-11e4-82f9-2cd6fa8da5c4_story.html?utm_term=.62072a8c68b3

[443] http://mno.hu/belfold/orban-kiallt-a-karpataljai-magyarok-autonomiaja-mellett-1227022

[444] zitiert nach http://mno.hu/belfold/orban-kiallt-a-karpataljai-magyarok-autonomiaja-mellett-1227022

14. Der neue Personenkult

Orbán, der Messias

Der Pfarrer der kleinen slowakischen Grenz-Gemeinde Balog nad Iplom wollte etwas Gutes tun. Im Oktober 2016 startet er eine Gebetskette für seinen Mann im fernen Budapest. Der 800-Seelen-Ort in der Slowakei ist vor allem von Ungarn bewohnt, neun von zehn Einwohnern sind Magyaren wie Pfarrer Ferenc György. „Aus Österreich kam der Aufruf", erzählt er der ungarischen Zeitung *Új Szó*, „die habe ich weitergeleitet." In der Fürbitte wird Gott angefleht, er möge Viktor Orbán den „rechten Weg" weisen, ihn in seine Arme schließen und vor Fährnissen schützen und bösen Täuschungen bewahren.[445] Viktor Orbáns Macht beruht sicher nicht auf Gebeten. Aber er nutzt die verbindende Kraft von Gemeinschaftserlebnissen, das Potenzial religiöser Rituale, um Veranstaltungen und Projekte gleichsam aufzuladen. So heißt die Präambel zur neuen Verfassung, die am 1. Januar 2012 in Kraft trat, „nationales Glaubensbekenntnis".[446] Seine Ansprachen vor vielen Tausend Menschen vor historischer Kulisse, bei denen zahlreiche Fahnen wehen, machen solche Veranstaltungen zu politischen Hochämtern. Orbán verschmilzt sie zu einem hoch wirksamen populistischen Amalgam. Hier kann er direkt Gefühle ansprechen, Erlebnisse schaffen – eine Art Messe unter freiem Himmel.

Die Vorbereitungen vor dem Parlament am Budapester Kossuth-Platz laufen auf Hochtouren, nachdem Viktor Orbán 2010 den Wahlsieg eingefahren hat. Arbeiter zimmern Tribünen zusammen, testen Lautsprecher, ein Hämmern

[445] http://ujszo.com/online/kozelet/2016/10/31/imalanc-orban-viktorert

[446] Osteuropa, 61. Jg. 12/2011, Dokumente: Einschub III.7, S. 29

liegt in der Luft. Ich bin mit dem Mikrofon unterwegs, meinen Magen habe ich mir etwas an einem Gulasch verdorben, das wohl nicht mehr ganz frisch war. Es ist ein großer Tag für Orbán, seine Partei, seine Anhänger. Von überall sind sie gekommen, Tausende haben sich vor dem Parlament in Budapest versammelt. Viele Ältere haben sich vom Land ins Zentrum der Hauptstadt aufgemacht, davon zeugen die handgemalten Transparente, die sie in die Höhe halten. Sie kommen aus Szeged, Zugló, Csákvár, Solt oder Ferencváros. Die Stimmung ist ausgelassen, denn ihr Idol Viktor Orbán hat die Wahl gewonnen, auf die er sich so lange vorbereitet hatte: Acht lange Oppositionsjahre liegen hinter Orbán – und seinen Fans. Ich sehe eine Rentnerin, die strahlend ein Transparent in die Höhe hält. „Viktor, so lange haben wir auf Dich gewartet", teilt sie ihre Sehnsucht der Welt mit. So begrüßt man einen Messias, denke ich. Im Parlament hat Viktor Orbán seinen Amtseid abgelegt, ein Offizier steht stramm, Husaren tragen die historischen Fahnen Ungarns unter Fanfarenklängen in den Saal. Gerade ist Viktor Orbán mit 261 Ja-Stimmen zum Ministerpräsidenten gewählt worden. „Ich, Viktor Orbán, gelobe, dass ich meiner Heimat treu dienen werde", sagt er, während ihm die Abgeordneten stehend die Ehre erweisen. Ein Soldat steht links neben ihm und hält eine ungarische Fahne, der Offizier salutiert; Ungarn lieben diese etwas operettenhaften Auftritte. Es folgen stehende Ovationen, dann stimmen die Abgeordneten die ungarische Hymne an. „Gott schütze die Ungarn" singen sie und legen dabei viel Pathos in die Stimme. Schließlich unterschreibt Orbán den Amtseid und nimmt die Glückwünsche entgegen. Die weiblichen Abgeordneten bekommen den Handkuss. In seiner Rede spricht er „von einer Zweidrittel-Revolution".[447] Am Nachmittag feiert er mit seinen Anhängern auf dem Kossuth-Platz und räumt ein, „vor der schwersten Aufgabe seines Lebens" zu stehen.[448] Seine Anhänger jubeln.

Es sind solche Veranstaltungen, auf denen Viktor Orbán eins mit „seinem Volk" werden kann, in einem Akt politischer Erotik, aus dem er Kraft schöpft, der aber auch seine Anhänger neu beflügelt. Bei Freiluft-Veranstaltungen umnebelt kein Weihrauch die Sinne. Aber es ist das gemeinsame Schwingen, das

[447] http://videa.hu/videok/valasztas-2010/hirek-politika/orban-viktor-letette-az-eskut-alkotmany-esku-Fidesz-uRBI7Ic5ssWPwsD1

[448] http://www.blikk.hu/aktualis/politika/imaval-kezdett-orban/8zknsw5

Gefühl von nationaler Größe, von historischer Bedeutung, vom Freiheitskampf gegen vermeintlich böse ausländische Mächte, das hier dominiert. Orbán wird zum Guru, dem die Menschen huldigen – und das nicht nur in der realen, sondern auch der digitalen Welt. Facebook-Gruppen haben eine virtuelle Gebetskette für Viktor Orbán geknüpft. In der weiten Welt der sozialen Medien zünden glühende Anhänger für Viktor Orbán virtuelle Kerzen an – je eine für Frieden, eine für Glauben, für Liebe und Hoffnung. Eine Facebook-Gruppe heißt „Ich liebe *Fidesz*, denn etwas Besseres gibt es nicht".[449] *Fidesz*-Frauen treffen sich anlässlich des Geburtstages von Viktor Orbán im Mai, um für ihr Idol zu beten. Auf den sogenannten „Friedensmärschen", die Orbán-Getreue für ihren Anführer organisieren, marschieren nicht nur bezahlte Claqueure aus der Provinz oder den Anrainer-Staaten mit, sondern immer auch ein paar Hundert Polen. Zum Nationalfeiertag am 15. März 2012 ziehen sie vom Burgberg in die Stadt hinunter, und skandieren dabei „Viktor Orbán, Jarosław Kaczynski". Unter die Demonstranten auf den Friedensmärschen mischt sich auch *Fidesz*-Prominenz, etwa der publizistische Hassprediger Zsolt Bayer, der seinen Gewaltfantasien gegenüber Juden, Roma oder Liberalen in Kolumnen freien Lauf lässt und dafür auch Geldstrafen in Kauf nimmt. Auf einem dieser Friedensmärsche hält ein Orbán-Anhänger ein orangefarbenes T-Shirt in die Kamera: „Lebendiger Gott" steht auf einem Foto des ungarischen Ministerpräsidenten. Die quasi-religiöse Verehrung kennt keine Grenzen. Kein Wunder, dass die politischen Gegner des vermeintlichen neuen Christus nach dieser Logik der Anti-Christ sein müssen.

Im Oktober 2014 besuche ich im strömenden Regen eine Veranstaltung zum Gedenken an den Aufstand 1956 im siebenbürgischen Miercurea Ciuc. Husaren halten tapfer ihre Fahnen hoch, während der Regen geräuschvoll auf die Schirme der Umstehenden prasselt. Ein Chor viel zu dünn angezogener Schulmädchen singt, und ein Pfarrer nennt die ungarischen Sozialisten beim Namen des Gottseibeiuns: „Die Teufel".[450] Angesichts solch mächtiger Feinde wird die politische Mission des Viktor Orbán zum Titanen-Kampf. Nichts we-

449 https://www.facebook.com/groups/1780054215552353/

450 https://www.ARD-wien.de/2014/12/11/rumaenien-ein-volk-zwischen-den-stuehlen-zu-besuch-bei-den-szeklern/

niger als Europa wieder christlich zu erneuern, hat er sich vorgenommen. Die Flüchtlingskrise „bietet die Chance für die national-christliche Ideologie, die Vorherrschaft wiederzugewinnen", sagt Orbán vor Parteifreunden am Plattensee, „nicht nur in Ungarn, sondern in ganz Europa". Die „Ära des liberalen Geschwätzes" gehe nun zu Ende.[451] Offenbar möchte Orbán in die Fußstapfen des Heiligen Stephan treten, der als Begründer der ungarischen Nation gilt. Er war es auch, der das Christentum verbreitete, mal mit Argumenten, mal mit dem Schwert. Um den Heiligen Stephan wird ein Reliquienkult veranstaltet. In einer Vitrine im Budapester Dom wird die „heilige Rechte", die mumifizierte rechte Hand des Staatsgründers, in einem Glassarkophag aufbewahrt.

Orbán knüpft an die Tradition der konservativen Nachwendepartei *MDF* an, die er als Jungpolitiker noch heftig bekämpft hatte. 1992 bezeichnet er die „Kategorie des Christentums" noch als „ideologischen Knüppel" und „die Kirchen als ideologische Waffe" der Regierung Antall.[452] Orbáns Biograf Igor Janke zitiert aus einem Artikel, den Orbán in der linken Tageszeitung *Népszabadság* gegen die Regierung geschrieben hatte. Darin beschwert sich Orbán, wie er sich in der Zeit der politischen Wende von den konservativen Politikern der Regierung wahrgenommen fühlte: „Zweitklassige Menschen sind wir für sie, verglichen mit denen, die erlebt haben, was sie ‚glückliche Friedenszeit' nennen: die heilige Dreifaltigkeit, Gott, Heimat, Familie. (...) Die Nachricht der christlich-nationalen Politiker des *MDF* an die Jugend war (...) wichtiger als eure Zukunft ist, dass bei den nächsten Wahlen in jeder Pfarrei für die Parteien der christlich-nationalen Koalition agitiert wird".[453] Auf dem *Fidesz*-Kongress im Februar 1992 in Pécs schimpft der junge Orbán auf die damalige Regierungspartei *MDF*, sie vertrete eine „verrottete, alte Welt, die nie wieder nach Ungarn zurückkehren wird", so Orbán auf dem Parteitag, „(...) das leere Pathos (...) ‚ihre krampfhafte Volkstümelei ist den Mitgliedern des *Fidesz* fremd, und auch die Vorstellungswelt, die ungefragt die Nation beglücken will. (...) Wir empfinden nicht, das die allgemeinen Werte der Kultur die nationale Kultur aus dem Bewusstsein der Ungarn verdrängt hätten. Wir empfinden nicht, dass wir dem

[451] http://derstandard.at/2000022815512/Orientalische-Despotien-Orbans-Vision-fuer-Europa

[452] zit. n. Bayer/Deppe, S. 149

[453] zit. n. Janke, S. 115

angeblich gefährdeten Nationalbewusstsein unser Leben lang folgen müssen wie die Ritter König Arthurs dem Heiligen Gral".

Heute hat Orbán eine radikale Kehrtwende eingenommen. Er hat einen Pakt mit den Kirchen geschlossen, einer seiner wichtigsten Minister ist der reformierte Geistliche Zoltán Balog. In der Zusammenstellung des Lehrplans gibt es ideologische Vorgaben, beklagt László Mendrey, Geschichtslehrer und Vorsitzender der Pädagogengewerkschaft *PDSZ*. „Zum einen wird das Denken der *Heimattreuen* in den Vordergrund gestellt", hat er beobachtet. „Und die Kirche bekommt stärkeren Einfluss."[454] Die Präambel der neuen Verfassung beginnt mit den ersten Worten der Nationalhymne: „Gott segne die Ungarn". Es folgt der Titel: „Nationales Bekenntnis".[455] Superminister Balog behauptet bei einem Besuch in Rumänien, „Gott habe die Ungarn zu einem auserwählten Volk" erkoren, ihr „Schicksal" werde „nicht in Washington, Moskau, Bukarest oder Budapest entschieden", sondern dort, wo sich eine Kirchturmspitze in den Himmel erhebe.[456] Man hört und liest in Ungarn gelegentlich auch, dass Jesus eigentlich ein Ungar sei.[457]

Gottes liberale Stellvertreter auf Erden akzeptieren die Orbán-Treuen nur widerwillig. Während der Flüchtlingskrise schafft es Viktor Orbán, seine eigenen Kirchenleute gegen Papst Franziskus aufzubringen. Der Budapester Kardinal Péter Erdö, Oberhaupt der ungarischen Katholiken, widerspricht öffentlich Papst Franziskus, der sich zu Menschlichkeit im Umgang mit Flüchtlingen bekennt. „Wenn wir sie hineinlassen, werden wir zu Schleppern", meint Erdö.[458] Auch Bischof László Kiss-Rigó, Oberhirte der südungarischen Grenzregion Szeged-Csanád, folgt dieser Linie und wendet sich offen gegen den Solidaritätsappell von Papst Franziskus, der jeden Christen dazu aufgefordert hatte, Flüchtlinge aufzunehmen. Das katholische Kirchenoberhaupt im Vatikan habe keine

[454] zit. n. http://www.deutschlandfunk.de/serie-rechte-parteien-und-die-kultur-ungarn-und-seine.2016.de.html?dram:article_id=373730

[455] zit. n. Janke, S. 280

[456] http://24.hu/belfold/2014/08/16/a-magyar-isten-kivalasztott-nepe-mondta-balog-romaniaban/

[457] https://www.facebook.com/hvgkult/posts/1805604643036344

[458] http://nol.hu/belfold/erdo-peter-embercsempessze-valnank-ha-befogadnank-a-menekulteket-1560839

Ahnung von der Situation in Ungarn, sagt der Orbán-treue Geistliche aus Szeged der *Washington Post*. „Das sind keine Flüchtlinge. Das ist eine Invasion", betont Bischof Kiss-Rigó. „Sie kommen hierher mit dem Ruf ‚Allahu Akbar' (Gott ist groß) und wollen uns erobern." So rechtfertigt der katholische Würdenträger, warum das Gebot der Nächstenliebe im heutigen Ungarn außer Kraft gesetzt werden solle.[459] Die Flüchtlinge bezeichnet er als „arrogant und zynisch".

Perverse Verdrehung: Die Regierung Orbán, die sich als Vorkämpferin für ein christliches Europa inszeniert, diffamiert diejenigen, die Flüchtlingen helfen, im Online-Regierungs-Sprachrohr *888.hu* und anderen regierungsnahen Medien als „Migrantenstreichler".[460] Papst Franziskus hingegen macht sich immer wieder für die Anliegen der Flüchtlinge stark, besucht sie sogar auf der griechischen Insel Lesbos und ruft ihnen zu: „Ihr seid nicht allein". Der „Geist der Brüderlichkeit, der Solidarität und des Respekts für die Menschenwürde" habe die lange Geschichte des europäischen Kontinents geprägt, fügt das katholische Kirchenoberhaupt in einer indirekten Kritik an jenen europäischen Regierungen hinzu, die sich gegen eine Verteilung der Flüchtlinge auf dem Kontinent sträuben. Er wolle mit dieser Reise nach Lesbos „die Aufmerksamkeit der Welt auf diese schwere humanitäre Krise lenken und ihre Lösung erflehen".[461] Franziskus kritisiert den Zaunbau in Ungarn und die Abschottung. In seinem eigenen Flugzeug nimmt er ein Dutzend Syrer mit in den Vatikan, um ihnen Zuflucht zu bieten.

Viktor Orbán hat im Laufe seiner politischen Karriere die Kirche für sich entdeckt. Er gab den Kirchen in Ungarn ihre Besitztümer wieder, und er trat zum Calvinismus über. Das war eine politische Weichenstellung, glaubt der Wiener Politikwissenschaftler Anton Pelinka, nämlich „in Richtung auf Abgrenzung zum Westen". Das erleichtere Orbán „an eine Tradition anzuknüpfen, die in Ungarn vor ihm da war und immer eine Rolle gespielt hat im un-

[459] https://www.washingtonpost.com/world/hungarian-bishop-says-pope-is-wrong-about-refugees/2015/09/07/fcba72e6-558a-11e5-9f54-1ea23f6e02f3_story.html?utm_term=.1b70c72346fc

[460] http://888.hu/article-migranssimogato-cimmel-moralizal-az-index

[461] http://www.mdr.de/nachrichten/politik/ausland/papst-lesbos-fluechtlinge-100.html

garischen Nationalismus: nämlich die Distanzierung vom kosmopolitischen Katholizismus.[462]

Orbáns Anhänger indes schwenken weiter die Weihrauchfässer und beten für ihren eigenen Anführer Orbán: „Der Herr sei mit Dir, um Dir den rechten Weg zu weisen. Der Herr sei mit Dir, um Dich in seine Arme zu nehmen und vor den Fährnissen zu schützen. Der Herr sei mit Dir, um Dich vor den bösartigen Täuschungen zu bewahren". Die politischen Glaubenswächter in Ungarn predigen nicht Nächstenliebe. Ihre Religion ist Hass. Ein Lehrstück wie von Orwell geschrieben.

Orbán, der politische Guru

Auf der Ausfall-Straße in Richtung Flughafen tost der Verkehr, in den Häuserblocks wohnt meine Kusine mit ihrem Mann. Sie sind nur noch wenige Monate im Jahr hier in der ungarischen Hauptstadt. Die meiste Zeit verbringen sie mittlerweile bei ihren Kindern in Deutschland, kümmern sich um die Enkelkinder, helfen in der Gaststätte des Schwiegersohns mit, halten ihrer Tochter den Rücken frei, damit sie arbeiten kann. „Komm hoch", höre ich aus der Sprechanlage, und fahre mit einem verwitterten Aufzug in den sechsten Stock. Eine Tür öffnet sich, meine Kusine erwartet mich und dann reden wir auch schon darüber, wie sich Ungarn in den letzten Jahren verändert hat. Meine Kusine und ihr Mann sind mittlerweile Rentner. Sie haben in einem Friseursalon in der Innenstadt gearbeitet, helfen nur noch manchmal aus, um ihre Rente aufzubessern. Im Winter heizen sie nur einen Teil der kleinen Wohnung, um Geld zu sparen. „Als 2010 die Wahlen kamen, haben wir auch im Geschäft darüber gesprochen", erzählt sie. „Wer wählt wen und so". Sie sei sich einig mit denen gewesen, die die Sozialisten gewählt hätten, meint sie. „Aber es gab auch Kunden, die dann laut wurden im Laden", *Fidesz*-Fans, Anhänger von Viktor Orbán. „Seine Jünger gehen wählen, die anderen nicht", beschreibt ihr Mann diese treue Anhängerschaft, Jünger nennt er sie. Und damit hat er recht. Der Buda-

462 http://www.deutschlandfunk.de/viktor-orban-retter-des-christlichen-abendlandes.886.de.html?dram:article_id=357457

pester Sozialpsychologe Endre Hann vergleicht die Anhänger des ungarischen Ministerpräsidenten mit Sektenmitgliedern, die ihren Guru verehren. „Sie sind sehr loyal, sehr engagiert und besonders auf Orbán fixiert“, sagt er. Das passt hervorragend zur Art, wie Orbán Macht ausübt. In der Partei, in der Regierung läuft alles auf ihn zu, keine Entscheidung fällt ohne ihn, Kritiker beißt er gnadenlos weg. Wenn ihr Messias angegriffen wird, kennen auch die Anhänger kein Pardon mehr

Gewalt gegen Andersdenkende

Die Bilder sind schockierend: Zu den 60-Jahr-Feiern des Aufstandes von 1956 kommen Kritiker mit Trillerpfeifen, um ihren Unmut auszudrücken. Einer von ihnen ist der renommierte Historiker Krisztián Ungváry. Er trägt eine sogenannte *Bocskai*-Jacke, eine Husarenjacke aus Filz, die die ungarischen *Heimattreuen* gerne tragen, aber er hat auch – wie andere – eine Trillerpfeife dabei. Kurz zuvor war die regierungskritische Tageszeitung *Népszabads*ág an eine Firma des Orbán-Freundes Lörinc Mészáros verkauft worden. Als Krisztián Ungváry beim 56er-Gedenken in seine Trillerpfeife bläst, schlagen ihn Orbán-Anhänger blutig und versuchen ihm das lautstarke Utensil zu entreißen. „Ich habe ein Recht, meine Meinung zu äußern“, beharrt er und bläst mit blutender Augenbraue weiter. Als Viktor Orbán im Sommer 2017 anlässlich der Sommeruniversität von Băile Tușnad spricht, pfeift eine junge Ungarin den Regierungschef aus. Nach dem dritten Pfeifton packt sie ein neben ihr Stehender an den Haaren und reißt sie zu Boden, berichtet *444.hu.* Vom Sicherheitsdienst wird sie abgeführt, den Arm auf den Rücken gedreht. Die in Budapest lebende Siebenbürgerin habe lediglich dagegen protestieren wollen, dass die Regierung die Bäume im Stadtwald abholzt und den Atomvertrag mit den Russen unter Verschluss hält. Kritischer Dialog mit den Bürgern ist nicht erwünscht.[463]

463 https://444.hu/2017/07/22/kifityulte-orbant-egy-no-tusvanyoson-lerantottak-a-foldre

15. Ungarn den Ungarn

Feindbild Flüchtling

Wie kommunizierende Röhren – so verhalten sich *Fidesz* und die rechtsextreme Konkurrenz von *Jobbik* zueinander. In dem Maße, wie sich die Rechtsextremen bürgerlich geben, hat sich Viktor Orbáns Rhetorik nach rechts außen verschoben. Dies wird besonders deutlich in der Flüchtlingskrise. Da überschneiden sie sich sogar. Die entsprechenden Synapsen-Verbindungen hat Viktor Orbán bereits im Januar 2015 gelegt. Gerade erst haben islamistische Attentäter in Paris in der Redaktion des Satire-Magazins *Charlie Hebdo* und in einem jüdischen Supermarkt ein Blutbad angerichtet. Aus Solidarität mit den Opfern der Anschläge versammeln sich medienwirksam Spitzenpolitiker der Europäischen Union auf den Straßen von Paris, haken sich unter, so wie Tausende Pariser. Auch der kleingewachsene Viktor Orbán läuft mit.

Kurz danach setzt er gegenüber einem ungarischen Reporter eine thematische Duftmarke, die das ganze Jahr bestimmen wird. „Ungarn soll den Ungarn gehören", sagt der Politiker in Paris dem Reporter, es ist eine Botschaft an die eigenen Leute zu Hause. Das Flüchtlingsthema ist von da an auf der ungarischen Agenda. *Jobbik*-Chef Vona und Viktor Orbán haben eine gemeinsame Schnittmenge gefunden, auch rhetorisch. „Wir werden nicht zulassen", sagt der *Jobbik*-Chef vor dem Budapester Innenministerium, dass Europa islamisch werde. „Ungarn gehört den Ungarn." Auf einer Botschafterkonferenz zwei Tage nach der *Jobbik*-Demonstration bläst Viktor Orbán ins gleiche Horn. Niemand könne Ungarn die kulturelle oder ethnische Zusammensetzung vorschreiben, kurzum: mit wem man zusammenleben solle. *Fidesz*-Fraktionschef Antal Rogán sagt, er wolle nicht, dass seine Enkel in einem „Vereinten Europäischen Kalifat" aufwüchsen – eine absurde Phantasie, die nur einen Zweck erfüllt: Angst vor einer kulturellen Überfremdung zu schüren.[464]

In einer Turnhalle schwört der Regierungschef neue Grenzschützer auf eine neue Zeit ein: Die Zeit der Naivität in Europa sei vorbei, sagt er, man müsse jetzt mit beiden Beinen auf der Erde stehen und das sehen, was ist. Und nicht das, was man gerne sehen würde. Dann greift er an. „Es gibt Leute, die glauben, dass jeder, der nach Europa kommt, gemäß unseren Gesetzen und Traditionen leben will". Das Gegenteil sei der Fall. Die Fakten zeigten das Gegenteil: „Terrorangriffe, Krawalle, Gewalt, Kriminalität, ethnische und kulturelle Zusammenstöße". Die Migranten seien auch Opfer – Opfer ihrer „eigenen Illusionen", Opfer „von Schleppern", Opfer „europäischer Politiker, die sie eingeladen haben". Wegen der Flüchtlinge hätten „unschuldige Menschen" in Europa ihr Leben verloren, sie hätten die Schwäche ihrer Länder mit dem Leben bezahlt. Und daran seien „illegale Einwanderer" Schuld, unter die sich „Terroristen" gemischt hätten. Orbán schließt seine Suada mit den Worten: „Die Menschenrechte schreiben keinen nationalen Selbstmord vor".[465] Nation sticht Völkerrecht, das ist die Botschaft.

Im Frühjahr 2015 startet die Regierung Orbán eine massive Kampagne gegen Flüchtlinge. Sie verschickt Fragebögen an die Bürger, um sich Zustimmung zu ihrer scharfen Gangart zu holen. Sie schaltet Anzeigen und sie stellt Plakate auf. „Wenn Du nach Ungarn kommst, darfst Du den Ungarn nicht die Jobs wegnehmen", steht in ungarischer Sprache auf den blauen, großformatigen Plakatwänden. „Die Ungarn wollen uns nicht", diese Botschaft haben sie verstanden, erklären die vermeintlichen Adressaten einem Videoreporter des Online-Portals *Index.hu* in einem Flüchtlingslager im ostungarischen Debrecen.[466] Ohnehin wollen sie niemand die Arbeit in Ungarn wegnehmen. Sie wollen weiter nach Österreich, Deutschland oder Schweden, sagen sie dem Reporter. Ein Er-

464 http://hvg.hu/itthon/20150901_Rogan_nem_szeretne_ha_az_unokai_az_Europa

465 Alle Zitate stammen aus der Live-Übertragung von ATV.hu, die das Internet-Portal 444.hu hier dokumentiert hat: http://444.hu/2017/01/12/riado-orban-viktor-eloben-beszel-az-unnepelyes-hatarvadasz-avaton-es-unnepelyes-eskutetelen

466 http://index.hu/video/2015/06/06/menekult_bevandorlo_kampany_debrecen_plakat/

folg für Viktor Orbán. Sie wollen nicht in Ungarn bleiben. Und die Öffentlichkeit kaut auf einem *Gummiknochen* herum: Vergessen ist der heiße Herbst, den Viktor Orbán erlebt hat. Zwar hat er drei Wahlen hintereinander gewonnen (Parlament, Europaparlament, Kommunen), aber erstmals seit Jahren sind die Zustimmungswerte für *Fidesz* im Herbst 2014 unter 30 Prozent gefallen. „Orbán, hau ab", rufen die Demonstranten in Budapest und anderen Städten. Wie tausende Glühwürmchen erleuchten die Handy-Displays den nächtlichen Himmel über Budapest.[467] Dann entdeckt Orbán das Thema Flüchtlinge, seine Umfragewerte steigen wieder.[468] Hatten *Fidesz* und *Jobbik* im März 2015 noch fast gleichauf gelegen, verringert sich der Abstand mit jedem Tag, den die Flüchtlingskrise andauert. *Fidesz* kann auf dem Rücken der Flüchtlinge den Vorsprung weiter ausbauen.[469]

467 http://www.zeit.de/politik/ausland/2014-11/orban-viktor-budapest-ungarn-proteste-korruption-demokratie

468 http://kozvelemenykutatok.hu/partpreferenciak-2015-majus-junius-stabil-fidesz-vezetest-mutatnak-a-kozvelemeny-kutatok/

469 http://index.hu/belfold/2015/03/17/ipsos_Fidesz-Jobbik_21-18/

16. Die patriotische Front

Marschieren für das Vaterland

Die Plakate simulieren ein Land im Kriegszustand. „Die Menschen haben entschieden: das Land muss verteidigt werden", bläut der Schriftzug den Ungarn ein. Doch wer ist der Feind? Gegen wen soll Ungarn verteidigt werden? Und von wem? Auf dem Höhepunkt der Flüchtlingskrise 2015 tauchen diese Plakate an den Straßenrändern in Ungarn auf. Es sind große Plakatwände, nicht zu übersehen. Doch das EU-Mitglied und NATO-Land Ungarn bereitet keinen Krieg gegen einen anderen Staat vor, sondern mobilisiert die eigene Bevölkerung gegen die Fremden, die über die Grenze wollen – mit Ziel Österreich, Schweden oder Deutschland. Im Parlament an der Donau macht Regierungschef Orbán klar, das Problem sei die „Masseneinwanderung", deren Ende nicht abzusehen sei. Er spricht von „Millionen" potenzieller Zuwanderer. Europa verteile auch noch „Einladungen", womit er das Selfie Angela Merkels mit einem Flüchtling meint. Und er hat auch eine Lösung, einen Beschützer parat, eine neue Rolle seines Landes, nämlich den Wächter am Zaun: „Wenn wir unsere Grenzen schützen, behüten wir auch Europa", wird das Mantra des Ungarn, mit dem er sich eine neue-alte Rolle schneidert: Ungarn, der Grenzwächter Europas.[470]

Damit diese Rhetorik funktioniert, braucht es ein Bedrohungsszenario und eine Lösung. Schatten und Licht. Und die Leute sollen das glauben. Deshalb muss mittels Regierungspropaganda eine Art Kriegszustand erzeugt werden. Das Muster besteht aus Bedrohung erzeugen – Angst machen – Verteidigung. Viktor Orbán ist Weltmeister im Angst-Machen. Kein Plakat ist dafür zu groß,

[470] https://www.youtube.com/watch?v=TFP7_NCLh0o

kein Slogan zu banal, keine Kampagne zu teuer. „Die Regierung hoffe darauf", sagt Regierungsberater Zoltán Kisszelly, „zu den anderthalb bis zwei Millionen eigenen Wählern noch die etwa 500.000 bis 800.000 rechtsradikalen Wähler dazuzugewinnen". Angstmachende Bilder spielten Orbán in die Hände, meint der Politologe. „Bilder von Attentaten, Gewalttaten und vollen Booten" mobilisierten die Wähler.[471]

In „zynischer Weise" nutze der Regierungschef die Flüchtlingskrise für seine Zwecke, analysiert Péter Németh, der frühere Chefredakteur der linken Tageszeitung *Népszava* unter der Überschrift „Plakat-Regierung".[472] Auf einem der Plakate fragt sie: „Wussten Sie, dass seit Beginn der Flüchtlingskrise mehr als 300 Menschen in Europa bei Terroranschlägen umkamen?" Für Márta Párdavi vom Budapester *Helsinki Komitee* ist die Zielrichtung der Slogans klar. „Die Botschaften der Plakate zielen darauf ab, Migranten als Bedrohung darzustellen", erläutert sie im *ARD*-Interview.[473] Viktor Orbán sagt es klar und deutlich: „Zuwanderung bedeutet weniger Sicherheit in Europa", so der Regierungschef, „sie holt uns Terroristen auf den Hals".[474] Terroristen sind böse, sie dürfen bekämpft werden, das ist die Botschaft. Der Kampf fängt mit Worten an.

Sprachliche Aufrüstung

In Viktor Orbáns Rhetorik schleichen sich deshalb immer öfter Kriegsvokabeln ein. „Wir müssen sie stoppen", sagt der Regierungschef, „und wenn es mit schönen Worten nicht geht, auch mit Gewalt."[475] „Wir werden die Grenzen verteidigen"[476], wiederholt er ein ums andere Mal. Und dabei sind ihm offenbar

471 http://www.deutschlandfunkkultur.de/ungarn-vor-dem-fluechtlingsreferendum-ein-land-macht-dicht.979.de.html?dram:article_id=366548

472 http://nepszava.hu/cikk/1070518-plakatkormany

473 http://www.deutschlandfunkkultur.de/ungarn-vor-dem-fluechtlingsreferendum-ein-land-macht-dicht.979.de.html?dram:article_id=366548

474 zit. n. ebd.

475 zit. n. ebd.

476 http://hvg.hu/itthon/20150619_Orban_megszolalt_a_kerites_ugyeben

alle Mittel recht. Als im September Flüchtlinge von Serbien aus am Zaun von Röszke rütteln und mit Pflastersteinen auf die Polizisten werfen, antworten die Grenzschützer mit Tränengas, das auch über kleinen Kindern versprüht wird. Abends inszenieren sich der Regierungssprecher und der Sicherheitsberater des Regierenden am Zaun in einer improvisierten Pressekonferenz und verteidigen den harten Einsatz. Der Regierungschef kündigt einen zweiten Zaun in Richtung Kroatien an. „Grenzen kann man nicht mit Blumen und Plüschtieren verteidigen“, sagt Viktor Orbán anlässlich der Sommeruniversität im siebenbürgischen Băile Tuşnad.[477] Was „keine Blumen“ und „keine Plüschtiere“ bedeutet, davon berichten Flüchtlinge und Hilfsorganisationen wie *Ärzte ohne Grenzen*,[478] aber auch das UN-Flüchtlingshochkommissariat *UNHCR*. Flüchtlinge erzählen von Schlägen, Tritten, Demütigungen.

Währenddessen sickert das Propaganda-Gift vom bösen Migranten schleichend in die Köpfe. „Diese Flüchtlingskrise hat so einen Hass selbst bei liberalen Menschen freigesetzt, das ist schauderhaft“, empört sich der Budapester Theatermacher Árpád Schilling. „Es sind nicht nur die Christlich-Konservativen“, sagt er, „sogar Menschen, die unglaublich liberal, offen und modern sind, zittern jetzt vor unwirklichen Menschen und nicht existenten Problemen. Das heißt: Die Propaganda funktioniert.“[479] In Kübekháza, einem kleinen Dorf an der serbisch-ungarischen Grenze, ist Róbert Molnar der Bürgermeister. Früher gehörte er selbst der Regierungspartei *Fidesz* an, er ist ein tief religiös geprägter Mensch. „Hier wird bewusst Stimmung gemacht“, sagt der Mittvierziger, dabei versuche die Regierung die wirklichen Probleme im Land in den Hintergrund zu drängen.

„Solange es Migration gibt, gibt es einen Feind“, beschreibt er die Kommunikationsstrategie der Regierung. „Solange verlangt die Gesellschaft darüber keine Rechenschaft von der Regierung, sagt nicht: Was machst du, Regierung?“ Die Lage der Armen, das marode Gesundheitssystem, die Probleme im Bil-

477 http://hvg.hu/itthon/20160722_orban_viktor_tusnadfurdo_beszed_27_balvanyosi_szabadegyetemen

478 https://www.profil.at/ausland/ungarn-dokumente-misshandlungen-asylsuchenden-8054741

479 zit. n. http://www.deutschlandfunkkultur.de/ungarn-vor-dem-fluechtlingsreferendum-ein-land-macht-dicht.979.de.html?dram:article_id=366548

dungssystem, das werde vom Feindbild des „Migranten“ verdeckt, sagt Molnár. „Wenn es keine Migration gebe, müsste die Regierung Rechenschaft ablegen.“[480]

Am 2. Oktober 2016 versucht der ungarische Ministerpräsident, wieder einmal aus einer Niederlage einen Sieg zu machen. Gerade ist das ungarische Referendum gegen die Flüchtlingsquote gescheitert – weil zu wenig Ungarn überhaupt abgestimmt haben. Die Mehrheit derer, die allerdings abgestimmt hat, hat das im Sinne der Regierung getan: Nein zu Flüchtlingsquoten. Nein zur Aufnahme von 1294 Flüchtlingen. Es ist reine Symbolpolitik, denn selbst bei einem Erfolg hätte das Referendum überhaupt keine rechtliche Bindung gehabt: Ein Fake-Referendum. Trotzdem tritt Viktor Orbán am Abstimmungsabend wie ein siegreicher Feldherr auf. „Mehr Menschen hätten abgestimmt“, tönt er, „als über den EU-Beitritt“. Und mehr als bei der letzten Parlamentswahl 2014. „Das ist eine recht scharfe Waffe in Brüssel“, gibt er seinen Anhängern mit auf den Weg. In den darauffolgenden Tagen will er das – de facto gescheiterte – Votum des Volkes in die Verfassung aufnehmen lassen. Ein Plan, der letztlich floppt, weil die rechtsextremen Abgeordneten von *Jobbik* nur mitmachen wollen, wenn im Gegenzug die Regierung den Verkauf von Aufenthaltsgenehmigungen an vermögende Ausländer einstellen würde. Das Votum des Volkes in der Verfassung ist nur eine populistische Spiegelfechterei, eine fixe Idee für die Galerie. Denn in Asylfragen entscheiden ohnehin die Nationalstaaten. Aber im europäischen Rechtssystem gilt ansonsten die Norm: Europa sticht Nation. Orbáns Schattenboxen richtet sich gegen dieses Prinzip.

Zum Jahresauftakt 2017 spricht Viktor Orbán in seiner Rede zur Nation von „Schlachten“, die zu schlagen seien. „Ungarn wird immer stärker“, ist die Botschaft an das Publikum, die eine Tafel am Rednerpult verbreitet, im Hintergrund das glänzende Flaggenmeer in den Nationalfarben Rot-Weiß-Grün. Eine Dreiviertelstunde lang rechnet Orbán gegenüber seinen Zuhörern ab mit dem liberalen Modell die Welt zu sehen. „Andere entscheiden, was man sagen darf und was nicht“, beklagt er. „Geld, Medien, Weltherrschaft, offene Gesellschaften“. Davon hätten die Menschen ab dem Jahr 2016 genug, so Orbán und er stellt Brexit, US-Wahl und das „ungarische Migranten-Referendum“ in eine

[480] zit. n. ebd.

Reihe. „Die man sonst nicht fragt, die man sonst nicht hören kann (...) die zwischen die Zahnräder der globalen Wirtschaft geworfen sind (...) die dem Joch der politischen Korrektheit unterworfen sind, sie haben sich erhoben", fasst der Ungar zusammen, was in den Medien weltweit als Siegeszug des Populismus apostrophiert wird. „Die Schlachtordnung hat sich 2016 scharf abgezeichnet", so Orbán.[481] Die Liberalen behaupteten, „dass das Volk die Demokratie gefährdet".[482] Das sei aber nicht so. Die Politiker in Ungarn müssten das Land „vor fünf Angriffen schützen", meint Viktor Orbán. Er raunt von ausländischem Geld, mit dem im Geheimen „Einfluss auf die ungarische Politik" genommen werden soll. „Angriffe", „Abwehren", „Verteidigen", „Schlachtordnung" – Orbáns Rhetorik steckt voller militärischer Vokabeln. Wer ihn hört, riecht förmlich den Pulverdampf. Orbán huldigt einem Kult der Stärke, wie der Publizist Rudolf Ungváry schreibt. Und die Gegner sind von ihm in der Rede zum Jahresauftakt klar benannt: „Globalisten", „Medien", „Geld", „offene Gesellschaften", „Nichtregierungsorganisationen", die die Zivilgesellschaft repräsentieren. Um im Bild zu bleiben: Die Jahresauftaktrede 2017 ist Viktor Orbáns Kriegserklärung an die offene Gesellschaft.

Passend zur verbalen Aufrüstung soll das ungarische Volk auch wieder militärisch ertüchtigt werden. Ungarn ist, was die Größe seiner Armee angeht, ein Zwerg, und das obwohl das Land dem westlichen Verteidigungsbündnis NATO seit 2004 angehört und sich auch an Missionen im Ausland beteiligt. Im Kosovo, in Bosnien, im Irak oder auch in Afghanistan konnte man Soldaten Ungarisch sprechen hören. Aber es waren immer nur wenige Hundert ungarische Soldaten, die an Auslandseinsätzen teilnahmen. Insgesamt dienen in der ungarischen Armee noch etwa 30.000 Soldaten, direkt nach dem Fall des Eisernen Vorhangs waren es etwa 100.000 gewesen. Die Wehrpflicht ist in Ungarn abgeschafft, die sozialliberale Regierung Gyurcsány stellte mit dem NATO-Beitritt Ungarns die Weichen für eine Berufsarmee. Die Wehrpflicht will Orbán nicht wiedereinführen. Seine Regierung geht einen anderen Weg: Sie will nun schon in den Schulen für Wehrertüchtigung sorgen.[483] In einem Interview mit dem

481 https://www.youtube.com/watch?v=M3Icy6ICsOo

482 http://www.miniszterelnok.hu/orban-viktor-19-evertekelo-beszede/

483 http://www.pesterlloyd.net/html/1642miliatarisierung.html

Ungarischen Katholischen Radio beklagt der Regierungschef den Zustand der Streitkräfte in seinem Land und kündigt Verbesserungen an. Im Gespräch ist eine Art „Nationalgarde" von bis zu 20.000 Mann Stärke, rekrutiert aus „Freiwilligen". In den Pflichtschulen soll künftig eine „patriotische körperliche Ausbildung" angeboten werden. Der Regierungschef unterzeichnet ein Dekret, dass eine entsprechende vormilitärische Ausbildung an den Schulen vorsieht. Das Ziel dieser staatlich verordneten Wehrsport-Erziehungen ist laut dem zuständigen Vize-Staatssekretär „die bessere Verteidigungsfähigkeit der ungarischen Jugend".[484] Zu diesem Zweck sollen auch 200 Schießstände zum Teil an Schulen aufgebaut werden, damit ungarische Kinder schon früh lernen, mit der Waffe umzugehen, kündigt Orbáns Kabinettschef János Lázár an.[485]

Ein Modell ist wohl Russland.[486] Dort hat der Machthaber Putin die Wehrertüchtigung nach dem Vorbild der 1930er-Jahre wieder eingeführt. Wegen des mächtigen Nachbarns geht auch Lettland auf Nummer Sicher und setzt dabei auf NATO und Wehrkunde. Aber auch in der eigenen Geschichte findet der Ungar Orbán Vorbilder. Weil der Friedensvertrag von Trianon (1920) die Wehrpflicht in Ungarn untersagte, bekamen die Jugendlichen eine vormilitärische Erziehung im *Levente*-Bund, an dem die Katholische Kirche beteiligt war. Pfarrer lasen den Jugendlichen eigene *Levente*-Messen. Der paramilitärische Dienst im *Levente* war mit Erziehung zur Heimattreue verbunden und für alle heranwachsenden Männer obligatorisch.[487] „Die *Leventes (Leventék)* waren in Ungarn unter Reichsverweser Horthy eine nazistische Jugendorganisation ähnlich der Hitlerjugend", schreibt sogar das Online-Lexikon *Wikipedia*.[488] Der zuständige Vize-Staatssekretär Zoltán Maruzsa umreißt das Ziel in einem Interview mit dem Regierungssprachrohr *Magyar Idök* so: Es gehe nicht um die „Militarisierung" der ungarischen Jugend, vielmehr solle den Jugendlichen ein bestimmtes

484 http://www.pesterlloyd.net/html/1732orbanjugend.html, http://magyaridok.hu/belfold/nehez-korulmenyek-kozotti-tanitasert-tobben-kapnak-potlekot-2044864/

485 http://index.hu/belfold/2016/12/14/kormanyinfo_74_lazar_janos/, https://kurier.at/chronik/weltchronik/ungarns-regierung-plant-schiessplaetze-an-schulen/269.770.243,

486 https://www.welt.de/politik/ausland/article126158455/Putin-fuehrt-Wehrertuechtigung-ein.html

487 Spannenberger, Norbert: Die katholische Kirche in Ungarn 1918-1939. Stuttgart 2006, S. 67

488 https://de.wikipedia.org/wiki/Levente

„Lebensgefühl" vermittelt werden. Das erläutert der Politiker mit einer „Heimatliebe, die zusammen hält". Das sei kein „Teufelszeug, vor dem man zittern muss".[489] Gewerkschaften und besorgte Eltern warnen vor Schießplätzen an Schulen. Aufrüsten muss nur, wer Angst schürt, etwa die vor Flüchtlingen. Die Heimatliebe, die die Regierung Orbán propagiert, grenzt in Wahrheit aus. So laufen Politiker wie der Keszthelyer Fidesz-Abgeordnete Jenö Manninger Sturm gegen die Idee von ungarischen Flüchtlingshelfern, einigen Familien ein paar Tage Urlaub am Plattensee zu ermöglichen. Auf seiner *Facebook*-Seite warnt er, da müsse man aufpassen. Es sei nicht auszuschließen, dass das organisierte Ferienlager für Flüchtlinge „Vorstufe zu einer späteren Ansiedlung" sein könne, wird er im Wiener *Standard* zitiert.[490] Später löscht er seinen Post aufgrund der „Lynchatmosphäre", wie er meint. Kritiker hätten seinen Account mit kritischen Posts überschwemmt.[491] Orbáns Saat ist aufgegangen, das zeigt die Unterstützung seiner Flüchtlingspolitik: Wer ständig von Bedrohungen hört, bereitet sich im Kopf bereits auf Abwehr vor. Die Kognitionsforscherin Wehling nennt das „kognitive Simulation"[492]. Man hat Bilder von Bedrohung und Kampf im Kopf, spannt die Muskeln an, geht in den Verteidigungsmodus. Die meisten Ungarn befürworten den Zaun, auch diese Budapesterin. „Ich bin mit den Maßnahmen der Regierung absolut einverstanden", sagt sie in mein Mikrophon. „Man müsste sie dort halten, wo sie geboren sind, der Zaun ist gut."[493]

Die Friedenstruppen

„Viktor Orbán, Jarosław Kaczynski" skandieren die polnischen Gäste im März 2012, während sie vom Burgviertel durch die Altstadt von Buda in Richtung Donau ziehen. „Viktor Orbán, Jarosław Kaczynski" rufen sie im Takt, angeheizt durch Hochprozentiges und bahnen sich ihren Weg durch die Schaulustigen. Sie

[489] http://magyaridok.hu/belfold/nehez-korulmenyek-kozotti-tanitasert-tobben-kapnak-potlekot-2044864/

[490] http://derstandard.at/2000062526707/Urlaub-fuer-Fluechtlinge-loest-Wirbel-in-Ungarn-aus

[491] https://www.facebook.com/pg/Manninger-Jenő-141169136438903/posts/?ref=page_internal

[492] vgl. Wehling, S. 30

[493] http://www.deutschlandfunkkultur.de/ungarn-vor-dem-fluechtlingsreferendum-ein-land-macht-dicht.979.de.html?dram:article_id=366548

sind unterwegs zum Kossuth-Platz vor dem Parlament auf der anderen Seite der Donau, wo sich die Anhänger Viktor Orbáns bereits zum „Friedensmarsch" versammelt haben. Die Donaubrücken sind in rot-weiß-grün geschmückt, unzählige kleine Flaggen flattern im Wind über dem Fluss. Etwa 2000 Polen sind gekommen, konservative Brüder im Geiste. Junge *Fidesz*-Anhänger tragen Plakate vor sich her, die Brüssel mit dem früheren Sowjetreich vergleichen. Orbán spricht zu vielen Tausend Anhängern. „Wir werden keine Kolonie sein", ruft er und meint mit den vermeintlichen Kolonisatoren Brüssel. Veranstaltungen wie diese gibt es immer mal wieder. Organisiert werden sie vom *CÖF*, dem *Zivilen Zusammenschluss,* einem *Fidesz*-Ableger und Orbáns Freund und Publizisten Zsolt Bayer, der 2012 unter dem Titel „Einig ist die Heimat" auch ein Buch zu den Friedensmärschen geschrieben hat. Die Pro-Orbán-Kundgebung vom Januar 2012 habe den Regierungschef vor einem Sturz durch die „links-fühlende EU" gerettet, behauptet Bayer im staatlichen Fernsehen.[494] „Wir demonstrieren, dass wir fest hinter Viktor Orbán stehen und ihn verteidigen", erklärt der Sprecher des *Forums Ziviler Zusammenhalt (CÖF),* warum er die Veranstaltungen organisiert.[495]

Damit auch sicher viele Anhänger kommen und die Regierung behaupten kann, es seien auf jeden Fall mehr Anhänger auf der Straße gewesen als bei den Gegendemonstranten, überlassen die Friedensmarschierer nichts dem Zufall. Mit Bussen werden die „Jubel-Ungarn" aus der Provinz und aus Siebenbürgen nach Budapest gekarrt, bestellte Claqueure für den Anführer. Orbán bedankt sich im Januar 2012 in einer Videoaufnahme bei den hunderttausenden Teilnehmern des Friedensmarsches. „Mir persönlich bedeutet es viel", so der Regierungschef vor Nationalfahnen, aber mit offenem Hemd, „zu wissen, dass hinter mir, mit mir viele Hunderttausend Menschen für dieses Land arbeiten, fühlen und beten".[496] Diese Aufmärsche sind ein Kommunikationsmittel nach innen wie außen. Sie transportieren Ideologie, Gemeinschaftsgefühl, Zusam-

494 https://pusztaranger.wordpress.com/2012/10/19/friedensmarsch-mit-kriegsrhetorik-das-orban-umfeld-mobilisiert-fur-den-23-oktober/

495 ATV, zit. n. https://pusztaranger.wordpress.com/2012/10/19/friedensmarsch-mit-kriegsrhetorik-das-orban-umfeld-mobilisiert-fur-den-23-oktober/

496 https://www.youtube.com/watch?v=5dWOcWuUWQg

menhalt. Und sie sollen eine Botschaft der Stärke vermitteln: nach innen wie außen, „wir sind viele“ sollen sie suggerieren, die parlamentarische Mehrheit wird gleichsam auf die Straße übersetzt. Im Fernseh-Beitrag freut sich denn auch der *CÖF*-Sprecher Tamás Fricz darüber, dass „nach den Friedensmärschen die Atmosphäre in Brüssel ganz anders“ gewesen sei. Orbán sei „mit angemessenem Respekt behandelt worden.“[497]

Die Solidaritätsadressen, die dem Anführer Kraft spenden, ihn mit der tausendfachen Energie seiner Anhänger laden und den Kritikern ein Bild der Stärke und Geschlossenheit vermitteln sollen (Wir sind viele) bleiben allerdings nicht unwidersprochen. So spottet ein Transparent auf einem alternativen Friedensmarsch von Orbán-Kritikern, es solle „zwei Orbáns“ geben und führt den Personenkult um Viktor Orbán damit ad absurdum. Im Frühjahr 2017 wirbt die Spaßpartei *Zweischwänziger Hund* für einen eigenen „Friedensmarsch für die Regierung und Russland – und gegen alle anderen“[498] – bissiger Sarkasmus gegen die tägliche Dosis Orbán und sein Spiel mit den Sündenböcken.

[497] ATV, zit. n. https://pusztaranger.wordpress.com/2012/10/19/friedensmarsch-mit-kriegsrhetorik-das-orban-umfeld-mobilisiert-fur-den-23-oktober/

[498] http://zsurpubi.hu/cikk/684-legyen-ket-orban/

17. Das schleichende Gift des Populisten

Eine neue Moral: Hass wird salonfähig

Die Konzerthalle im Budapester Stadtpark ist gut gefüllt. Die bekannte Rechtsrock-Band *Kárpátia* spielt im legendären *Pesti Csarnok* auf, einem Ort, in dem viele ungarische Rockgrößen schon Konzerte gegeben haben. An Verkaufsständen werden Großungarn-Aufkleber verkauft, Aufnäher zeigen berittene Bogenschützen und warnen vor den „Pfeilen der Ungarn". Es sind die üblichen Merchandising-Produkte, wie man sie auf Rechtsrock-Konzerten, aber auch auf den Parteiveranstaltungen der rechtsextremen Partei *Jobbik* findet. Der *Kárpátia*-Sänger János Petrás macht aus seiner Nähe zu der rechtsextremen Partei keinen Hehl. Die Band komponiert einen Marsch für die „Ungarische Garde", die durch die Roma-Viertel marschiert – eine Art Bürgerwehr der rechtsextremen *Jobbik*. In einem Interview betont Petrás, der Friedensvertrag von Trianon müsse rückgängig gemacht werden. „An das Friedensdiktat von Trianon müssen wir erinnern", sagt er. Denn es sei ein „Symbol der Zerrissenheit des Landes". Und er fasst seine Hoffnung und die vieler Großungarn-Fans in einem Satz zusammen: „Wir hoffen, Trianon verschwindet, dafür kämpfen wir."[499]

Auf der Bühne an diesem November-Abend im Budapester *Pesti Csarnok* singt Petrás zu galoppierenden Hardrock-Rhythmen „Nein, Nein, Niemals" – das Motto der Zwischenkriegszeit unter Reichsverweser Horthy, das in den 1920er Jahren auf Briefmarken und unzähligen Plakaten prangt.[500] Das „dreifa-

[499] Petrás, János, zit. n. http://www.deutschlandfunk.de/fremde-welten-teil-1-orban-rechtsrock-und-der-ungarische.2016.de.html?dram:article_id=292869

[500] Szegö, Johann: Eine kurze Geschichte Ungarns, Wien 2005, S. 67

che Nein", das *Tria-Non* bezieht sich auf den Friedensvertrag von Trianon – in Ungarn ein unverarbeitetes nationales Trauma. Zwei Drittel des Territoriums, mehr als drei Millionen Menschen und vor allem das ungarische „Kernland" Siebenbürgen gehen damals an die Anrainerstaaten. Heute leben in Rumänien etwa anderthalb Millionen Ungarn, eine halbe Million in der Slowakei, vielleicht 300.000 in der serbischen Vojvodina, 150.000 in der Karpato-Ukraine, einige Tausend in Slowenien und im österreichischen Burgenland. Auf der Bühne im *Petöfi Csarnok* rockt *Kárpátia*. Auf einer Leinwand hinter den Musikern versuchen sich ungarische Freischärler im Videoclip an einer Eroberung des Burgenlandes. 1921 hatten einige Tausend Hasardeure versucht, das ehemals ungarische Territorium mit Waffengewalt wieder dem Mutterland anzugliedern, was allerdings scheiterte. *Kárpátia*-Sänger Petrás beklagt an diesem Abend im *Petöfi Csarnok,* ungarische Kinder müssten heute in den Schulen „jüdische Lieder und Riten" lernen. Das Publikum quittiert das mit lauten Buh-Rufen. „Soweit ist es schon", resümiert der Sänger den vermeintlichen Siegeszug der Juden in Ungarn und fragt rhetorisch in die Menge: „Warum kann man nicht wieder dorthin zurück, in die 20er-Jahre, als in den Schulen Folgendes gebetet wurde: Ich glaube an einen Gott, ich glaube an meine Heimat, ich glaube an die göttliche Gerechtigkeit, ich glaube an Ungarns Wiederauferstehung"?[501]

Volle Kraft zurück in die Vergangenheit. Und das hält die Regierung einer Ehrung für würdig. Anlässlich des Nationalfeiertages im März 2013 zeichnet der zuständige Minister Zoltán Balog einige Ungarn mit hohen staatlichen Ehrungen aus. Einer der Gewürdigten ist der *Kárpátia*-Sänger János Petrás, der das Goldene Verdienstkreuz bekommt. „Diese Auszeichnungen, die wir heute übergeben", sagt der Minister, „drücken die Resonanz des Publikums aus, seinen Dank." Die Ungarn adoptierten die Werke der Geehrten, schöpften aus ihnen, und sähen in ihnen „jene Wege, die wir beschreiten müssen, wenn wir wirklich geadelt werden wollen", schließt der Minister seine Laudatio. Ein revisionistischer Rock-Sänger bekommt den Segen der Regierung. Außerdem werden an diesem Tag ein rechtsextremer Archäologe geehrt und der Fernsehmoderator Ferenc Szaniszló, der als Reporter während der Balkankriege aus dem

[501] zit. n. http://www.deutschlandfunk.de/rechtsruck-in-ungarn.807.de.html?dram:article_id=240870 , vgl. auch Lendvai, Paul: Die Ungarn. Eine tausendjährige Geschichte. München 2001, S. 418

umkämpften Vukovar berichtet hatte und nun in seiner Sendung im rechtsextremen Fernsehsender *Echo TV* Verschwörungstheorien verbreitet, über die „Zigeuner- und Judenfrage“ schwadroniert und Roma als „Menschenaffen“ bezeichnet, was dem Sender eine Geldstrafe einträgt. Als Szaniszló mit dem Táncsics-Preis ausgezeichnet wird, geben führende Publizisten ihre Auszeichnungen zurück, sie möchten nicht in schlechter Gesellschaft sein. Der Vorsitzende des Ungarischen Journalistenverbandes betont, es gebe wohl ein Problem, wenn der Minister Szaniszlós „Arbeiten“ für preiswürdig halte. Aufgrund von lauter internationaler Kritik rudert der Minister schließlich unbeholfen zurück: Die umstrittenen Äußerungen Szaniszlós seien ihm nicht bekannt gewesen, sagt er der ungarischen Nachrichtenagentur *MTI*. Er fordert Szaniszló auf, den Preis wieder zurückzugeben, den er „aus Versehen“ überreicht habe.[502] Pathetisch schlüpft der Journalist daraufhin in einer 23-minütigen Sonderausgabe seiner Sendung *Weltpanorama* in die Opferrolle und machte sich selbst zum Thema. Seine Botschaft an die Zuschauer: Er – Ferenc Szaniszló – sei das Opfer einer linksliberalen Verschwörung, an der auch der israelische Botschafter beteiligt sei. „Haben Sie so viel Angst vor mir, vor dem *Weltpanorama,* der Wahrheit?“, fragt der Moderator larmoyant.[503]

Eine Preisverleihung als PR-Desaster

Die Ehrung für den *Kárpátia*-Sänger János Petrás rechtfertigt Balog damit, dass er eigentlich eine Folk-Band namens *Kárpátia Folk-Werkstatt* habe ehren wollen, die die Moldauer Csángó-Musik populär gemacht hat und Teil der Tanzhaus-Bewegung war, die Volksmusik und Tänze belebte.[504] Das Sympathieheischen der Regierung bei den Wählern ganz rechts außen endet letztlich in einem PR-Desaster. Aber von „Versehen“ kann kaum die Rede sein. Denn immer wieder hat die Regierung Orbán umstrittene Äußerungen mit Preisen geadelt. Den Orbán-Intimus Zsolt Bayer etwa zeichnet die Regierungspartei *Fidesz* mit dem Madách-Preis aus und entrichtet die Gerichtskosten, die der umstrittene Publi-

[502] zit. n. http://ORF.at/stories/2172621/

[503] https://www.youtube.com/watch?v=ZyCMdbsfcn0

[504] https://444.hu/2013/06/06/karpatia-kituntetes/

zist wegen seiner Schmähartikel bezahlen muss.[505] Die Regierungspartei deutet Ressentiments zu hoher Publizistik um. „Bayer habe sich den Preis durch sein Lebenswerk verdient“, betont der *Fidesz*-Politiker Zsolt Beczó.[506] Aber was für ein Lebenswerk hat Orbáns Hassprediger Zsolt Bayer vorzuweisen? Der hemdsärmelige Publizist hat im Rahmen des *CÖF* (*Civil Összefogás – Ziviler Zusammenschluss)* Massenaufmärsche für Orbán organisiert und ist selbst in der ersten Reihe bei diesen sogenannten „Friedensmärschen“ durch die Straßen von Budapest gelaufen. Aber vor allem hat das *Fidesz*-Gründungsmitglied Bayer publizistisch den Kontakt nach ganz rechts außen gehalten – zu den Wählern, die *Fidesz* ansprechen will: mit plumpem Antisemitismus und Romafeindlichkeit, mit Hetze gegen Brüssel und das westliche Politikmodell, gegen Liberale und Sozialisten. Bayer hat dem Volk im wahrsten Sinne des Wortes aufs Maul geschaut, seine Ausdrucksweise kommt tief aus der Gosse. So bezeichnet er die grüne Vizepräsidentin des Europaparlaments, Ulrike Lunacek, als „gehirnamputierte, an Krätze leidende Idiotin“.[507] Roma vergleicht er in der rechtsgerichteten Zeitung *Magyar Hírlap* mit Tieren[508], „die nicht existieren sollten, nirgendwo“.[509] Er beklagt, dass es im Zuge des sogenannten Weißen Terrors 1919, der die Machtergreifung des Reichsverwesers Horthy begleitete, nicht gelungen sei, genügend Linke zu ermorden. „Leider gelang es nicht, alle bis zum Hals im Wald von Orgovány zu verscharren“, schreibt er. In dem Artikel greift Orbáns Hassprediger auch jüdische Orbán-Kritiker massiv an, namentlich den *Guardian*-Journalisten Nick Cohen, den Grünen-Politiker Daniel Cohn-Bendit und den ungarischen Pianisten András Schiff. Den Journalisten Cohen nennt Bayer gar ein „stinkendes Exkrement“.[510]

[505] http://hvg.hu/itthon/20110120_madach_bayer_zsolt, http://www.pesterlloyd.net/2011_04/04eubriefBayer/04eubriefbayer.html

[506] zit. n. https://hungarianvoice.wordpress.com/2011/01/21/fidesz-politiker-zsolt-bayer-verdient-den-madach-preis/

[507] https://pusztaranger.wordpress.com/2012/02/11/zsolt-bayer-uber-eu-kommissarin-neelie-kroes-und-eu-grune-lunacek-idiotinnen-mit-kratze/

[508] http://derstandard.at/1356427092656/Empoerung-nach-rassistischen-Aussagen-eines-fidesz-Mitgruenders

[509] http://www.salzburg.com/nachrichten/welt/politik/sn/artikel/roma-in-ungarn-existenzberechtigung-abgesprochen-42522/

[510] http://diepresse.com/home/ausland/eu/623089/Ungarn_OrbanFreund-wegen-Hetzartikels-angezeigt

Zwar distanziert sich das Regierungsmitglied Tibor Navracsics, der später EU-Kommissar wird, von Bayer. Aber bis heute treibt der Mann mit der *Fidesz*-Mitgliedsnummer Fünf publizistisch sein Unwesen, er schreibt Kolumnen und hat eine Fernsehsendung. Leute wie Bayer tragen dazu bei, das geistige Klima in Ungarn zu vergiften. Sie gewähren zu lassen, heißt, es zumindest stillschweigend zu dulden, wenn nicht insgeheim zu fördern. Selbst das regierungsfreundliche deutsch-sprachige Internet-Portal *Hungarianvoice* kommt zu dem Schluss, dass sich eine „demokratisch überwältigend legitimierte Partei wie *Fidesz* von Menschen wie Bayer, die fortwährend den gesitteten Diskurs vorsätzlich verletzen und Feindbilder propagieren, eindeutig und klar distanzieren" müsse. Sie dürfe durch Preisverleihungen nicht dazu beitragen, „derartige Menschen in ihrer Bedeutung aufzuwerten und als ‚Vorbilder' zu zementieren".[511]

Da Bayer einfach weiter machen kann wie bisher, wird Antisemitismus, wird Hetze gegen Roma salonfähig. „Es gibt Juden, deren bloße Existenz den Antisemitismus begründet", schreibt er in der Zeitung *Magyar Hírlap*.[512] Herabwürdigung im *Stürmer*-Stil. Es ist das klassische Antisemiten-Stereotyp vom Juden, der selbst schuld ist, wenn man ihn hasst. Den Hass mit Preisen zu würdigen kommt einem moralischen Kurswechsel gleich, einem Umdeuten, einem Neu-Rahmen (Reframing). Nun stehen Bayers Werke sogar in der Nationalbibliothek. Der zuständige Regierungsbeauftragte Imre Kerényi rechtfertigt das so: die „starken Worte" Bayers gefielen ihm auch nicht immer (Bayer: „Wenn Du ein Zigeunerkind umfährst, gib Gas oder nimm eine Waffe, wenn Du eine zur Hand hast"), aber die Belletristik Bayers gehöre in eine Reihe mit dem Nationaldichter Sándor Petöfi.[513] So werden Antisemiten aufgewertet und in den nationalen Literaturkanon erhoben.

[511] https://hungarianvoice.wordpress.com/2011/01/21/fidesz-politiker-zsolt-bayer-verdient-den-madach-preis/

[512] Bayer, Zsolt: A medence szélén, in: Magyar Hírlap, 19. 3. 2008, zit. n. Ungváry, Rudolf: Tief ist der Brunnen der Vergangenheit, in Quo vadis, Hungaria ? Kritik der ungarischen Vernunft. Osteuropa, 61. Jg., 12/2011, S. 123

[513] http://www.atv.hu/belfold/20170810-kerenyi-petofi-sandorhoz-hasonlitotta-bayer-zsoltot

18. Das illiberale Modell – Orbán, der Puszta-Putin?

Es sind nur zwei Handvoll Demonstranten, die sich vor der Ungarischen Botschaft in der Wiener Innenstadt aufgebaut haben, in unmittelbarer Nachbarschaft zu Kanzleramt, Präsidentensitz und Burgtheater – dem Dreieck von politischer und kultureller Macht in Österreichs Hauptstadt. Kurz vor den Kommunalwahlen in Ungarn 2014 wollen Béla Rasky vom Wiener *Wiesenthal-Zentrum für Holocaust-Studien*, der Holocaust-Überlebende Karl Pfeifer und andere Kritiker der ungarischen Regierung auf den ihrer Ansicht nach wahren Charakter des Budapester Regimes aufmerksam machen. *Puszta-Putin* steht auf einem Plakat mit dem Konterfei des ungarischen Ministerpräsidenten. Eine Bildergalerie beschreibt die Metamorphose von Orbán zu Putin. Das Gesicht des ungarischen Spitzenpolitikers amalgamiert zum russischen Präsidenten. Das polemische Etikett *Puszta-Putin* hatte die linke Opposition Orbán schon kurz nach seinem Wahlsieg 2010 aufgeklebt, als er sich daran macht, seine Macht im Staate mit Hilfe der Zweidrittelmehrheit im Parlament auszubauen.

Die Bezeichnung *Puszta-Putin* enthält vieles, was wir aus dem hybriden Reich des russischen Präsidenten kennen: möglichst viel Kontrolle über die Medien, Besetzung wichtiger Machtpositionen mit den eigenen Leuten, eine Clique von Oligarchen um den unbestrittenen Führer, Angriffe auf die Zivilgesellschaft, vertreten durch Nichtregierungsorganisationen, bis hin zum erklärten Ziel, einen „illiberalen" Staat aufbauen zu wollen – nur willkürliche Verhaftungen und politisch motivierte Morde fehlen in Ungarn. Der Politologe Jan-Werner Müller ist zu dem Schluss gekommen: Orbán sei mittlerweile „Moskaus Trojanisches Pferd" in Europa, im „europäischen ideologischen

Krieg setze Ungarn auf Putinismus“, informiert ein Artikel in der Zeitschrift *Foreign Affairs*.[514] Orbán habe Putins Modell eines „populistischen Führers“ übernommen, die Regierung baue auf Nationalismus und sie sei kaum zu stoppen. Auf Putins Schachbrett ist der Ungar Orbán eine Spielfigur, um die EU zu schwächen. „Orbán ist ein Spalter der EU, das macht ihn so attraktiv für Putin“, meint auch Stefan Meister von der *Deutschen Gesellschaft für Auswärtige Politik* im Nachrichtenmagazin *Der Spiegel*.[515]

Putin – gern gesehener Gast in Budapest

Als die berühmten „grünen Männchen“ von Moskaus Gnaden die Macht auf der Krim übernehmen, wird Wladimir Putin über Nacht in den europäischen Hauptstädten eine persona non grata – außer in Budapest. Ungarn ist das erste NATO-Land, das den Russen nach der Krim-Annexion noch empfängt. Ein Affront nicht nur für die europäischen Kollegen, sondern auch eine Art von Verrat am eigenen Volk. Orbán, der 1989 vor Hunderttausenden noch den Abzug der Russen aus Ungarn gefordert hatte, hat sich in der Energiepolitik vollständig Moskau ausgeliefert. Nicht nur Gas und Rohöl kommen zum überwiegenden Teil über die Pipelines aus Russland. Jetzt setzt er auch bei der Atomkraft voll auf Moskau. Schon bevor Orbán 2010 erneut an die Macht kommt, hat er sich für einen umstrittenen Atom-Deal mit den Russen ausgesprochen. Sie sollen das einzige ungarische Atomkraftwerk in Paks erweitern, die Brennstäbe aufbereiten und geben dafür auch noch einen 10-Milliarden-Kredit. Zwei Vertragsverletzungsverfahren der EU-Kommission in dieser Frage verlaufen im Sande, grünes Licht also für die neue russisch-ungarische Freundschaft.[516] „Paks II ist auf einem guten Weg“, freut sich das regierungsnahe Online-Portal *888.hu*. Zwei Baden-Württemberger leisten dabei ungarischen Medien zufolge Schützenhilfe: EU-Kommissar Oettinger und der frühere Vorsitzende des

514 https://www.foreignaffairs.com/articles/central-europe/2014-08-06/moscows-trojan-horse

515 http://www.spiegel.de/politik/ausland/wladimir-putin-besucht-viktor-orban-in-budapest-treffen-sich-zwei-eu-feinde-a-1164837.html

516 http://derstandard.at/2000053652479/AKW-Paks-EU-Kommission-gibt-gruenes-Licht-fuer-Staatsbeihilfen

Ost-Ausschusses der Deutschen Wirtschaft, Klaus Mangold. Der Lobbyist trägt den Titel eines russischen „Honorarkonsuls der Russischen Föderation in Baden-Württemberg ", die *FAZ* nennt den „Russlandversteher" den „Mister Russland der deutschen Wirtschaft"[517]. Beide fliegen im Mai 2016 im Privatjet Mangolds nach Budapest[518]. Es sei dabei aber nicht um das Paks II-Projekt gegangen, beteuert Oettinger auf eine Anfrage des ungarischen Grünen-Europa-Abgeordneten Jávor Benedek.[519] Den nationalen Alleingang in der Energiefrage und die jahrzehntelange Abhängigkeit befürworten allerdings nur wenige Ungarn. Laut *Eurobarometer* sind 71 Prozent der Ungarn für eine gemeinsame europäische Energiepolitik.[520/521] Die Akten des Paks-II-Deals bleiben unter Verschluss.

Putins Pudel?

„Russen raus" und „Orbán, hau ab" skandieren die Demonstranten auf ihrem Marsch durch die Budapester Innenstadt. Kurz vor dem Putin-Besuch im Februar 2015 machen die Demonstrationsteilnehmer in Budapest deutlich, für was sie ihren eigenen Regierungschef mittlerweile halten, nämlich eine Marionette Putins. „Putyin Nyet" ist die unmissverständliche Botschaft auf den Transparenten, „Nein zu Putin". Auf einem anderen sind der russische Präsident und der ungarische Premier als Matroschkas zu sehen[522]. Die Machtverhältnisse sind durch die Größe der Puppen symbolisiert und durch ein Wortspiel, das den nach historischer Größe strebenden Viktor Orbán als Ungarns „MINI-sterpräsident" lächerlich macht. Der Budapester Regierungschef versucht, seinen Landsleuten die neue Achse Budapest-Moskau schmackhaft zu machen. „Eine Zusammenarbeit mit Russland ist für viele Ungarn eine sehr emotionale Sa-

517 http://www.faz.net/aktuell/wirtschaft/menschen-wirtschaft/klaus-mangold-mister-russland-der-deutschen-wirtschaft-14056422.html

518 https://444.hu/2016/06/21/rejtelyes-budapesti-talalkozo-paks-megmenteseert

519 https://444.hu/2016/11/15/a-nemet-eu-biztos-elismerte-hogy-az-oroszbarat-uzletember-gepevel-jott-orbanhoz-latogatoba

520 https://ec.europa.eu/commfrontoffice/publicopinion/index.cfm/ResultDoc/.../75903

521 vgl. auch http://library.fes.de/pdf-files/bueros/budapest/12778-20170313.pdf

522 vgl. Foto auf dem Buchcover

che“, räumt der ungarische Premier mit Blick auf die historisch nicht gerade konfliktfreien Beziehungen ein. „Wir haben den Zweiten Weltkrieg gegen sie verloren. 1956 haben sie, besser gesagt, die Sowjetunion, unsere Revolution blutig niedergeworfen. 1989 habe ich persönlich, vielleicht sogar als Erster, beim Abzug der Sowjetarmee ‚gute Heimreise‘ gewünscht. Aber wir müssen all diese Gefühle beiseite lassen“, fordert der ungarische Premier. „Ungarn hat ernsthafte sicherheitspolitische, wirtschaftliche und energiepolitische Interessen“[523] Der Deal ist offenbar: Putin ist in Ungarn willkommen, er kann Geschäfte machen – und die Regierung in Budapest wird durch die Staatsbesuche nicht nur politisch aufgewertet, sondern Einzelne profitieren auch finanziell davon. „Orbán beeilte sich, seinem Gast zu versichern, dass Ungarn unbedingt bei der *South-Stream*-Ersatzleitung durch die Türkei dabei sein wolle“, schreibt das Wiener Online-Medium *Pester Lloyd*, „Putin dankte es ihm mit der Genehmigung, dass die *MOL* (die ungarische Erdölgesellschaft, Anm. d. Verf.) in Westsibirien weitere Ölfelder erschließen darf“.[524]

Es geht also um handfeste Wirtschaftsinteressen, beschreibt auch der Politologe Daniel Hegedüs in einer Studie für die *Deutsche Gesellschaft für Auswärtige Politik*[525] den neuen Kuschelkurs zwischen Budapest und Moskau. Orbán sei Putin dankbar, weil er *Fidesz* in der Vergangenheit finanziell unterstützt habe und regierungsnahe Kreise profitierten wirtschaftlich von Deals mit den Russen; dabei sei auch Korruption im Spiel. Als Transmissionsriemen dafür dient Hegedüs zufolge von 2011 bis 2015 das Offshore-Energie-Unternehmen *MET* mit Sitz in der Schweiz. Im Kern geht es darum: Die Russen garantieren billiges Erdgas. Es fließt aus Niederösterreich nach Ungarn, das de facto-Gasmonopol haben der staatliche ungarische Energieversorger *MVM* und ein Subunternehmer. „Wozu überhaupt ein Zwischenhändler notwendig sei, wurde von der Regierung nie beantwortet“, schreibt der Züricher *Tages-Anzeiger*.[526] Die Folge aber ist: Die Regierung profitiert, weil sie vor

523 zitiert nach http://www.deutschlandfunk.de/orban-bei-putin-das-treffen-der-illiberalen.795.de.html?dram:article_id=345841

524 Pester Lloyd, zit. n. Roth, Jürgen....

525 https://dgap.org/de/article/getFullPDF/27625

526 zit. n. Roth, Jürgen: Schmutzige Demokratie, Kapitel „Viktor Orbán aus Budapest“, S. 69

der Wahl 2014 die Energiepreise senken kann – zwar nur um Pfennigbeträge, aber für ungarische Rentner viel Geld. Private Akteure in Ungarn, aber auch russische Energieversorger ziehen ebenfalls ihren Gewinn daraus. Die Zeche zahlt letztlich der ungarische Steuerzahler. „Aus einer externen Sicht sieht die *MET*-Konstruktion wie ein Korruptionssystem aus, mit dem der Kreml dank garantiert günstigem Gas die Kooperationsbereitschaft einer nationalen Regierung gewinnt", schlussfolgert Hegedüs."[527] Am Ende der *MET*-Nahrungskette seien Vertraute Orbáns zu finden, berichten übereinstimmend Daniel Hegedüs und eine Studie des unabhängigen Budapester *Corruption Research Center*.[528] Die Russen haben damit einen Fuß in der europäischen Tür.

Putin und Orbán – ziemlich beste Freunde

Mittlerweile treffen sich der Moskauer Machthaber und seine Budapester Freunde einmal im Jahr. In sieben Jahren Orbán-Regierung seit 2010 war Putin sieben Mal in Ungarn,[529] ungarische Spitzenpolitiker revanchieren sich mit Gegenbesuchen in Moskau. Da träfen sich eben „echte Männer", urteilt der Korrespondent der konservativen Wiener Tageszeitung *Die Presse*, Boris Kálnoky. Doch jenseits der Von-Mann-Zu-Mann-Beziehung geht es auch um handfeste politische Interessen. „Russland benutzt Ungarn als eine Art Rammbock gegen die antirussischen Sanktionen der EU", urteilt Péter Krékó, Direktor des Budapester Think Tanks *Political Capital*.[530] So beklagt Orbán auf einer gemeinsamen Pressekonferenz mit Putin in Budapest im Februar 2017, leider sei „in der westlichen Hälfte unseres Kontinents eine anti-russische Politik zur Mode geworden". Und wieder verurteilt Orbán die Sanktionen gegen Moskau, die die EU-Kommission im Jahr 2014 nach der russischen Einverleibung der Krim verhängt und später verlängert hatte.[531] Bei seinem neuerlichen Besuch nur

[527] https://dgap.org/de/article/getFullPDF/27625, S. 6

[528] https://444.hu/2016/10/26/tudomanyosan-levezettek-hogy-a-met-uzlete-korrupcio-lehetett

[529] http://diepresse.com/home/ausland/aussenpolitik/5276232/Putin-bei-Orban_Echte-Maenner-unter-sich

[530] http://www.spiegel.de/politik/ausland/wladimir-putin-besucht-viktor-orban-in-budapest-treffen-sich-zwei-eu-feinde-a-1164837.html

[531] https://www.tagesschau.de/ausland/orban-putin-103.html

wenige Monate später eröffnet der Judoka Putin die Judo-WM in Budapest. Die Universität Debrecen verleiht dem Russen wegen des Paks-II-Ausbaus, an dem auch die ostungarische Bildungseinrichtung beteiligt sein wird, die Ehrendoktorwürde. „Beide werten sich mit diesem Besuch gegenseitig auf", urteilt der Russland-Experte Stefan Meister von der *Deutschen Gesellschaft für Auswärtige Politik*.[532] Debrecener Studenten leisten Widerstand. Sie beklagen, die Ehrendoktorwürde sei eine „nicht abzuwaschende Schande" für die altehrwürdige Bildungseinrichtung in der Pusztametropole.[533] Putin ehre weder Fakten, noch andere Meinungen, noch die Demokratie, heißt es in einer Petition der Studenten, die dazu auffordert, Putin den Titel wieder abzuerkennen.[534] Der prominente Debrecener Philosoph Mihály Vajda gibt seinen Ehrentitel als emeritierter Professor ab; er wolle nicht Teil einer Instution sein, deren „Ehrenbürger" der russische Präsident sei, teilt Vajda auf seiner Facebookseite mit.[535]

Die Regierung ficht das nicht an. Orbán und Putin sind sich in einem einig – in ihrer Abneigung gegenüber Brüssel. „Ungarn ist Russlands wichtigster Partner bei der Destabilisierung der Europäischen Union", urteilt der Politologe Péter Krekó, deshalb gebe sich Putin immer wieder die Ehre.[536] Für Viktor Orbán ist der Russe außerdem eine Art politisches Vorbild geworden. In seiner berühmten Rede im siebenbürgischen Băile Tuşnad verteidigt Orbán sein Modell der „illiberalen Demokratie" mit dem Verweis auf die „Erfolge" autoritärer Herrscher wie Putin. „Heute sind die Stars in den internationalen Erhebungen Singapur, China, Indien, Russland, die Türkei", sagt er im Sommer 2014 in Siebenbürgen. „Eine Demokratie ist nicht zwangsläufig liberal", schlussfolgert Orbán. Die liberale Demokratie sei nicht geeignet, den Interessen der Nation

532 http://www.spiegel.de/politik/ausland/wladimir-putin-besucht-viktor-orban-in-budapest-treffen-sich-zwei-eu-feinde-a-1164837.html

533 http://kettosmerce.blog.hu/2017/08/26/lemoshatatlan_szegyen_ez_az_egyetemnek_helyi_fiatalok_peticiot_inditottak_putyin_debreceni_egyetemi

534 https://www.peticiok.com/putyindebrecencivishonoriscausa

535 http://hvg.hu/itthon/20170904_Vajda_Mihaly_Putyin_miatt_lemondott_debreceni_professor_emeritus_cimerol

536 http://www.spiegel.de/politik/ausland/wladimir-putin-besucht-viktor-orban-in-budapest-treffen-sich-zwei-eu-feinde-a-1164837.html

zu dienen, meint der ungarische Regierungschef.[537] Von den Liberalen und Linken hat Orbán vor allem Gegenwind zu erwarten. Nur logisch deshalb, meint der linke Politiker und Publizist Attila Ara-Kovács, dass Orbán die Nähe Putins sucht: „Der Westen erwartet von Orbán die Einhaltung demokratischer Spielregeln. Diese Erwartungen kann und will Orbán nicht erfüllen, er identifiziert sich mehr mit Putins Modell", zitiert ihn das Nachrichtenmagazin *Der Spiegel*.[538]

Russische Spione

Der ungarische Premier gehört also schon zum Fanclub des russischen Präsidenten. Der russische Einfluss in Ungarn und damit indirekt auf die EU wächst, glaubt man einem ehemaligen ungarischen Geheimdienstler. Auf einer Skala bis zehn beziffert Ferenc Katrein den Einfluss des Kreml und der russischen Geheimdienste auf „neun bis zehn". Die Bedrohung sei „hoch", meint der frühere Geheimdienst-Mitarbeiter im Exklusiv-Interview mit Journalisten des Online-Portals *index.hu*.[539] Russland habe eine Rolle beim Anheizen der Flüchtlingskrise gespielt und nutze dies für seine Propaganda, sagt er im Gespräch.

Als Beleg nennt Katrein die Vorfälle in der Silvesternacht 2015/2016 in Köln und den Fake-News-Fall der angeblich von Asylbewerbern vergewaltigten Lisa aus Berlin. Die 13-jährige Russlanddeutsche war sogar vom russischen Außenminister Lawrow als Kronzeugin dafür missbraucht worden, dass die deutschen Behörden angeblich Fakten unterdrückten. NATO-General Breedlove hatte ebenfalls den Vorwurf erhoben, Russland heize die Flüchtlingskrise weiter an, um Europa zu destabilisieren.[540] Meine Beobachtungen als Korrespondent entlang der Balkanroute decken sich mit den Schlussfolgerungen des Geheimdienstlers, Russland habe die Flüchtlingskrise geschürt. Die Bombardements der Russen in

537 https://mno.hu/belfold/orban-viktor-teljes-beszede-1239645

538 zit. n. Roth, Jürgen

539 http://index.hu/belfold/2017/03/21/hungarian_secret_agent_reveals_how_serious_the_russian_threat_is/

540 http://www.focus.de/politik/videos/nato-general-breedlove-russland-erzeugt-absichtlich-fluechtlingswelle_id_5331799.html

Syrien beschleunigen die Fluchtbewegungen, das höre ich an den Grenzen entlang der Balkanroute immer wieder – aus drei Wochen Flucht werden drei Tage.

Russische Propaganda in Ungarn

Der Kreml kriecht auch in die Köpfe der Ungarn. So bewerten 44 Prozent der Ungarn den russischen Präsidenten mittlerweile positiver als die deutsche Kanzlerin.[541] Der Kreml unterstützt auch magyarische Rechtsextreme, wie eine Studie des Budapester Think Tanks *Political Capital*[542] nachzeichnet. Eine Spur des Kreml führt etwa zu dem Neonazi István Györkös, der regelmäßig Wehrsport-Übungen in Ungarn abgehalten hat. Seine gewalttätigen Phantasien bestanden darin, dass „die neue Welt im Feuer, Schmutz und Blut geboren wird". Darauf bereite man sich militärisch vor.[543] Seine Organisation *MNA* sieht sich als Nachfolgerin der Hungaristen-Bewegung von Ferenc Szálasi, die als Ableger der Neo-Nazis in Ungarn von Herbst 1944 bis zum Kriegsende 1945 Terror und Schrecken verbreitet hatte. Der *MNA*-Anführer Györkös ist international auch mit der *Blood & Honour*-Bewegung vernetzt. Jahrelang dulden die ungarischen Behörden die Wehrsport-Übungen von Györkös, die auch bei deutschen Neonazis beliebt sind. Bei einer Razzia in seinem Haus bei Györ eröffnet der ungarische Nazi im Herbst 2016 mit einer Maschinenpistole das Feuer auf die Polizei, der junge Oberstleutnant Péter Pálvölgyi stirbt an einem Kopfschuss.[544] Die Studie von *Political Capital* zum russischen Einfluss in Ungarn zitiert Recherchen des Internetportals *index.hu*, wonach auch russische Diplomaten und Angehörige des russischen Militärgeheimdienstes *GRU* an Wehrsportübungen der Ungarn teilgenommen haben.[545] *Political Capital* berichtet auch von der

541 http://globsec.org/globsec2017/news/globsec-trends-2017-mixed-messages-and-signs-of-hope-from-central-and-eastern-europe

542 http://www.politicalcapital.hu/pc-admin/source/documents/PC_NED_country_study_HU_20170428.pdf

543 https://www.doew.at/erkennen/rechtsextremismus/neues-von-ganz-rechts/archiv/juni-2010/ungarische-neonazis-bei-k-iv

544 http://derstandard.at/2000046518202/Polizist-in-Ungarn-bei-Razzia-von-Nazi-Organisation-erschossen

545 http://www.politicalcapital.hu/pc-admin/source/documents/PC_NED_country_study_HU_20170428.pdf, S. 23

Zunahme pro-russischer Websites und entsprechender Propaganda in Ungarn: Gegen alles Liberale, gegen die USA – das ist der Tenor. Etwa 90 solcher pro-russischen Websites gibt es in Ungarn. Fünf Kernbotschaften verbreiten sie nach Recherchen des Online-Portals *index.hu*: „Der Westen ist schwach", die Demokratie sei „unnütz und schlecht", die USA sei „kein Partner, sondern nutze Europa nur aus", der „Westen sei dekadent und habe seine Werte verloren" und die „amerikanische Weltordnung" stünde „kurz vor dem Zusammenbruch".[546] All dies sind Botschaften, die die Regierung Orbán auch wiederkäut: Der Westen sei am Ende, das Wertekorsett verrutscht, das Liberale ein Auslaufmodell. „Orbán fährt gut mit dem russischen Propagandazug", meint das Online-Portal *24.hu*.[547]

Finstere Mächte im Hintergrund

Zu einer solchen Weltsicht gehören natürlich auch finstere Hintergrund-Mächte. Für Viktor Orbán ist das George Soros, der die Flüchtlingskrise befeuert habe. „Es ist kein Zufall, dass täglich Tausende Migranten nach Europa angeliefert werden", sagt der *Puszta-Populist* auf dem Höhepunkt der Flüchtlingskrise im Oktober 2015 auf einer Konferenz im *Italienischen Kulturinstitut* in Budapest. „Man will eine bewusste Konstruktion verwirklichen, die man linksgerichtet nennen kann. Man will die europäischen Nationalstaaten irrelevant machen", mahnt Orbán und inszeniert sich als Europa-Verteidiger: „Wenn wir uns nicht für Europa einsetzen", warnt Orbán sein Publikum, „dann wird der Kontinent nicht mehr das Europa der hier lebenden Bürger sein, sondern die wirren Träume einiger großer Geldmänner, transnationaler Aktivisten und von niemandem gewählter Funktionäre verwirklichen."[548]

Hinter den Gardinen der Pro-Europa-Floskeln verbirgt sich die alte rechtsextreme Fratze: das antisemitische Klischee vom jüdischen Großkapitalisten,

[546] http://index.hu/kulfold/2016/04/04/omlik_az_orosz_propaganda_es_sokaig_eszre_sem_vettuk/

[547] http://24.hu/belfold/2017/04/25/orban-viktor-jol-utazik-az-orosz-propagandavonaton/

[548] http://www.tagesspiegel.de/politik/verschwoerungstheorie-viktor-orban-fluechtlinge-sind-eine-verschwoerung-der-linken-und-menschenrechtler/12523322.html

der im Hintergrund die Strippen zieht. Das sind Propaganda-Schablonen, wie man sie auch aus Russland kennt. Nichts soll die neue Freundschaft mit Moskau trüben, mit der Wahl Donald Trumps zum US-Präsidenten seien die Störfeuer aus Washington zu Ende. „Jetzt wird es keinen amerikanischen Druck mehr geben“, freut sich der ungarische Außenminister Szíjjártó. Während der Amtszeit von Präsident Obama sei das anders gewesen.

Russisch-ungarische Sadomaso-Spiele

Als Wladimir Putin 2015 –- wie immer mit Verspätung – in Budapest ankommt, steuert er den Friedhof in der Budapester Fiume-Straße an, einen Ort mit symbolischer Sprengkraft. Dort legt Putin einen Kranz nieder. Etwa 7000 sowjetische Soldaten sind auf dem anderthalb Hektar großen Gelände beigesetzt, die meisten sind während des Zweiten Weltkrieges gefallen. Auf einem Obelisken mit rotem Stern verrät eine Inschrift, dass hier auch „die sowjetischen Helden“ begraben sind, „die im Oktober 1956 während der Gegenrevolution ihr Leben für die Freiheit des ungarischen Volkes geopfert haben“. Die linksliberale Opposition ist entsetzt, Regierungsvertreter bemühen sich, das sensible Thema herunterzukochen. Viktor Orbán lässt die russische Machtdemonstration über sich ergehen.

Aktivisten der ungarischen Satirepartei *Zweischwänziger Hund* persiflieren die ungleiche Beziehung zwischen den beiden Staatsmännern. Sie stellen sich im Zentrum der ungarischen Hauptstadt wie zu sozialistischen Zeiten auf und entrollen Transparente in Orange, der Parteifarbe des *Fidesz*. „Es lebe die russisch-ungarische Freundschaft“, lassen sie die neuen Freunde in Moskau und ihre Budapester Liebediener hochleben. „Es lebe unser weiser Führer Viktor Orbán“ – mit ihren Slogans auf großen Transparenten erinnert die Aktivistengruppe sarkastisch an die Erste-Mai-Demonstrationen im damaligen Ostblock-Satellitenstaat Ungarn. Auf orangenem Grund flattern die Konterfeis von Orbán und Putin im Wind – wie einst Lenin und Stalin.

Die Botschaft ist eindeutig: Orbán setzt den alten Kádár-Kurs fort, Ungarn ist wieder ein Moskauer Satellit. Tausende Ungarn ziehen aus Protest auch im

Frühjahr 2017 durch die Straßen der Budapester Innenstadt, sie schwenken dabei sowohl die ungarische als auch die blaue EU-Fahne. „Europa, nicht Moskau" skandieren sie.[549] Nach einer Untersuchung des Meinungsforschungsinstituts *Publicus* glaubt mittlerweile jeder vierte Ungar, dass die ungarische Außenpolitik russischen Interessen dient.[550]

549 https://www.euractiv.com/section/freedom-of-thought/news/pro-eu-hungarians-rally-against-russian-influence/

550 zit. n. http://mandiner.hu/cikk/20170422_publicus_az_orszag_negyede_szerint_orosz_erdekeket_szolgal_a_kormany_kulpolitikaja

19. Ausblick

Die Diagnose des ungarischen Schriftstellers György Konrád ist eindeutig. Seit der Wende, so Konrád, sei Orbán „der schädlichste ungarische Politiker". Niemand habe „so viele Verleumdungen und unbegründete Behauptungen" angehäuft. „Sie sind der Champion", meint der frühere Leiter der *Berliner Akademie der Künste* in einem offenen Brief an den ungarischen Ministerpräsidenten Viktor Orbán. Konrád schließt mit der Aufforderung: „Die rechtschaffenste patriotische Handlung, mein Herr, bestünde im Verzicht auf Ihren Posten. Als Rentner könnten Sie sich mit ihrem Stadionwinzling und der dorthin fahrenden Spielzeugeisenbahn vergnügen. Und den Ball allein ins leere Tor kicken."[551] Das wird wohl so bald nicht geschehen. Also wird Europa noch eine Weile mit dem *Puszta-Populisten* Viktor Orbán leben müssen. Seine Spindoktoren werden immer neue Hasskampagnen erfinden, die immer gleichen Sündenböcke werden öffentlich bekämpft werden. Die ungarische Regierung benutzt *dirty campaigning*, weil sie damit erfolgreich ist. Die Umfragen sprechen dafür. Immer noch stehen viele Ungarn hinter ihrem *Puszta-Populisten* Viktor Orbán und seiner *Fidesz*-Partei, er hat ein Gespür für das, was die Menschen bewegt – so halten die Europäer die Themen Terrorismus und Zuwanderung derzeit für die zentralen.[552] Das sind die Themen, die auch die europäischen Wahlkämpfe bestimmen. Solange wird sie auch Orbán bespielen.

Aber das Lager der Unzufriedenen in Ungarn wird auch größer. Noch kann diesen Frust über das System keine politische Kraft so bündeln, dass daraus

551 http://diepresse.com/home/meinung/gastkommentar/5199083/Patriotisch-waere-Ihr-Ruecktritt-Herr-Premier-Orban

552 vgl. Eurobarometer https://ec.europa.eu/commfrontoffice/publicopinion/index.cfm/ResultDoc/.../75903

eine ernsthafte Alternative entstünde, die sich gegen Nationalismus und reaktionäre Vorstellungen von Gesellschaft wenden könnte. Der selbsternannte Revolutionär Orbán ist zu einem Symbol für eine ideologische Rolle rückwärts geworden: Er ist ein Kämpfer gegen die offene Gesellschaft. Niemand repräsentiert „den reaktionären Geist in Europa derzeit besser als Viktor Orbán", meint der Sofioter Politologe Ivan Krastev. Er ist allerdings optimistisch und bemerkt auch Gegenwind.

EU-Fahne als Symbol für eine offene Gesellschaft

Emmanuel Macron hat die Präsidentschaftswahl in Frankreich gewonnen und nicht Marine Le Pen. Geert Wilders unterlag in den Niederlanden, der *FPÖ*-Präsidentschaftskandidat Hofer in Österreich. „Die sich ändernde politische Dynamik in Europa", meint Krastev in der *Financial Times*, „begünstigt ihn nicht länger. Die Wahl Donald Trumps und die Brexit-Abstimmung haben mehr Europäer immun gegen den Charme radikal rechter Politik gemacht", glaubt Krastev.[553] Doch der Wettbewerb ist keineswegs entschieden, wie der Einzug der AfD in den Bundestag mit zweistelligem Ergebnis beweist. Aber selbst wenn Orbáns Politik der Abschottung Schule zu machen scheint, sein Populismus Nachahmer findet und Ungarn zutiefst gespalten ist – es gibt auch kleine Zeichen der Hoffnung. In dem Maße, wie die EU-Fahne aus dem Parlament und aus öffentlichen Zeremonien verschwindet, wird sie immer populärer im Widerstand gegen Orbán.

Auf den Demonstrationen wird die blaue Fahne mit dem Sternenkranz zum Symbol: für Demokratie, Rechtsstaat, eine offene, freie Gesellschaft. Ohne es zu wollen, stärkt Orbán die europäische Idee. Ein Trend, der sich irgendwann gegen ihn wenden könnte. „Das Volk hat ein Recht darauf, seine Herrscher zu verjagen" hat Orbán selbst gesagt und meinte damit die Regierung des Sozialisten Gyurcsány. Zehntausende Ungarn sind in den letzten Jahren auf die Straße gegangen, gegen den *Puszta-Populisten*. Bisher kann er seine Wähler besser mobilisieren. Noch profitieren genug vom System Orbán. Und wenn

[553] https://www.ft.com/content/a1d5f3a4-7938-11e7-a3e8-60495fe6ca71

nicht, glauben sie seinen Parolen vom Freiheitskampf, der Legende vom kleinen David gegen große Goliaths. Veränderung fängt in Ungarn an. Die Ungarn sind es, die ihre Regierung wählen. Und sie sind es, die sie abwählen können. Noch ist die Opposition gespalten, noch funktioniert Orbáns *Puszta-Populismus.* Aber die vielen kleinen Pflänzchen des Widerstandes in den letzten Jahren zeigen: Vielen wollen eben nicht „nur *Fidesz*". Und das machen sie mit Hartnäckigkeit, Kreativität und Humor deutlich.

Humor als Waffe

„Die Hasskampagne liebt Dich", hatte die Satirepartei *Zweischwänziger Hund* im gleichen Stil wie die offizielle Regierungspropaganda plakatiert: weiße Schrift auf blauem Grund. Mit der direkten Ansprache („Dich") treibt sie ad absurdum, was die Regierung in Budapest tut: Jeder kann zum Sündenbock werden – das ist die tiefgründige Botschaft der ungarischen Partei, die mit witzigen, anarchischen Kampagnen einen Gegenpol zur offiziellen Regierungspropaganda setzt.[554] Mal kündigt sie an, dass das Heimatdorf des Ministerpräsidenten zum Weltraumbahnhof wird und nimmt damit die Großmannsucht von Regierungschef Orbán und Bürgermeister Mészáros auf die Schippe. „Sorry for our prime minister", ist der Gipfel der Majestätsbeleidigung. Die Botschaft ist in Englisch verfasst, damit auch Flüchtlinge und andere Ausländer sie verstehen.

Mal fordert der *Zweischwänzige Hund* die Ungarn auf, bitte noch schnell einen Fragebogen zur „Nationalen Konsultation" auszufüllen, bevor sie zum Arbeiten nach Österreich fahren. Mal persifliert sie die aggressiven Plakate der Regierung („Schicken wir eine Botschaft nach Brüssel, damit auch sie sie verstehen") indem sie auf den Punkt bringt, wie es die Regierung am liebsten hat: Geld aus Brüssel willkommen, Kritik unerwünscht. In der Version des *Zweischwänzigen Hundes* heißt es dann: „Schicken wir die Botschaft nach Brüssel, dass sie mehr Geld schicken sollen". Das ist frech. Das ist anarchisch. Das ist entlarvend. Darüber lachen Ungarn, die nicht mit der Regierung einverstanden sind. Es hilft ihnen, den Alltag voller hasserfüllter Propaganda zu ertra-

[554] http://forum.p24.hu/forumkep/28/271792/429/12855133/1.jpg

gen. Es hilft ihnen ein wenig darüber hinweg, dass es derzeit keine politische Alternative zu Orbán gibt, die Opposition auf Dauer chancenlos ist. Es ist ein Schmunzeln, nicht mehr. Und es ärgert die Regierung, die völlig humorlos ist. Einigungsversuche der Linken und Liberalen in Ungarn sind bisher gescheitert. Orbán und seine *Fidesz*-Partei haben hier ganze Arbeit geleistet. Konservative Mini-Parteien und Bewegungen wie *Momentum* können Orbán auch nicht gefährlich werden. Noch nicht.

Ein Rapper als „Alternativer Staatspräsident"

Es gibt sie, die mutigen Ungarn, die wider den Stachel löcken. Der Rapper László Pityinger, der seine Interviews immer in einem Boxclub gibt, in dem er trainiert, ist so jemand. Als ich ihn das erste Mal treffe, tritt er mir in Unterhose und völlig verschwitzt gegenüber. Auch er hat mal eine Partei gegründet, die kaum einer gewählt hat. Selbst zu höchsten – alternativen – Weihen hat er es gebracht. Als ihn Aktivisten in sozialen Medien zum „Alternativen Staatspräsidenten" küren, gehen Zehntausende gegen die Regierung Orbán und ihr Mediengesetz auf die Straße. „Bazmeg", ruft er den Regierenden, den ungarischen Politikern generell zu, ein ausgestreckter Mittelfinger. Den Titel des „alternativen Staatspräsidenten" nimmt er sehr gerne an. Die Anti-Hymne in diesen bewegten Zeiten ist auf all den Demonstrationen zu hören: „Mir gefällt dieses System nicht", vorgetragen von ungarischen Intellektuellen, Aktivisten und vielen Ungarn, die den Refrain im Video mit Inbrunst singen. Das macht Mut. So viele Menschen gehen auf die Straße, es hat so viele Demonstrationen in den letzten Jahren gegeben: für Pressefreiheit, gegen die Internetsteuer, das umstrittene Hochschulgesetz, die Schikanen gegenüber den Nichtregierungsorganisationen, ob sie *TASZ* heißen oder *Helsinki Komitee*. Sie sind unermüdlich, auch wenn sie als „Migrantenstreichler" oder „Soros-Söldner" verunglimpft werden.

Die Menschen betonen, wie gerne sie in Ungarn leben, und wie stolz sie auf ihr Land sind. Und sie engagieren sich – auch wenn es ausweglos scheint. Sie erleuchten mit ihren Handy-Displays wie Tausende Glühwürmchen auf ihren Märschen die Brücken über die Donau, sie formen ein Herz für die Zivilgesellschaft auf dem Heldenplatz, sie lassen sich den Mund nicht verbieten. Es gibt sie, die mutigen Parlamentarier in der Opposition, die unermüdlich für ein besseres Ungarn kämpfen, obwohl sie viel zu oft mit sich selbst und gegeneinander kämpfen. Ihre mangelnde Einigkeit ist ihre Achillesferse. Und auf die können Orbán und seine Getreuen immer wieder einschlagen.

Und ja, Respekt verdienen auch die vielen ausgezeichneten Journalisten, die gegen alle Widerstände dort wühlen, wo es schmutzig ist – die Korruptionsgeschichten rund um die Mächtigen aufdecken, auch wenn sie mit ihren Geschichten nur viel zu wenige Menschen erreichen. Die Kollegen von *Direkt 36*, von *Átlátszó*, *444.hu* und vielen anderen Medien, die dem Druck standhalten, die noch nicht auf Linie gebracht sind. Wenn der kluge und politisch hellwache Rapper László Pityinger die Hymne persifliert, im Stile der 1956er-Revolutionäre einen Orbán-Pappmaschee-Kopf vom Sockel stößt und dafür eine Strafe in Kauf nimmt, dann ist der rebellische Geist der Ungarn noch lebendig. Ein Volk der Freiheitskämpfer. Die Zivilgesellschaft in Ungarn ist hellwach geworden – auch das ist Orbáns unfreiwilliger Verdienst.

Und auf europäischer Ebene? Positiv formuliert: Viktor Orbán macht die Europäische Union jeden Tag auf ihre Konstruktionsfehler aufmerksam. Er ist die Person, die Reformen innerhalb der EU anstoßen könnte, nicht nur in seinem Sinne, sondern auch im Sinne einer Rückbesinnung auf die vielbeschworenen europäischen Werte. Der *Störfall* Orbán macht darauf aufmerksam, dass die Europäische Union wehrhafter werden muss gegenüber den Spaltern in den eigenen Reihen. Er macht klar, dass es Sanktionsmöglichkeiten braucht, wenn Mitgliedstaaten die Grundwerte der Gemeinschaft so mit Füßen treten wie Viktor Orbán. Mehr als 1300 Vertragsverletzungsverfahren und kein Kurswechsel in Budapest machen deutlich – dieses Schwert ist zu stumpf. Für die „Atombombe", ein Verfahren nach Artikel 7 des Grundlagenvertrages, sind die Hürden sehr hoch und Regierungen können sich gegenseitig vor Sanktionen mit einem Veto schützen – wie es die von Polen und Ungarn tun.

Was also tun? Die Princetoner Professorin Kim Lane Scheppele hat jetzt eine gleichzeitige Anwendung des Artikel 7 in Ungarn und Polen ins Spiel gebracht, um das zu unterlaufen. Das sei die einzige Möglichkeit, „die autoritären Regierungen in Budapest und Warschau zu sanktionieren", meint auch der Politologe Daniel Hegedüs. So ein Verfahren mache klar, dass die EU eine Wertegemeinschaft sei. „und es wäre auch ein wichtiges Signal für die demokratischen Kräfte in den betroffenen Ländern, dass sie nicht allein gelassen werden".[555] Der Politologe Jan-Werner Müller schlägt außerdem eine Institution vor, die die Rechtsaufsicht in Europa übernimmt, eine „Kopenhagen-Komission", die „offiziell warnen könne" und „dann die Europäische Kommission dazu veranlassen könnte, Fördergelder einzufrieren". Sein Fazit: „Was ‚smart actions' in der EU sein könnten – darüber muss weiter nachgedacht werden".[556]

Gefragt sind auch die politischen Parteien: Die konservative Parteienfamilie muss Klartext mit Viktor Orbán reden. Die *EVP*-Fraktion im Europa-Parlament trägt eine große Verantwortung. Es reicht nicht mehr, hinter verschlossenen Türen auf Orbán einzuwirken. Wem europäische Grundwerte mehr als nur Lippenbekenntnisse sind, der muss das auch klar und öffentlich sagen. Die deutsche Kanzlerin hat es vorgemacht. Dass die ungarische Regierung sich weigert, das Urteil des EuGh umzusetzen und 1294 Quoten-Flüchtlinge aufzunehmen, „das ist nicht zu akzeptieren", sagt Angela Merkel im Interview mit der *Berliner Zeitung*. Davon sei „eine sehr grundsätzliche Frage Europas berührt", argumentiert die *CDU*-Chefin, für sie sei „Europa ein Raum des Rechts".[557] Sie setzt damit einen neuen Rahmen (Frame) gegen das Narrativ von Brüssel als dem neuen Moskau.

Pfauentanz, Fake-Freiheitskampf, die David-gegen-Goliath-Erzählung, Sündenböcke: Der *Puszta-Populismus* war bisher erfolgreich. Wer Orbán entzaubern will, muss von ihm lernen, ihm die Themen wegnehmen und sie umdeuten. Gefragt ist ein Patriotismus mit anderen Vorzeichen. Ungarische Aktivisten haben gezeigt, wie es gehen kann. Eine Kampagne zeigte die Árpáden bei der Landnahme im Karpatenbecken vor mehr als tausend Jahren als Einwanderer. Orbáns Achillesferse ist, dass er seine Kraft aus der Vergangenheit bezieht. Eine positive Vision für Ungarn hat er nicht. Darin liegt eine Chance ...

555 http://oe1.orf.at/artikel/338019

556 http://www.zeit.de/2013/13/Ungarn-Orban-Europa-Kommentar

557 http://www.berliner-zeitung.de/politik/angela-merkel-im-interview--die--die-bruellen--haben-kein-interesse-mehr-zuzuhoeren--28394104-seite3

20. Literaturliste

Adrowitzer, Roland/Gelegs, Ernst: Schöne Grüße aus dem Orbán-Land. Die rechte Revolution in Ungarn. Styria Premium/ORF Wien-Graz-Klagenfurt, 2013.

Bayer, József/Deppe, Rainer (Hrsg.): Der Schock der Freiheit. Ungarn auf dem Weg in die Demokratie. Frankfurt/M. 1993.

Crouch, Colin: Postdemokratie. Berlin 2012.

Dalos, György: Ungarn in der Nußschale. Geschichte meines Landes. München 2004.

Dalos, György: Ungarn. Vom Roten Stern zur Stephanskrone. Edition Suhrkamp. Frankfurt/M. 1991.

Debreczeni, József: A Fideszes rablógazdaság. DE.HUKÖNYV, Miskolc, 2013.

Decker, Frank (Hrsg.): Populismus.Gefahr für die Demokratie oder nützliches Korrektiv? Wiesbaden 2006.

Europäische Rundschau. Vierteljahreszeitschrift für Politik, Wirtschaft und Zeitgeschichte, Bd. 1/2013, Wien 2013, Hrsg. Verein „Europäische Rundschau"/ Paul Lendvai.

Ferenczi, Krisztina: Narancsbör. Az Orbán-vagyonok nyomában. Budapest 2014.

Fischer, Holger/Gündisch, Konrad: Eine kleine Geschichte Ungarns. Frankfurt/M. 1999.

Flierl, Thomas/Müller, Elfriede (Hrsg.): Osteuropa – Schlachtfeld der Erinnerungen, Berlin 2010.

Fritz, Regina: Nach Krieg und Judenmord. Ungarns Geschichtspolitik seit 1944, Göttingen 2012.

Gerlach, Christian/Aly, Götz: Das letzte Kapitel. Der Mord an den ungarischen Juden 1944-1945. Frankfurt/M. 2004.

Hillebrand, Ernst (Hrsg.): Rechtspopulismus in Europa. Gefahr für die Demokratie? Bonn 2015.

Holtmann, Everhard/Krappidel, Adrienne/Rehse, Sebastian: Die Droge Populismus. Zur Kritik des politischen Vorurteils. Wiesbaden 2006.

Janke, Igor: Viktor Orbán – ein Stürmer in der Politik. Schenk, Passau 2014.

Kende, Péter Dr.: A Viktor. Budapest 2002.

Koob, Andreas/Marcks, Holger/Marsovszky, Magdalena: Mit Pfeil, Kreuz und Krone. Nationalismus und autoritäte Krisenbewältigung in Ungarn, Unrast Münster 2013.

Krastev, Ivan: Europadämmerung (Ein Essay), Berlin 2017.

Lakoff, George/Wehling, Elisabeth: Auf leisen Sohlen ins Gehirn. Politische Sprache und ihre heimliche Macht. Heidelberg, 2016, 4. Auflage.

Leggewie, Claus: Anti-Europäer. Breivik, Dugin, al-Suri & Co. Edition Suhrkamp, 2016.

Lendvai, Paul: Mein verspieltes Land. Ungarn im Umbruch. Ecowin, Salzburg, 2010.

Lendvai, Paul: Orbáns Ungarn. Kremayr & Scheriau, Wien 2016.

Lendvai: Die Ungarn. Eine tausendjährige Geschichte. Bertelsmann, München 1999/Taschenbuchausgabe: Goldmann, München 2001.

Magyar, Bálint: Post-Communist Mafia-State. The Case of Hungary. Budapest/New York 2016.

Mudde, Cas/Róvira Kaltwasser, Cristóbal: Populism. A very short introduction. Oxford 2017.

Müller, Jan-Werner: Was ist Populismus? Ein Essay. Edition Suhrkamp. Berlin 2016.

Olschanski, Reinhard: Ressentiment: Über die Vergiftung des europäischen Geistes, Paderborn 2015.

Ost-West. Europäische Perspektiven, 13. Jg., Heft 3, Zentralkomitee der deutschen Katholiken/Renovabis (Hrsg.): Bricht die Mitte weg? Schwerpunkt: Rechtsextremismus in Mittel- und Osteuropa. Facetten eines Begriffs. Brennpunkte in Europa. Beispiele aus sieben Ländern. Regensburg 2012.

Osteuropa, Hrsg. Deutsche Gesellschaft für Osteuropakunde, 61. Jg.,Heft 12, Berlin 2011, Quo Vadis, Hungaria? Kritik der ungarischen Vernunft.

Osteuropa, Hrsg. Deutsche Gesellschaft für Osteuropakunde, 62. Jg., Heft 5, Berlin 2012. Stilbruch. Ungarn, Polen, Russland.

Osteuropa, Hrsg. Deutsche Gesellschaft für Osteuropakunde, 62. Jg., Heft 9, Berlin 2012. Im Blick. Rumänien, Ukraine, Ungarn.

Osteuropa, Hrsg. Deutsche Gesellschaft für Osteuropakunde, 63. Jg., Heft 4, Berlin 2013. Schieflage. Macht und Recht in Ungarn und Russland.

Osteuropa, Hrsg. Deutsche Gesellschaft für Osteuropakunde, 63. Jg., Heft 11-12, Berlin 2013. Auf einen Zug. Anpassung und Ausbruch: Jugend in Osteuropa.

Osteuropa, Hrsg. Deutsche Gesellschaft für Osteuropakunde, 64. Jg., Heft 8, Berlin 2014. Das Volk und sein Ich. Autoritäre Herrschaft und Legitimität.

Osteuropa, Hrsg. Deutsche Gesellschaft für Osteuropakunde, 65. Jg., Heft 11-12, Berlin 2015. Ausgeklinkt. Interventionismus in Russland und Ungarn.

Ötsch, Walter: Haider Light – Handbuch für Demagogie, Wien 2000.

Ötsch, Walter/Horaczek, Nina: Populismus für Anfänger. Anleitung zur Volksverführung. Frankfurt/M. 2017.

Petöcz, György: Csak a narancs volt. A *Fidesz* története. Budapest 2001.

Reimon, Michel/Zelechowski, Eva: Putins rechte Freunde. Wie Europas Populisten ihre Nationen verkaufen. Wien 2017.

Reitschuster, Boris: Putins verdeckter Krieg: Wie Moskau den Westen destabilisiert. Berlin 2016.

Roth, Jürgen: Schmutzige Demokratie. Ausgehöhlt – Ausgenutzt – Ausgelöscht? Salzburg, 2016.

Ost-West. Europäische Perspektiven, 17.Jg., Heft 1, Regensburg 2016, Renovabis, Solidaritätsaktion der deutschen Katholiken mit den Menschen in Mittel- und Osteuropa (Hrsg.): In der Krise. Was hält Europa noch zusammen? Solidarität auf dem Prüfstand. Besinnung auf christliche Werte. Stimmen aus Polen, Tschechien, der Ukraine und Ungarn.

Schmidt-Schweizer, Andreas: Politische Geschichte Ungarns von 1985 bis 2002, München 2007.

Schumatsky, Boris: Der neue Untertan. Populismus, Postmoderne, Putin. Salzburg-Wien 2016.

Spalj, Carmen: Die politische Rechte in Ungarn, Ulm 2015.

Ungváry, Rudolf: A láthatatlan valóság. A fasisztoid mutáció a mai Magyarországon. Bratislava 2014.

Szegö, Johann: Eine kurze Geschichte Ungarns. Wien 2005.

Vetter, Reinhold: Ungarn. Ein Länderportrait. Berlin 2012.

Wehling, Elisabeth: Politisches Framing. Wie eine Nation sich ihr Denken einredet – und daraus Politik macht. Köln: Halem, 2016.

Weiß, Volker: Die Autoritäre Revolte. Die Neue Rechte und der Untergang des Abendlandes. Stuttgart 2017.

Wodak, Ruth: Politik mit der Angst. Zur Wirkung rechtspopulistischer Diskurse. Wien/Hamburg 2016.

Wolf, Tanja: Rechtspopulismus. Überblick über Theorie und Praxis. Wiesbaden 2017.

Weitere Bücher im danube books Verlag

Carmen Spalj
Die politische Rechte in Ungarn.
Polarisierung als Einfallstor für die Jobbik-Partei.
Sachbuch
ISBN 978-3-946046-01-1

Behar Heinemann
Romani Rose – ein Leben für die Menschenrechte.
Dokumentation.
ISBN 978-3-946046-07-3

Josef Trabert
Die zweite Heimat. Eine Familienchronik aus Südungarn.
Autobiografische Erzählung mit Bilddokumenten.
ISBN 978-3-946046-03-5

Damir Rajle
Skizzen aus Slawonien/Skice Slavonije/Sketches of Slavonia.
Großformat-Bildband, dreisprachig.
ISBN 978-3-946046-02-8

Doris Orgonas
Alte Brücken – neue Wege. Baden-Württembergs Kulturaustausch mit Ungarn und dem mittleren Donauraum.
Sachbuch.
ISBN 978-3-946046-04-2

edition textfluss im danube books Verlag

Ilse Hehn
Sandhimmel.
Lyrik und Übermalungen.
ISBN 978-3-946046-06-6

Mila Haugová: Langsame Bogenschützin/Pomalá lukostrelkyňa
Zweisprachiger Lyrikband.
Mit Zeichnungen von Renáta Mussett.
ISBN 978-3-946046-09-7